태쏘의 주식 실전 투자
스윙투자 전략서

변동성을 기회로 바꾼다!
단기 급등락 속에서도 흔들리지 않는 스윙투자 전략

재료 기반 박스권 매매 &
주도주 포착을 통한 신고가 공략법

태쏘의 주식 실전투자

스윙투자전략서

태쏘 지음

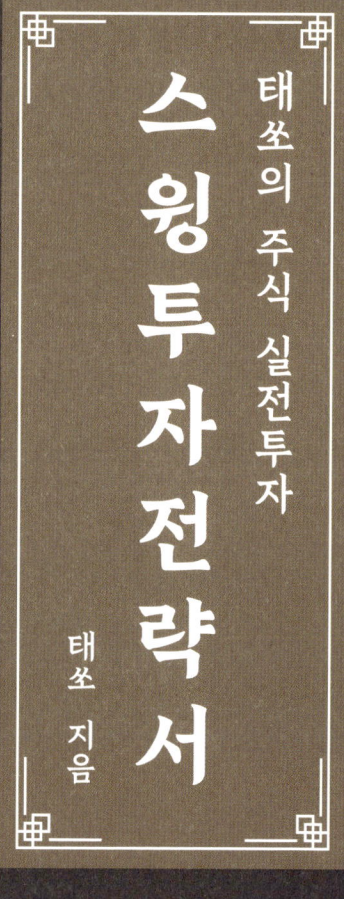

가이아의 어깨

머리말

현재 국내 개인투자자는 약 1,500만 명에 이릅니다. 지난 5년 사이 약 4배로 증가하였으며 주식시장 총 거래대금에서 개인투자자가 차지하는 비율이 평균 60%를 넘습니다. 반면 미국과 일본은 평균 30%밖에 되지 않습니다. 이러한 점은 한국 주식시장에서 개인투자자가 주도적인 역할을 하고 있음을 여실히 보여줍니다.

개인투자자가 주도하는 시장은 필연적으로 변동성이 커집니다. 변동성은 수익 기회를 많이 제공할 수 있지만 반드시 긍정적인 요소로 작용하지는 않습니다. 여러 연구에 따르면 개인투자자들은 단기적인 수익을 추구하는 경향이 크며 뉴스, 소문, SNS 정보에 쉽게 영향을 받아 감정적인 매매를 하게 된다고 합니다. 특히 한국에서는 기업의 실적보다는 단기적인 이슈나 테마에 의해 투기적 매매가 발생하며 그로 인해 주가가 급등락하는 경우가 많습니다. 이러한 현상은 시장의 과잉 반응을 일으켜 주식시장의 안정성을 저해하는 요인이 됩니다.

반면 기관 투자자가 주도하는 미국 시장은 상대적으로 안정적입니다. 기관 투자자들은 펀드, 연금 등 장기 투자를 통해 시장의 안정성을 유지하고 기업의 펀더멘털에 기반한 장기적인 수익을 목표로 합니다. 결국 시장의 급격한 변동성을 줄이는 데 중요한 역할을 합니다. 실제로 주가 변동성을 비교한 데이터를 보면 미국 S&P500 지수의 변동성은 한국 KOSPI보다 낮은 경향을 보입니다. 쉽게 설명하면 한국 시장에서는 미국 시장보다 윗꼬리나 아래꼬리가 긴 캔들이 더 자주 나타나는 현상을 예로 들 수 있습니다.

이처럼 각 시장의 특성과 투자자의 성향이 다르므로 맞춤형 투자전략을 세우는 것이 필수적일 것입니다. 즉, 비교적 안정적인 시장에서는 펀더멘털 분석을 바탕으로 장기적 성장 가능성을 보고 길게 투자하는 것이 유리합니다. 반면 변동성이 큰 한국 시장에서는 이슈에 따른 급등락이 빈번하니 이를 활용한 단기 및 스윙 트레이딩 전략이 효과적일 수 있습니다.

한국 시장은 특정 이슈나 테마에 의해 주가가 급등하는 종목이 자주 등장합니다. 예를 들어 사회적 논란, 대중적 신드롬, 혁신적 트렌드, 정치적 사건 등과 같은 소식에 의해 단기적으로 주목받을 가능성이 있는 정보를 빠르게 파악하는 것이 중요합니다. 또한 변동성이 큰 만큼 시장 하락 시 기회를 포착할 수 있도록 일정 부분 현금을 보유하는 것이 필수적입니다. 조정장이 올 때 저점에서 매수하는 기회를 잡는 것이 매우 중요하며, 이때 급등락이 빈번한 만큼 감정적인 매매를 피하고 주가의 변동성을 활용하면서도 리스크를 최소화할 수 있어야 합니다.

전작인 『트레이딩 전략서』에서는 당일 단타 매매를 다루었으나, 많은 독자로부터 전업 투자자나 HTS(홈 트레이딩 시스템)를 오전 내내 볼 수 있는 환경이 아니라면 따라 하기 어렵다는 피드백을 받았습니다. 이런 이유로 이번 책에서는 당일 단타가 아닌, 단기 및 스윙투자(며칠에서 몇 주 정도 보유)로 변동성, 즉 주가의 급등락을 활용한 박스권 매매법을 중점적으로 다루고자 합니다.

아울러 신고가를 경신하며 추세적으로 긴 상승세를 타는 추세 추종 방식의 스윙투자법도 다룰 것입니다. 일반적으로 한국 시장에서는 추세 추종 매매법이 통하지 않는다고 알려졌지만, 이는 변동성이 큰 종목이나 테마주에 집중하는 경향 때문입니다. 그러나 장기적으로 성장할 수 있는 탄탄한 종목, 산업 트렌드를 타고 있는 종목을 선별하고 기술적 분석을 병행한다면 한국 주식시장에서도 추세 추종 방식이 유효합니다.

한국 주식시장은 상대적으로 급등락이 빈번하지만, 산업 트렌드에 의해 꾸준한 상승세를 타는 종목들이 존재합니다. 특히 성장주는 추세가 길게 이어질 가능성이 커 이러한 종목들을 활용한 추세 추종 전략은 큰 수익을 노려볼 수 있습니다.

전작의 머리말에서도 언급했듯이 이 책의 내용을 보고 곧바로 투자를 시작하는 것은 마치 운전을 책으로 배우는 것과 같다고 했습니다. 이번에도 마찬가지입니다. 책을 읽는 것만으로는 충분하지 않으며, 실전에 적용하기 전 절대 큰 비중으로 매수하지 않기를 권장합니다. 적어도 3개월 동안 소액으로 테스트하면서 그 과정에서 자신만의 원칙을 세워야 합니다. 꾸준한 수익이 발생하기 시작하면 서서히 비중을 늘려가며 투자에 임하시길 바랍니다.

　마지막으로 투자에서 가장 중요한 것은 인내와 원칙을 지키는 것입니다. "욕속부달(欲速不達)"이라는 사자성어처럼 서두르면 도리어 원하는 결과에 도달하지 못한다는 점을 항상 명심하시길 바랍니다. 빠른 성공을 바라는 마음은 오히려 실수를 불러일으키고 큰 손해로 이어질 수 있습니다. 차분하고 꾸준하게 자신의 전략을 검증하고 원칙에 따라 투자하는 것이 성공의 열쇠입니다.

　또한 성공적인 투자자가 되기 위해서는 과유불급(過猶不及), 즉 지나친 욕심은 오히려 손해를 초래할 수 있다는 점을 잊지 마시길 바랍니다. 작은 성공을 쌓아가는 과정에서 장기적인 성과가 찾아오기 마련입니다. 부디 이 책이 여러분들의 투자 여정에 큰 도움이 되길 바랍니다. 그리고 필자의 블로그와 유튜브에서도 주식 관련 칼럼과 영상을 업로드하고 있으니, 투자에 참고하시면 도움이 될 것입니다.

上편 목차

머리말 ·· 4

上편 단기스윙 박스권 전략

제1부

종목 선정법 ·· 15

1) 박스권 예시 사례 ································ 15
2) 재료의 조건 ·· 55
3) 기술적 특징 ·· 68

제2부

관심 종목 포착법 ································· 81

1) 검색기 활용 ·· 81
2) 증시 요약 활용 ···································· 91
3) 관심 종목 정리 ···································· 97

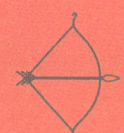

제3부
박스권 전략 – 운용법 ·················· 101
1) 박스권 설정법 ·················· 101
2) 삼각분할 비중 조절법 ·············· 136

제4부
박스권 전략 – 유의할 점 ·············· 152
1) 파급력과 지속력 ················ 152
2) 박스권 실패 사례 ··············· 171

제5부
박스권 전략 실전연습 ················ 182

下편 목차

下편 신고가 추세매매

제1부
신고가 추세매매 종목 선정법 ········· 223
1) 신고가 예시 사례 ············· 223
2) 재료의 조건 ············· 236
3) 기술적 특징 ············· 249

제2부
관심 종목 포착법 ········· 264
1) 신고가 검색기 활용 ············· 264
2) 관심 종목 정리하기 ············· 280

제3부

신고가 추세매매 운용법 ········· 283

1) 추세 박스권 설정법 ············· 283
2) 상승 전환 신호 ··················· 304
3) 다이아몬드 분할 비중 조절법 ········ 331

제4부

신고가 추세매매 예시 사례 ········· 336

맺음말 ········· 356

上편 단기스윙 박스권 전략

단기스윙 박스권 전략은 주가의 급격한 변동을 활용해 수익을 추구하는 전략입니다. 사회적 논란, 대중적 신드롬, 혁신적 트렌드, 정치적 사건 등과 같은 소식이 발생하여 특정 테마가 형성될 때 급등락을 기회로 삼아 높은 수익을 기대할 수 있습니다.

제1부
종목 선정법

1) 박스권 예시 사례

먼저 이 책에서 소개하는 박스권 전략은 "주가의 크고 빠른 움직임(변동성)"을 활용해 단기적인 수익을 추구하는 전략입니다. 즉, 주가가 급등한 후 급락하거나 조정이 발생할 때, 매수 기회로 삼아 수익 내는 것을 목표로 합니다.

[그림1] 어느 종목의 일봉차트

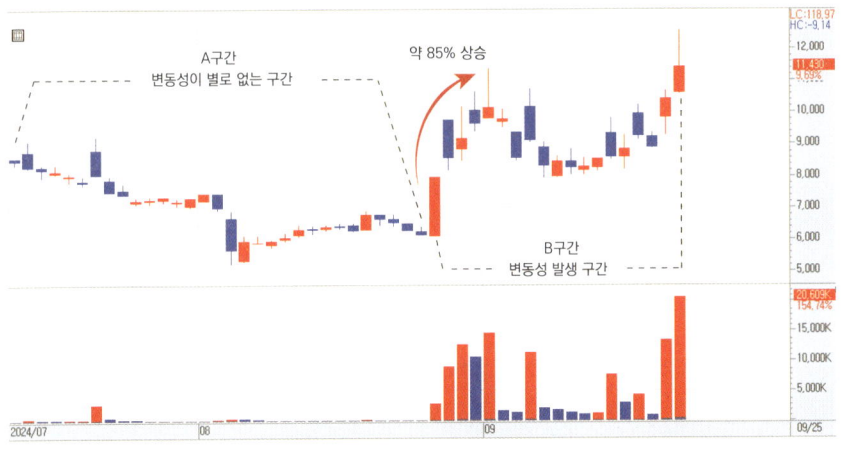

[그림1]에서 확인할 수 있듯이 주가는 8월 말부터 거래량이 증가하면서 단기간에 약 85% 정도 급등했습니다. 이렇게 급격히 상승하는 시기부터 주가의 변동폭이 평소보다 크게 나타납니다. 대체로 투자자

들의 심리가 과열되었기 때문인데요.

주가가 단기간에 급등할 때는 더 상승할 것이라는 기대감에 따라 추격 매수세가 발생하는 한편, 동시에 차익을 실현하려는 매도세도 발생합니다. 이 두 세력이 충돌하면서 주가의 변동성이 커지게 됩니다. 특히 거래량이 급증하면 주가는 더 급격히 오르거나 내릴 수 있습니다.

예를 들어 두 자동차가 서로 충돌할 때 느리게 달리는 두 자동차는 충돌 후 충격이 작겠지만, 고속으로 달리는 두 자동차가 부딪치면 충격이 더 커지고 파손 범위도 넓습니다. 이처럼 주식시장에서도 거래량이 급증할수록 매수와 매도의 충돌이 강해져 주가의 변동성이 크게 확대됩니다.

[그림1]을 보면 거래량이 적은 A구간보다 거래량이 급증하며 주가가 급등한 B구간에서 변동성이 크다는 것을 확인할 수 있습니다.

따라서 변동성이 클수록 가격 차이가 일시적으로 크게 벌어지기 때문에 저점에서 매수하고 고점에서 매도하는 전략을 적절히 구사한다면 단기간에 높은 수익을 올릴 가능성이 커집니다. 그러나 동시에 리스크도 크기 때문에 종목의 선택과 매매 타이밍, 비중의 조절이 매우 중요합니다. 변동성이 큰 시장에서는 잘못된 종목 선택이나 매매 타이밍의 실수, 비중 관리의 실패(예:몰빵투자)로 큰 손실을 볼 수 있기 때문이죠.

  결론적으로 박스권 매매는 종목의 ①재료를 잘 파악하고 기술적 분석을 통해 ②적절한 매수·매도 시점을 찾고 ③계획적인 비중 관리를 통해 투자하는 것이 핵심이라고 할 수 있겠습니다.

  이 세 가지를 잘 이해하고 실제로 구사할 수 있어야 단기 또는 스윙 매매에서 좋은 성과를 낼 수 있습니다.

[그림2] 샌즈랩 일봉차트

  예시로 세 가지 기준대로 매매한다고 가정해 보겠습니다. [그림2]에서 주가는 평소보다 많은 거래량이 발생하면서 급등했습니다. 이때 가장 먼저 해야 할 일은 주가가 왜 급등했는지 그 이유를 찾는 것입니다. 이 과정에서 기술적 분석은 우선시되지 않습니다.

  예를 들어 주가가 장기이평선인 120일선이나 240일선을 돌파하지 않았거나, MACD나 스토캐스틱 등의 보조지표에서 매수 신호가 나타나지 않더라도 중요한 것은 주가 상승의 근본적인 이유를 찾는 것입니다. 주가 상승의 이유를 파악하는 방법은 HTS의 뉴스 창에서 〈증시 요약〉을 검색하여 활용하면 주식 블로그나 카페에서 정보를 찾지 않고도 쉽게 확인할 수 있습니다. 이 방법에 대해서는 나중에 더 자세히 설명하겠습니다.

당시 이 종목이 상승한 이유는 얼굴을 합성한 딥페이크 영상물이 텔레그램 대화방에 잇따라 유포된 사건이 드러나면서 사회적 파장이 커졌기 때문입니다. 이에 정부는 딥페이크 대응과 관련해 허위 영상물에 대한 처벌을 강화하기로 했습니다. 이 소식은 지상파 뉴스에서도 여러 차례 중요하게 보도되었고, 그 영향으로 보안 관련주들이 상승세를 보였습니다.

재료를 파악할 때 중요한 것은 파급력이 얼마나 큰지와 영향이 얼마나 지속될지를 확인하는 것입니다. 만약 8시 저녁 뉴스에 보도될 정도로 전 국민의 관심을 받을 만한 이슈라면, 그 파급력은 매우 크다고 할 수 있습니다. 파급력이 큰 이슈는 관련 종목들도 자연스럽게 크게 반응하게 되며 다음날 상한가에 도달하거나 20% 이상의 상승세가 나타나는 경우도 흔히 볼 수 있습니다.

이처럼 파급력이 큰 재료는 주가가 급등하면서 변동성이 커질 가능성이 높습니다. 따라서 일차적으로 해당 재료가 얼마나 파급력이 있는지 판단하는 것이 무엇보다 중요합니다. 다만, 단순히 지상파 뉴스에 보도된다는 이유만으로 파급력을 판단하는 것은 한계가 있습니다. 뉴스에 보도가 되었더라도 주가가 크게 반응하지 않는 경우도 많기 때문입니다. 따라서 보도된 이슈가 시장에서 얼마나 중요한지, 투자자들이 얼마나 민감하게 반응할지를 종합적으로 분석해야 합니다.

두 번째로 중요한 것은 영향이 얼마나 지속될지를 확인하는 것입니다. "언제 ~하겠다"는 구체적인 일정이 있는 경우에는 비교적 쉽게 판단할 수 있습니다. 보통 3개월 이내에 일정이 공개되면 주가가 단기적으로 반응하는 경우가 많습니다.

반면 "올해 하반기"나 "내년 초"처럼 일정이 멀리 잡혀 있을 경우는 주가의 반응이 즉각적이지 않거나 일시적인 상승 후 점차 관심이 식을 수 있습니다. 이런 경우에는 시장의 관심이 다시 집중될 때까지 시간이 걸릴 수 있어 장기적인 관점에서 접근해야 합니다.

따라서 변동성을 이용한 단기나 스윙 매매를 할 때는 주가가 단기적으로 반응할 만한 재료를 찾아내는 것이 중요하며 비교적 일정이 가까운 재료를 활용하는 것이 유리합니다.

물론 일정을 알 수 없더라도 매우 큰 사회적 이슈 또는 글로벌 사건이 발생하거나 무언가의 새로운 트렌드가 유행하기 시작하면 단기간에 시장의 관심이 집중될 수 있습니다.

그럼 [그림2] 샌즈랩의 주가가 급등했던 8월 27일과 8월 28일에 나왔던 뉴스를 정리해 보겠습니다.

8/27

딥페이크 성범죄 확산 영향 등으로 상승

▷ 최근 한 대학에서 여학생의 얼굴에 음란물을 합성한 딥페이크 영상물이 유포된 사건이 드러나면서 사회적 파장이 커짐. 피해자 중에는 대학생뿐 아니라 중·고교생 등 미성년자와 교사, 여군 등도 포함된 것으로 알려졌고 '피해 학교 명단'에 100곳이 넘는 학교가 포함됨.

▷ 방송통신심의위원회가 텔레그램 기반 딥페이크 음란물 유포 사건 확산에 대응하기 위해 긴급회의를 소집하고 8월 28일 전체 회의에서 대책을 마련할 예정.

▷ 대통령도 딥페이크 성범죄에 강력한 대응을 지시했으며 이 같은 소식에 보안 관련주와 AI 챗봇(챗GPT) 관련주들이 상승세를 보임.

8/28

딥페이크 성범죄 확산 영향 지속으로 상승

▷ 방송통신심의위원회는 전일 긴급 실·국장 회의를 열고 딥페이크 음란물 확산 사태와 관련된 대책을 논의했으며 전체 회의에서 세부적인 대응 방안을 확정할 계획. 이와 함께 모니터링 강화와 텔레그램과의 핫라인 구축을 준비 중.

▷ 대통령이 디지털 성범죄 대응을 지시한 가운데 보안 관련주 및 AI 관련주들이 상승세를 이어감.

위의 내용을 보면, 당분간 후속 뉴스가 보도될 가능성이 높다고 예상할 수 있습니다. 사회적으로 큰 문제가 되는 사건이 발생한 만큼, 정부와 관련 기관에서 긴급회의를 열고 대응 방안을 마련하고 있는 상황입니다. 조만간 대응책과 관련된 조치들이 후속으로 뉴스에 보도될 가능성이 크겠죠?

또한 긴급한 만큼 관련된 사건의 법안 통과와 종합적인 정책 발표가 나오기까지 시장의 관심이 집중될 것으로 예상해 볼 수 있습니다. 이런 관점에서 재료의 지속성을 체크하면 되겠습니다.

이 재료의 지속력을 판단하는 이유는 주가의 높은 변동성을 활용하기 위해서입니다. 주가가 특정 이슈로 급등한 후, 급락하거나 조정받을 때 다시 급반등하려면 해당 이슈가 시장에서 꾸준히 언급되어야 합니다. 그렇지 않으면 주가는 반등 없이 오랜 기간 조정받을 가능성이 큽니다.

재료의 파급력과 지속력을 판단한 후에는 기술적 분석을 통해 적절한 매수·매도 시점을 찾아야 합니다. 변동성을 이용한 박스권 전략은 대체로 저점 부근에서 매수하고 고점 부근에서 매도하는 방식이라고 이해하면 됩니다.

[그림3] 샌즈랩 일봉차트

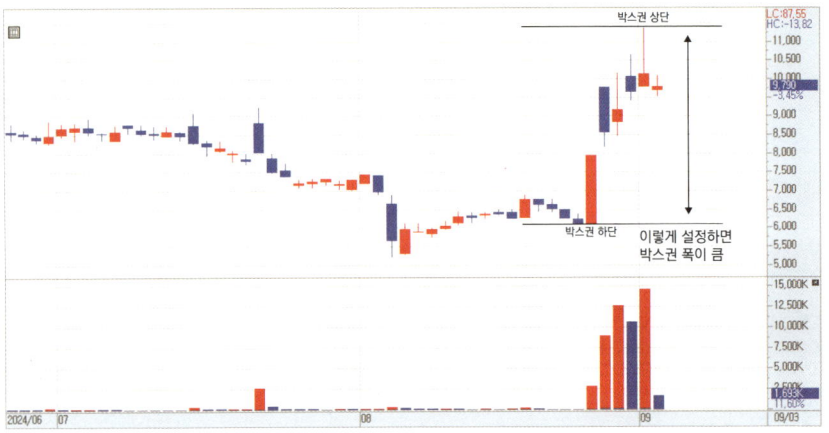

그러나 [그림3]처럼 상한가가 발생한 시작점부터 최고점까지 박스권을 그린다면 어떻게 될까요? 주가가 박스권 하단인 6,000원 부근까지 단기간에 내려올 수 있을까요? 박스권 상단과 하단의 폭이 크기 때문에 웬만한 악재가 발생하지 않는 한 단기간에 박스권 하단까지 내려오는 건 어려워 보입니다.

따라서 박스권의 폭을 현실적으로 조정할 필요가 있습니다. 이럴 때는 대체로 상한가의 종가라든지 또는 상한가 다음날부터 형성된 캔들의 아래꼬리를 박스권의 저점으로 설정할 수 있습니다.

[그림4] 샌즈랩 일봉차트

[그림4]의 예로 들면 상한가의 종가와 다음날부터 나타난 캔들의 아래꼬리 부분을 박스권의 하단으로 설정할 수 있습니다. 일단 위 차트에서는 상한가의 종가를 박스권 하단으로 설정하겠습니다.

(박스권 하단 설정 방법은 상황에 따라 유동적으로 적용될 수 있습니다.)

그리고 이 박스권의 중간을 나눈 1/2 지점에서 다시 반으로 나눈 1/4 지점부터 박스권 하단까지 매수할 범위입니다.

즉, 박스권의 1/4 지점부터 박스권 하단까지의 범위가 매수할 구간입니다.

앞으로 이 책에서는 이 범위를 "박스권 하단부"로, 1/4 지점을 "박스권 중하단"으로 명칭하겠습니다.

매수는 주가가 박스권 하단부에 접근했을 때, 손절은 박스권 하단을 이탈하거나 미리 정해둔 손실률 또는 손실 금액에 도달했을 때 대응합니다. 물론 손절 대신 추가 매수를 하여 평균단가를 낮추고 반등 시 탈출하거나 수익을 극대화하는 전략을 사용할 수도 있습니다.

수익을 실현할 때는 박스권의 고점에서 일괄 매도하기보다는 박스권 중간(1/2 지점)부터 상단까지 천천히 분할 매도하는 방식입니다. 구체적인 박스권 설정 방법과 매수·매도·손절에 대한 내용은 차후에 더 다루겠습니다.

[그림5] 샌즈랩 일봉차트

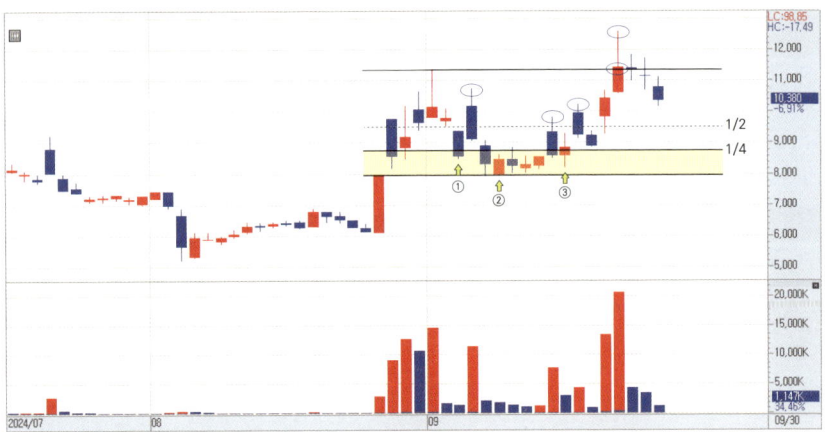

[그림5]를 보면 주가가 박스권 하단부에서 세 차례 반등했습니다. 하단부에서만 매수하고 파란색 동그라미 구간에서 매도한다면 어렵지 않게 수익을 낼 수 있었겠죠. 특히 양봉캔들(②) 발생 후 박스권 하단에서 지지가 확인된다면 여러 차례 매수해 수익을 노려볼 수가 있습니다.

다만 전체 투자금의 100%를 한 종목에 매수하지 말고 계획된 투자금 내에서 비중을 적절히 조절하며 매수해야 합니다. 비중을 최대한으로 높여 매수하였지만 예상치 못한 악재가 발생하면 큰 손실을 볼 수 있기 때문입니다.

변동성이 큰 종목을 매수할 때는 일정 수준 이상의 현금을 항상 보유하는 것이 필수입니다. 예기치 못한 추가 하락이 발생할 경우, 분할매수를 통해 평균단가를 크게 낮춰 반등 시 수익을 극대화하거나 큰 손실 없이 탈출할 수 있습니다. 이 비중 관리의 중요성에 대해서는 이후에 더 자세히 다루겠습니다.

단, 여기서 기억해야 할 것은 주가가 크게 상승한 상태에서 매수하기보다는 **박스권 하단부에서 매수하는 것이 매우 유리하다는 것**입니다.

그러나 유리한 위치에서 매수했더라도 주가가 정말로 반등할지에 대한 의구심이 들 수 있습니다. 대체로 파급력이 크고 지속적인 영향을 미치는 재료는 여러 번 뉴스에 보도되면서 주가가 반응하는 경향이 있습니다.

[그림6] 샌즈랩 일봉차트

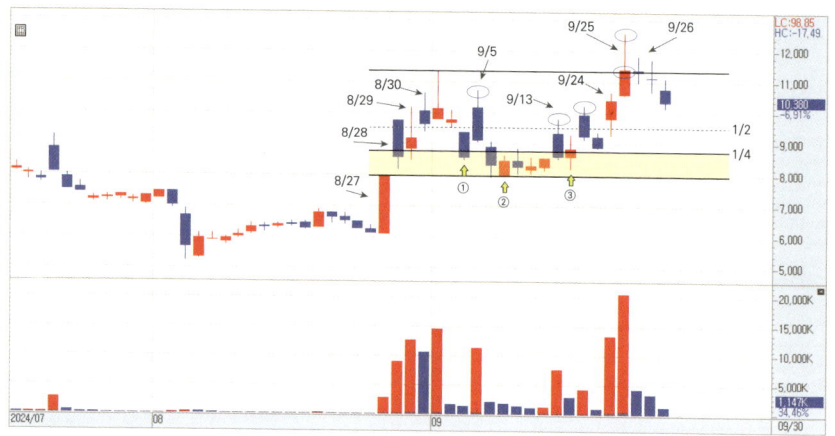

위 [그림6]에서 확인할 수 있듯이, 8월 28일 이후에도 일곱 번이나 관련 뉴스가 더 나왔습니다. 특히 뉴스가 발표된 날은 대부분 단기 고점에 해당했습니다. 반면 박스권 하단부에서는 별다른 뉴스가 없었습니다. 이는 '소문에 사고, 뉴스에 팔아라'라는 격언을 잘 보여주는 사례입니다.

이 박스권 매매에서 가장 중요하게 염두에 두어야 할 점은 **내가 매수한 종목이 과연 단기간, 즉 대략 한두 날 내에 지속적으로 뉴스에 보도되며 움직일 가능성이 있느냐**는 것입니다.

위 재료의 유형은 긴급한 사회적 문제가 발생했을 때입니다. 이 문제가 매우 긴급하기 때문에 해결책이 나오기 전까지는 사회적 관심이

고조될 수밖에 없습니다. 아래는 딥페이크 뉴스의 타임라인입니다.

8/29

딥페이크 성범죄 대응 정책 기대감 등에 일부 관련주 상승

▷ 〈국민의힘〉과 정부는 딥페이크 관련 허위 영상물 처벌을 강화하기로 했으며, 허위 영상물 처벌 형량을 기존 5년에서 7년으로 상향하는 방안을 발표할 예정.

▷ 텔레그램과 협의 강화 및 국무조정실에 대응 전담팀(TF)을 설치할 계획도 발표됨.

8/30

딥페이크 디지털 성범죄 확산에 따른 규제 정책 기대감으로 상승

▷ 〈국민의힘〉과 정부는 8월 30일 딥페이크 성범죄 관련 대책을 발표하며 허위 영상물 유포에 대한 처벌을 강화하고 텔레그램과의 협의 및 규제 강화를 위한 핫라인 구축을 추진하기로 함.

▷ 여성가족부의 2025년 예산안에 디지털 성범죄 대응을 위한 예산이 증액됨에 따라 관련 보안주 및 딥페이크 관련 테마가 상승.

9/5

딥페이크 성범죄 대응 정책 기대감 및 샌즈랩 딥페이크 탐지 서비스

출시로 상승

▷ 정부가 텔레그램을 통해 확산된 딥페이크 성범죄 근절을 위한 다양한 대책을 내놓고 있으며, 여성가족부는 AI를 활용한 딥페이크 탐지 및 삭제 시스템을 2025년까지 구축할 계획.

▷ 9월 내에 딥페이크 영상물의 처벌 범위 확대 및 처벌 강화, 딥페이크 영상물로 인한 피해자에 대한 신속 회복 지원, 성인 대상 디지털 성범죄에 대한 잠입수사 확대 내용을 담은 '성폭력범죄처벌특례법' 개정을 추진.

▷ 샌즈랩이 딥페이크 탐지 서비스 '페이크체크(fakecheck.io)'를 출시했으며 이 소식에 관련주들이 상승세를 기록.

9/13

MS·오픈AI 등 AI 기업의 성적 딥페이크 확산 방지 소식에 상승

▷ 마이크로소프트(MS)와 오픈AI 등 주요 AI 기업들이 성적 딥페이크 이미지 확산 방지를 위해 AI 학습 데이터에서 나체 이미지를 제거하기로 서약, 이 같은 소식에 AI 및 보안 관련주들이 상승.

9/24

'딥페이크 성범죄 방지법' 국회 상임위원회 통과 소식으로 상승

▷ 딥페이크 기술을 이용한 디지털 성범죄 처벌을 강화하는 '딥페이

크 성범죄 방지법'이 국회 상임위원회를 전일 통과했으며 법사위의 심의, 의결을 거쳐 9월 26일 본회의에서 처리될 예정.

▷ 해당 법안은 허위 영상물 유포와 관련된 처벌을 강화하고 디지털 성범죄 대응을 위한 긴급 수사를 허용하는 내용을 포함, 이 소식에 보안주들이 상승세를 기록.

9/25
딥페이크 성범죄물 소지·시청 처벌 법사위 통과 소식으로 상승

▷ 딥페이크 성범죄물 소지·시청에 대해서도 최대 3년 이하의 징역형을 부과하는 성폭력범죄 처벌특례법 개정안이 국회 법제사법위원회를 통과했으며 9월 26일 본회의에서 통과될 것으로 예상됨.

9/26
'딥페이크 방지법' 등 70개 법안, 본회의 통과

▷ 딥페이크 영상물 소지, 제작과 관련한 처벌을 강화하는 '딥페이크 방지법'과 출산휴가와 육아휴직을 확대하는 모성보호 3법 등이 의결됨.

딥페이크 범죄 문제를 해결하기까지 위 일련의 흐름이 굉장히 빠르죠. 타임라인을 간결하게 요약하자면 아래와 같이 도식화할 수 있겠습니다.

[관심증가 시작]   [관심고조]   [관심감소]

긴급 사회적 문제 발생 → 문제점(지속) → 대응책 기대 → 법안통과 또는 종합정책발표

(상임위 → 법사위 → 본회의)

대체로 긴급한 재료는 이와 같은 방식으로 진행된다고 가정할 수 있습니다. 관심이 증가하기 시작하는 단계부터 주가는 서서히 반응하기 시작하고 관심이 고조되는 국면에서 주가의 변동성은 점차 커지게 됩니다. 특히, 법안 통과나 종합적인 정책 발표와 같은 중요한 이벤트 이전에는 주가 변동성이 크기 때문에 적극적으로 박스권 매매를 할 수 있습니다. 그러나 관심이 감소하는 시점인 법안이 통과되거나 정책이 발표된다면 재료소멸로 매매를 자제하는 것이 바람직합니다.

그렇다고 꼭 위와 같은 일정한 패턴을 따른다고 할 수는 없습니다. 모든 재료가 마찬가지입니다. 예상치 못한 외부 요인들이 복합적으로 작용하기 때문에 재료가 어떤 방향으로 흘러갈지는 정확히 예측하기 어렵습니다. 따라서 예측은 하되 언제든지 예상치 못한 상황이 발생할 수 있으므로 관련된 뉴스를 지속적으로 추적하며 유연하게 사고를 해야 합니다.

다른 사례도 보겠습니다.

[그림7] 한빛레이저 일봉차트

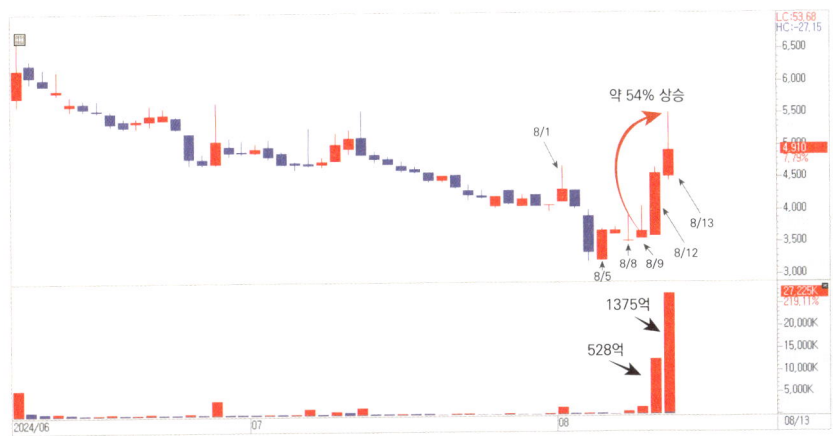

　변동성을 이용해 박스권 매매를 할 때는 최소 30% 이상의 큰 폭의 상승세가 나와야 합니다. 특히, 관련 종목 중에서 가장 큰 상승세를 보이며 대량 거래량과 많은 거래대금을 동반한 대장주를 우선적으로 공략해야 합니다. 그런데 대장주에서 기회를 주지 않는다면 차선책으로 2등주에서 매매를 시도해 볼 수도 있습니다.

　거래대금은 시장의 관심을 나타내는 중요한 지표로 주가 급등 시, 하루에 700억 원 이상의 거래대금이 유입되는 종목들이 많다면 해당 섹터에 대한 시장의 관심이 높다는 신호입니다. 단, 해당 섹터에 관한 관심이 지속될 가능성이 큰지, 재료의 파급력과 지속력을 체크해야 합니다.

그럼 한 번 체크 해 볼까요? 당시 해당 뉴스의 타임라인을 보겠습니다.

8/1
▷ 인천 서구 청라 지하주차장에서 벤츠 전기차 화재 발생.
▷ 주민 200명 대피, 8시간 만에 진화 완료.

8/5
▷ 청라 아파트 지하주차장에서 주차 중이던 전기차 화재로 인해 40대 차량 전소, 100여 대 손상.
▷ 화재는 충전 중이 아닌 주차된 상태에서 발생.
▷ 전기차 포비아 확산 우려가 제기됨.
▷ 일부 기업(예: LG디스플레이) 전기차 충전소 잠정 폐쇄, 2차전지 및 전기차 관련주 하락.

8/8
▷ 최근 전기차 화재가 잇따라 발생하면서, 정부는 8월 12일 환경부 차관 주관 회의를 통해 국토교통부, 산업통상자원부, 소방청 등 관계부처가 참여하는 전기차 화재 종합대책을 논의할 계획. 경찰 및 국립과학수사연구원은 2차 합동 감식을 진행.

8/9

▷ 정부는 8월 12일 전기차 화재 안전 종합대책을 마련하기 위한 회의를 진행할 예정. 구체적인 발표 시기는 미정이나, 전기차 충전 시설 안전과 배터리 안전 기준, 소방 시설 강화 등을 논의할 것으로 예상됨.

8/12

▷ 정부는 '전기차 및 지하 충전소 화재 안전 관계부처 회의'를 개최. 차관회의는 8월 13일에 열릴 예정이며 이를 통해 9월 초 전기차 화재 종합대책 발표 예정. 현대차는 전기차 배터리 제조사 정보 공개 방침 발표.

8/13

▷ 정부는 화재 예방을 위한 전력선통신(PLC) 모뎀 장착 충전기 지원 계획을 발표. 지하 주차장에 신규 설치되는 완속충전기에 PLC 모뎀 탑재 의무화 방안 검토 중.

당시 지상파 저녁 8시 뉴스에서도 이 문제를 중요하게 다루었습니다. 긴급한 사회적 문제가 발생했죠. 그리고 여러 대책을 마련하기 위해 논의가 진행되고 있습니다. 그렇다면 이 이슈는 주식시장에서 언제까지 주목받을 수 있을까요?

꼼꼼히 읽어보시면 내용에 힌트가 나와 있습니다. 8월 12일에 나온 뉴스에서 9월 초 전기차 화재 종합대책 발표가 예정되어 있다고 하죠? 9월 초까지는 재료가 지속될 것이라 예상해 볼 수 있습니다. 항상 재료를 분석할 때는 꼼꼼하게 관련된 일정을 찾으려고 노력해야 합니다.

아무튼 위의 뉴스를 통해 당분간 이슈가 되면서 주가의 변동성이 크고 지속적일 것이라고 판단되면 본격적으로 매매를 시작합니다.

[그림8] 한빛레이저 일봉차트

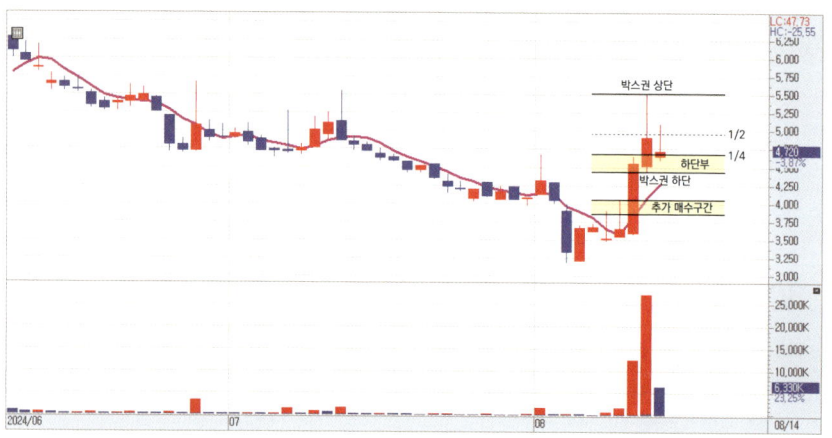

먼저 위 차트를 보기 전에 단타가 아닌 단기, 스윙 매매를 목표로 하기 때문에 매수할 때는 되도록 주가가 5일선 아래에 있을 때 매수하는 편이 유리합니다. 5일선 위에서는 높은 비중으로 매수하기가 어려울 뿐만 아니라 추가 하락 시 분할 매수를 하더라도 평균단가를 유리하게 낮추기 어렵습니다. 또한 주가의 큰 등락에 따라 심리적으로 흔들리기 쉽습니다.

따라서 5일선 아래에 있을 때 매수하는 것이 유리합니다. 주가가 더 크게 하락할 경우, 높은 비중으로 추가 매수해 평균단가를 유리하게 낮출 수 있기 때문입니다. 그 상태에서 주가가 급반등하기 시작한다면 큰 수익을 기대할 수 있습니다.

[그림8]을 보면 이번에는 박스권의 하단을 장대양봉 다음날 캔들의 아래꼬리로 설정하였고, 상단은 최고점으로 설정하였습니다. 이를 기준으로 박스권을 세분화하여 박스권의 중간, 중하단, 하단부로 각각 설정할 수 있겠죠?

그러나 다음날 주가가 박스권 하단을 크게 이탈하면 최근 직전 고점을 지지선으로 보고 추가 매수하거나 장대양봉의 1/4구간에서 추가 매수하여 비중을 늘립니다. 주가의 저점을 정확히 예측하기 어렵기 때문에 추가 매수를 하는 것입니다. [그림8]의 추가 매수 구간이 이에 해당합니다.

재료의 파급력과 지속력이 있는 대장주나 2등주는 대체로 주가가 급락하더라도 변동성이 크기 때문에 반등할 땐 순식간에 최소 15% 이상의 상승세를 보이는 경향이 자주 나타납니다. 종목을 잘 선택하고 비중을 적절히 조절했다면 추가 매수할 때 겁먹을 필요는 없습니다.

[그림] 한빛레이저 일봉차트

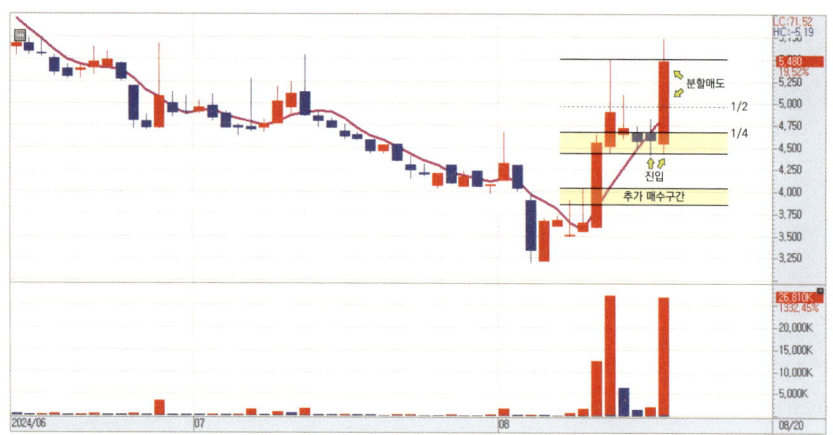

주가는 5일선을 이탈한 박스권 하단부에서 상승하였죠. 따라서 매수할 때는 주가가 5일선을 이탈하는지 확인한 후 박스권 하단부에서 지정가로 매수하거나 장 종료가 다가오는 오후 2시나 3시 이후에 매수합니다. 또는 종가에 매수해도 괜찮습니다. 수익 실현할 때는 박스권 중간에서부터 상단까지 분할로 매도합니다.

[그림10] 한빛레이저 일봉차트

재료가 지속력이 있다면 여러 차례 매매 기회가 생길 수 있습니다. 우선 박스권의 고점이 한 번 경신되면 새로운 박스권을 다시 설정합니다. 이때, 박스권의 상단은 최근의 고점으로 하단은 반등이 시작된 저점으로 설정합니다.

마찬가지로 새로운 박스권의 매수 구간도 1/2 지점을 다시 반으로 나눈 1/4 지점부터 박스권 하단까지로 설정합니다. 이때, 박스권 하단의 저점이 깨지면 손절로 대응합니다. 이미 한 차례 반등이 되었기 때문에 추가 매수 구간을 설정하기에는 리스크가 있기 때문입니다.

[그림11] 한빛레이저 일봉차트

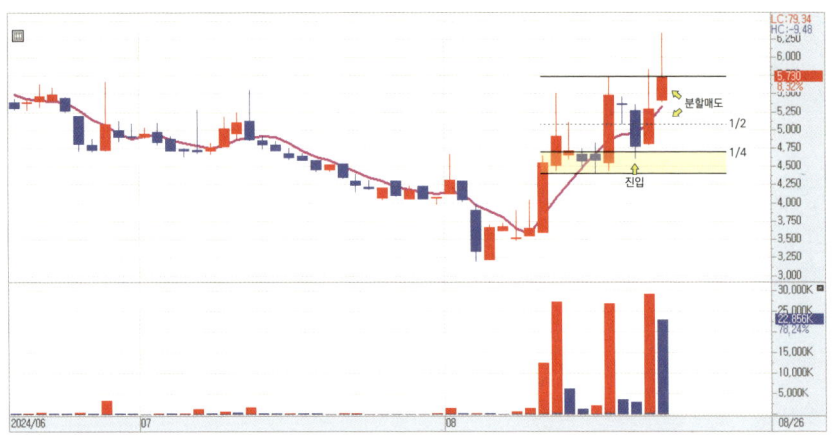

　　주가는 박스권 하단부에서 급반등했습니다. 여기서 명심해야 할 것은 주가가 약간 하락한 상태에서 서둘러 매수하는 것보다, **최대한 기다린 후 주가가 급락하여 박스권 하단부에 도달했을 때 매수하는 것**이 더 유리하다는 점입니다. 그것이 이 박스권 매매의 핵심입니다. 종목을 잘 골랐다고 하더라도 매수 타점이 높으면 수익을 내기 어렵습니다. 설령 주가가 박스권 하단부까지 내려오지 않고 그 위에서 상승하더라도 상승 도중에 매수하지 않습니다. 원칙에 어긋나기 때문입니다.

[그림12] 한빛레이저 일봉차트

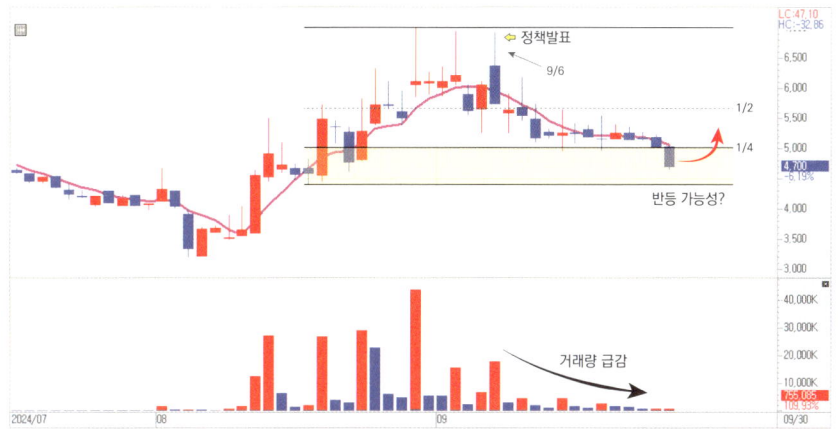

　이후 주가는 8월 말까지 계속 상승하면서 박스권의 고점이 경신되었습니다. 그러면 한 번 더 박스권을 상향 조정하여 매수할 수 있지만 여기서부터는 신중해야 합니다.

　주가는 9월 6일 종합정책 발표 이후 거래량이 급속도로 감소하며 하락세를 보이고 있습니다. 재료가 소멸되면서 시장의 관심이 줄어든 상태이며 이때 주가가 박스권 하단부까지 내려오더라도 반등할지는 불확실합니다. 설령 기술적 반등을 기대한다 해도 이러한 상황에서는 매수를 자제합니다.

　긴급한 사회적 문제로 주목받은 종목은 문제 상황이 지속되며 대응책에 대한 기대감이 높아질 때 수익을 내기에 좋은 기회가 됩니다. 이 시점은 시장의 관심이 집중된 국면이라, 주가가 조정을 거치더라도 반등할 가능성이 큽니다. 특히 차트상 첫 번째와 두 번째 눌림목 구간은 매수에 유리한 지점으로, 이 구간에서 안정적으로 매수하여 높은 수익을 기대할 수 있습니다.

다음은 전기차 화재 뉴스의 타임라인입니다.

8/14
▷ 국내 전기차 배터리 정보 자발적 공개 권고 및 PLC 모뎀 탑재 충전기 지원 확대 발표.
▷ 전기차 특별 무상점검 및 지하주차장 소방시설 긴급 점검도 추진 예정.

8/16
▷ 현대차·기아가 전기차 배터리 관리 시스템(BMS) 공개.
▷ 충전 상태 모니터링 및 충전 제어를 통해 과충전 방지 시스템 구축.

8/19
▷ 테슬라 차량 화재로 해외에서도 전기차 화재 우려 확산.
▷ 전고체 배터리가 기존 리튬이온 배터리의 대체재로 주목.

8/20
▷ 전기차 화재 예방 대책 발표 예정.

▷ 과충전 방지 시스템과 배터리 이력 관리 등 정부 차원의 대책 발표는 8월 중 이루어질 예정.

8/23

▷ 미국 국가교통안전위원회(NTSB), 테슬라 전기 트럭 화재 조사 개시.

8/26

▷ 정부와 〈국민의 힘〉, 전기차 화재 방지 대책 확정.
▷ 배터리 정보 공개 의무화와 스마트 충전기 확대 계획 발표.
▷ 9월 초 종합대책 발표 예정.

8/28

▷ 중국 화웨이 개발 전기차 화재 발생. 관련 테마주 상승.

8/29

▷ 2025년 예산안에서 전기차 화재 예방 예산 대폭 증액.
▷ 배터리 관리 시스템(BMS) 고도화 및 스마트 제어 충전기 설치 계획 발표.

9/6

▷ 정부, 전기차 화재 안전 종합대책 발표.

▷ 스마트 제어 충전기 확대 및 지하주차장 스프링클러 의무화 계획.

9월 6일 정부의 종합대책이 발표되기 전까지 관련 뉴스가 다수 보도되었습니다. 특히 유사한 사건이 다시 발생했을 때 언론에서 비중 있게 다루며 대중의 관심을 환기시켰습니다. 이 같은 뉴스들은 주식시장에서 수급을 불러일으키는 요인이 되며 단기적으로 주가의 변동성을 더욱 커지게 합니다.

[그림13] 한빛레이저, 이닉스 일봉차트 비교

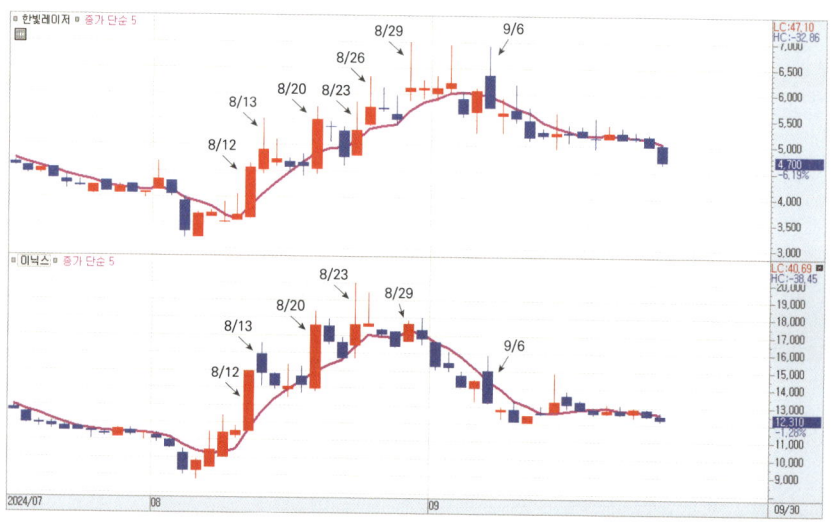

위 두 종목의 주가 흐름이 비슷하죠. 당시 전기차 화재 관련주 중 초기에는 이닉스가 대장주에 가까웠지만, 시간이 지나면서 한빛레이저가 더 강한 모습을 보였습니다.

같은 테마로 엮인 종목들을 공략할 때는 원칙상 대장주를 공략하되, 만약 대장주가 매수 구간을 주지 않고 상승할 때는 2등주에서 매수 기회를 노려볼 수 있습니다. 특히 관심이 고조되는 첫 눌림목에서 매수해야 수익 볼 확률이 가장 높습니다. 그 이상의 눌림목 구간에서는 재료의 지속력에 따라 반등 가능성이 상대적으로 낮아질 수 있으므로 신중히 접근해야 합니다.

다른 종목의 사례를 더 보겠습니다.

[그림14] 한화투자증권 일봉차트

다음은 한화투자증권의 차트입니다. 당시 비트코인 관련주로 12월 4일 본격적으로 대량 거래량과 많은 거래대금을 동반하여 급등했습니다. 최소한 30% 이상 상승했고 거래대금도 800억 이상으로 시장의 관심이 큰 종목이었습니다.

당시 관련 뉴스의 타임라인을 간략히 요약하자면

12/4

▷ 비트코인이 4만 달러를 돌파, 내년 1월 중 비트코인 현물 ETF 출시 가능성에 대한 기대감이 반영된 것으로 분석됨.
▷ 비트코인 현물 ETF는 2021년부터 논의되었으나 여러 차례 불허되었고, 최근 SEC(미 증권거래위원회)가 현물 ETF 신청서 수정 요청을 보내며 승인 가능성에 무게가 실림.

12/6

▷ 비트코인이 한때 4만 5,000달러 근처까지 상승.
▷ 2024년 1월 10일까지 비트코인 현물 ETF가 승인될 수 있다는 기대감이 반영됨.

그동안 비트코인 현물 ETF 승인이 계속 불발되었지만, 최근 미 증권거래위원회(SEC)에서 현물 ETF 신청서의 수정을 요청한 만큼 2024년 1월 10일까지 비트코인 현물 ETF가 승인될 가능성이 높아 보이죠? 특히 재료의 일정이 1개월 이내로 다가왔기 때문에 그 기간에 박스권 매매를 적극적으로 활용할 수 있을 것입니다.

이렇게 확실한 일정이 공개된 종목이 비교적 매매하기가 쉽습니다.

[그림15] 한화투자증권 일봉차트

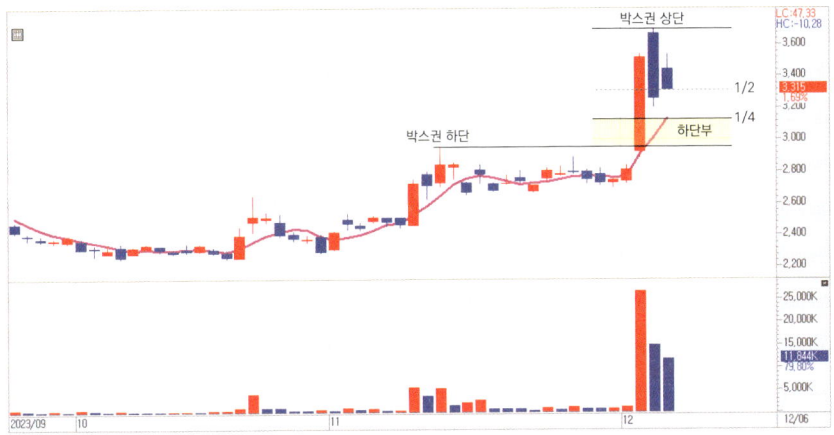

　매수 전에는 먼저 박스권을 설정합니다. 대량 거래량을 동반한 상한 가나 장대양봉이 나온 후, 2~3일 동안 주가의 움직임을 지켜보며 박스권 하단을 설정합니다. 이 짧은 기간 동안 주가의 방향성이 어느 정도 결정되기 때문입니다.

　위 차트에서 주가는 장대양봉 아래에서 종가가 형성되었죠. 이런 상황에서는 추가 하락할 가능성을 염두에 두고 직전의 전고점이 있다면 그 전고점을 박스권 하단으로 설정할 수 있습니다. 이후, 박스권 상단과 하단을 기준으로 중간과 중하단 구간을 나누어 표시합니다. 매수할 구간은 박스권 1/4 지점(중하단)부터 박스권 하단까지의 범위로 '박스권 하단부'입니다.

　손절은 앞서 언급했듯이 박스권 하단을 이탈하거나 미리 정해둔 손실률 또는 손실 금액에 도달했을 때 매도하는 방식입니다. 다만, 손절 대신 추가 매수 구간을 설정하여 대응하는 전략도 고려할 수 있습니다.

[그림16] 한화투자증권 일봉차트

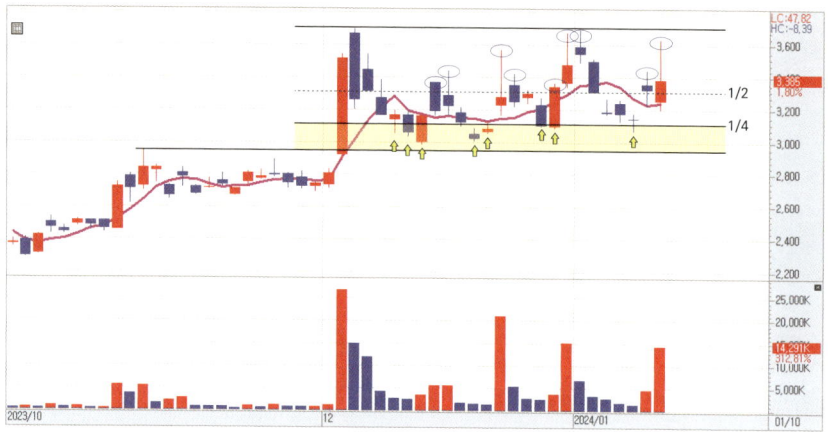

주가는 1/4 지점(중하단)과 박스권 하단 사이에서 여러 차례 반등한 것을 확인할 수 있죠. 박스권 하단을 이탈하지 않는 한 재료의 지속력과 반등 가능성을 믿고 매수해야 합니다.

대체로 재료의 파급력과 지속력이 있는 종목들은 관련 이슈가 시장에 지속적으로 알려지기 때문에 박스권을 지지하며 움직일 가능성이 큽니다. 하지만 재료가 소멸된 상태에서는 주가가 박스권 하단을 이탈할 위험이 커지므로 이때는 매수를 피하는 것이 좋습니다. 수익 실현은 박스권의 중간 지점부터 상단부까지 분할로 매도합니다. 간단하죠? 이렇게 매수와 매도의 원칙이 간결해야 하겠습니다.

[그림17] 한화투자증권 일봉차트

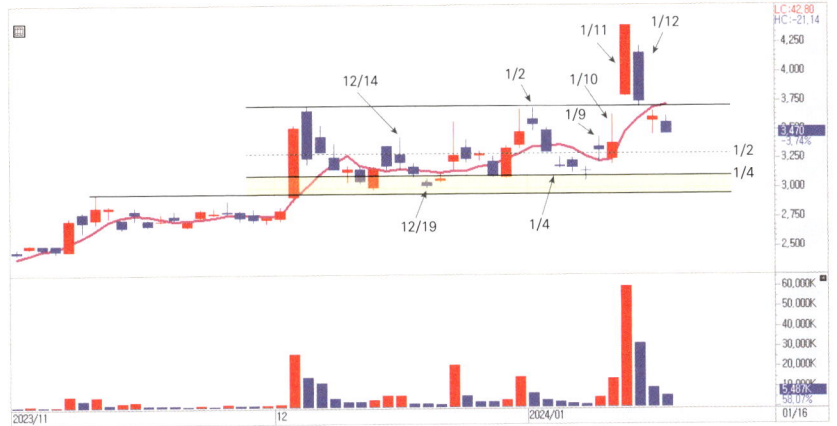

시간이 지나면서 주가는 박스권 상단을 돌파했습니다. 재료가 좋다면 주가는 더욱 크게 상승할 수 있습니다.

이렇게 박스권 형태로 자주 움직이는 종목들이 박스권 매매의 공략 대상입니다. 그래서 단기간 변동성이 많이 발생할 수 있는 종목을 잘 선별해야 합니다. 이를 위해 해당 종목의 재료를 면밀하게 분석하는 것이 중요합니다.

당시 이 종목의 뉴스 타임라인을 보겠습니다.

12/14

▷ 2024년 11월 미국 대선에서 도널드 트럼프가 승리할 경우, 비트코인 가격이 10만 달러를 돌파할 가능성이 있다는 보고서 발표.

▷ 비트코인 현물 ETF 승인 가능성(1월 10일), 내년 금리 인하 전망

도 가격 상승에 영향을 미침.

12/19

▷ SEC가 블랙록 및 나스닥과 비트코인 현물 ETF 허용 관련 논의를 진행했다는 소식이 전해짐.
▷ 시장에서는 1월 중 비트코인 현물 ETF 출시 가능성을 높게 보고 있음.

1/2

▷ 갤럭시 디지털의 마이크 노보그라츠 CEO가 트위터에 "큰 소식이 온다(Big Thing is Coming)"라는 글을 남기며 비트코인 현물 ETF 승인 가능성을 강하게 시사.
▷ 비트코인 가격이 6,000만 원을 넘어서며 큰 상승세를 기록.

1/4

▷ SEC가 1월 중 현물 ETF를 승인하지 않을 가능성이 있다는 보도가 나오며 비트코인 가격이 하락.
▷ 일부 보고서는 SEC가 2분기까지도 승인할 가능성이 있지만, 1월에는 모든 신청이 거절될 가능성이 크다고 분석.

1/9

▷ 비트코인 ETF 승인 시한인 1월 10일을 하루 앞두고 비트코인 가

격 급등.
▷ 시장에서는 비트코인 현물 ETF 승인이 불가피하다는 기대감이 커지며 ETF 승인 시 시장 규모가 대폭 확대될 것으로 예상.

1/10

▷ 소셜미디어 X(옛 트위터)에 SEC가 모든 비트코인 ETF 상장을 승인했다는 내용의 가짜뉴스가 퍼짐.
▷ SEC는 해당 트윗이 해킹에 의해 게시된 가짜 정보라고 밝힘. 비트코인 가격이 급등 후 급락하며 혼조세를 보임.

1/11

▷ SEC가 11개의 비트코인 현물 ETF 승인을 발표. 이 중 그레이스케일, 비트와이즈, 해시덱스 등의 ETF는 1월 11일부터 거래될 예정.
▷ 기관 및 개인투자자들이 비트코인에 직접 투자하지 않고도 비트코인에 투자할 기회가 열릴 것으로 기대됨.

1/12

▷ 비트코인 현물 ETF 상장이 비트코인 관련 주식들에 악재로 작용할 가능성이 있다는 분석이 나옴.
▷ JP모건 분석가는 비트코인 ETF가 코인베이스 같은 기존 암호화폐 관련 기업에 경쟁자가 될 수 있다고 경고.

일정이 1월 10일까지 확정된 만큼, 그 기간에 여러 잡음이 발생하였습니다. 비트코인 ETF 현물이 승인이 날 것이라는 뉴스나 반대로 승인이 나지 않을 것이라는 뉴스 등으로 인해 주가의 변동폭이 지속되었죠.

따라서 이러한 잡음에 너무 신경 쓰기보다는 재료의 데드라인이 오기 전까지는 이 변동성을 적극적으로 활용해 저점에서 매수하고 고점 부근에서 매도하는 전략을 취해야 합니다.

[그림18] 한화투자증권 일봉차트

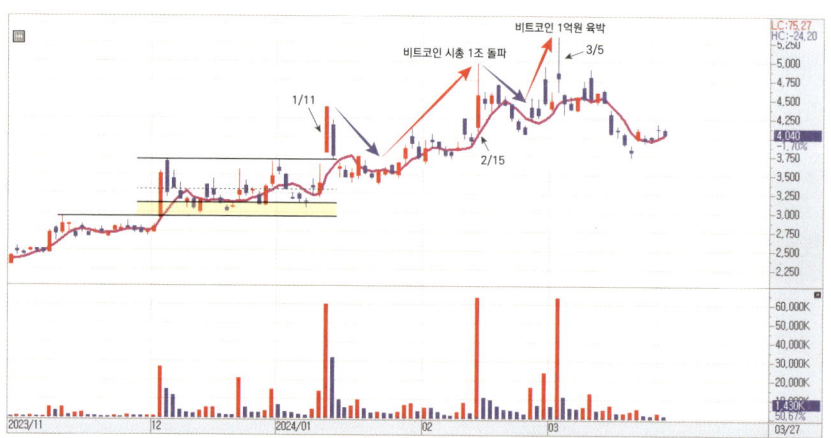

히지민 1월 11일 현물 ETF가 발표된 이후 재료소멸로 인해 주가는 단기간 하락했으나 두 차례 더 상승했습니다. 이처럼 재료가 소멸되더라도 추가적인 재료나 시장에서 관심을 받을 만한 요소가 남아있다면 주가는 더 상승할 수 있습니다. 따라서 재료의 지속력이 여전히 남아

있다고 판단되면 이때는 매수 기회를 다시 엿볼 수 있습니다. 결국 재료의 전체적인 흐름을 잘 파악해야 하겠습니다.

[그림19] 한화투자증권 일봉차트

만약 재료의 지속력이 더 남아있다고 판단되고 주가가 박스권 고점을 경신했을 때 추가 매매를 고려한다면 박스권을 새로 설정해야 합니다. 박스권 설정 방법은 제3부에서 자세히 다룰 예정이지만, 기본적으로 박스권 상단은 주가의 최고점으로 박스권 하단은 고점을 경신하기 전의 직전 저점을 기준으로 설정합니다. 이후 박스권을 중간과 중하단(1/4)으로 나누면 매수 범위는 중하단과 하단 사이의 구간인 '박스권 하단부'입니다.

그러나 현실적으로 주가가 박스권 하단부까지 빠르게 도달하지 않을 가능성도 있으므로 매수 기회를 놓치지 않기 위해 박스권 하단부를 약간 올려 잡아 설정할 수도 있습니다. 즉, 기존의 박스권 중하단(1/4)을 새로운 박스권 하단으로 설정합니다. 그런 다음 이 박스권을 다시 새롭게 중간(1/2)과 중하단(1/4)으로 나눕니다. 매수 범위는 위 그림에서 보이는 '새로운 하단부'가 됩니다.

  이렇게 새로 설정된 하단부에서 매수를 합니다. 손절은 재료의 지속 가능성에 따라 달라집니다. 재료가 지속 가능하다고 판단되면 추가 매수 구간을 설정하고 그렇지 않고 불확실한 경우에는 박스권 하단을 이탈할 때 매도로 대응합니다.

[그림20] 한화투자증권, 우리기술투자, 위지트

[그림20]을 보면 비트코인 관련주 중에서 우리기술투자가 가장 크게 상승한 대장주였습니다. 10월 중순 거래가 본격적으로 들어온 후 약 289% 상승했고 그 뒤를 이어 한화투자증권은 135%, 위지트는 89%의 상승률을 기록하며 각각 2, 3등으로 뒤따랐습니다.

그러나 A구간의 초기에 위지트(약 57%)가 가장 크게 급등했고 그 다음으로 우리기술투자(약 48%)순이었습니다. 반면 한화투자증권(약 17%)은 상승폭이 가장 작았습니다. 따라서 상승률을 기준으로 본다면 A구간 초기에서는 위지트, 우리기술투자 순으로 공략할 수 있겠습니다.

B구간에서는 A구간까지 상승률이 가장 높은 우리기술투자(151%)를 공략하거나, 상승률이 두 번째로 높은 위지트(78%)를 공략할 수 있습니다. 물론 한화투자증권(63%)은 A구간에서 상승률이 낮았지만, 고점을 경신했기 때문에 위지트를 대신해 공략할 수도 있습니다.

C구간에서는 B구간까지 상승률이 높은 우리기술투자(151%)와 한화투자증권(94%) 순으로 공략할 수 있습니다. 다만 상승률이 가장 높은 대장주를 우선 공략하되 대장주가 크게 쉬어가는 구간에서 2등주의 주가 변동성이 대장주보다 더 크다면, 2등주를 차선책으로 선택할 수 있습니다. 2등주는 때로는 대장주보다 더 강한 상승을 보이는 경우가 있으므로 무조건 대장주에만 집착할 필요는 없습니다. 특히 대장

주가 이미 크게 상승했거나 매수 타이밍을 놓쳤을 때 혹은 장기 조정 국면에 들어간 경우, 2등주에서 매수해 수익을 노리는 전략이 충분히 유효할 수 있습니다.

대장주의 주가 흐름이 꼭 어느 구간이라든지 강세를 보일 것으로 생각할 수도 있지만, 실제로는 상황에 따라 대장주와 2등주가 번갈아 가며 강세를 보일 수 있습니다. 따라서 대장주뿐만 아니라 관련 종목들의 흐름을 주시하며 유연하게 매매해야 합니다.

2) 재료의 조건

재료는 주가의 변동성을 일으키는 핵심 요소입니다. 따라서 재료를 체크할 때 이 재료가 시장에 어느 정도까지 영향을 미치는지, 그 파급력과 그에 따른 영향이 시간적으로 얼마나 지속되는지, 지속력을 함께 고려해야 합니다. 그러나 이를 판단하는 명확한 정량적인 기준은 없으므로 많은 경험과 분석이 중요하겠습니다.

파급력은 먼저 대중적 관심이 높은지를 우선시합니다. 대중적 관심이 높다는 것은 뉴스, SNS, 경제 전문 매체에서 꾸준히 다뤄지며 투자자들이 그 재료에 대해 활발히 논의하고 있음을 의미합니다. 특히 대중적 관심을 받는 재료는 전 국민의 주목을 받는 사건으로 확대되어 시장에서 강력한 테마로 부각되고, 주도주 섹터로 자리매김할 수 있습니다. 한번 예를 들어보겠습니다.

☐ **펜벤다졸 신드롬 사건**

2019년 9월, 미국의 소세포 폐암 4기 환자가 펜벤다졸을 복용한 후 암이 완치되었다는 주장이 국내 유튜브를 통해 알려지면서 한국에서도 큰 화제가 되었습니다. 이 소문이 SNS와 여러 매체를 통해 급속도로 확산하면서 강아지 구충제인 펜벤다졸뿐만 아니라 인간용 구충제까지 품절 사태가 벌어졌습니다.

당시 제약회사들의 주가가 급등했으며 그 외에도 CBD 오일과 같은 의료용 대마를 함께 복용했다는 정보가 퍼지면서 의료용 대마 관련주 역시 큰 상승을 기록했습니다.

☐ **코로나 펜데믹**

2020년, 코로나19 바이러스가 전 세계적으로 확산하면서 전 세계가 재난 상황이었습니다. 한국에서도 첫 확진자가 발생한 이후 확진자 수가 빠르게 증가했고 이에 따라 마스크, 손소독제 등의 방역용품이 빠르게 품절되기 시작했습니다. 대중의 불안감이 커지면서 마스크 제조업체, 진단키트 생산업체, 백신 개발 관련 제약회사들의 주가가 급등했습니다. 또한 비대면 사회로의 전환이 가속화되면서 언택트(비대면) 관련주, 예를 들어 원격 의료, 온라인 교육, 전자상거래 종목들도 큰 상승세를 기록했습니다.

☐ **비트코인 광풍**

2021년 초, 비트코인 가격이 사상 최고치를 경신하면서 암호화폐 시장 전체가 폭발적인 상승세를 보였습니다. 이 시기 비트코인은 단순한 투자 자산을 넘어 대중적 화두로 떠오르며 여러 뉴스 매체와 SNS를 통해 빠르게 확산되었습니다. 많은 사람이 암호화폐 투자에 나서면서 암호화폐와 관련된 국내 주식들도 크게 주목받기 시작했습니다.

☐ **메타버스 등장**

코로나19로 인해 전 세계가 비대면을 일상으로 받아들이면서 사람들은 온라인을 통해 업무를 보고 소통하며 여가 활동을 즐기는 것이 보편화되었습니다. 이 과정에서 메타버스는 현실에서 할 수 없던 활동을 가상 환경에서 가능하게 해주면서 주목받기 시작했습니다. 메타(구 페이스북)의 선언 이후, 주식을 모르는 일반인들도 메타버스라는 개념을 뉴스와 SNS를 통해 접하게 되었고 유명한 글로벌 기업들이 메타버스 산업에 투자하면서 관련 기업이 더욱 큰 주목을 받았습니다.

☐ NFT(대체불가토큰) 열풍 *NFT는 특정 작품에 대한 디지털 인증서

2021년부터 2022년까지 전 세계적으로 NFT(대체불가토큰)가 예술, 게임, 스포츠 등 다양한 분야에서 큰 화제를 모았습니다. 많은 유명 아티스트가 NFT를 통해 작품을 판매하고 메타버스와 함께 미래의 디지털 자산 시장이 발전할 것이라는 기대감이 커지면서 일반인들까지도 이 시장에 참여하게 되었습니다. 특히 디지털 자산에 대한 개념이 명확하지 않은 상태에서도 여러 뉴스 매체와 SNS에서 NFT가 크게 주목받으면서 주식을 모르는 사람들까지도 NFT라는 용어를 접하게 되었습니다.

☐ 우크라이나-러시아 전쟁

2022년 2월 전 세계 미디어에서 지속적으로 다루어진 이슈였으며 정치적, 경제적 영향이 매우 크기 때문에 주식을 모르는 일반 대중들까지도 큰 관심을 가졌습니다. 국제 유가 상승, 유럽의 에너지 위기, 곡물 가격 폭등 등은 일상생활에도 영향을 미쳐 뉴스와 SNS에서 활발히 다뤄졌고 주식시장에서도 관련 테마주들이 급등하는 계기가 되었습니다. 대표적인 글로벌 이슈 중 하나로 주식시장에서 에너지, 방산, 농산물 관련주들의 상승을 이끈 주요 재료로 자리를 잡았습니다.

☐ 초전도체 개발 이슈

2023년 7월, 한국 연구진이 상온에서 작동이 가능한 초전도체를 발견했다고 발표하면서 전 세계적인 관심을 받았습니다. 초전도체는 전기저항이 0에 가까운 상태에서 전류를 흐르게 하는 물질로 만약 상온에서 초전도체가 작동할 수 있다면 전력, 반도체, 에너지 분야에 혁명적인 변화를 일으킬 수 있다는 기대감이 있었습니다. 상온 초전도체의 발견은 단순한 과학적 발견을 넘어서 미래 산업 구조를 바꿀 수 있는 기술로서 주목받았습니다. 이에 주식시장에서도 크게 반영되었고 관련 뉴스와 SNS에서도 널리 보도되며 주식을 모르는 일반인들까지도 이 이슈를 접하게 되었습니다. 과학적 검증 논란과 상관없이 기술에 대한 혁신 가능성 때문에 대중의 관심이 높았습니다.

☐ 후쿠시마 원전 오염수 방류

2023년 8월, 일본 정부가 후쿠시마 원전 오염수 방류를 결정하며 큰 논란을 일으켰습니다. 한국에서는 특히 수산물 안전성 문제가 대두되었으며 이에 따라 수산업 관련주와 관련 산업의 주식에 영향을 미쳤습니다. 환경과 먹거리에 직결된 문제였기 때문에 주식을 모르는 일반 대중도 뉴스와 SNS에서 크게 관심을 가졌습니다. 국제적 논란이 있었던 사건으로 환경 보호 단체와 정치인들 사이에서도 이 문제를 두고 치열한 논쟁이 벌어졌습니다.

□ ChatGPT, AI 열풍

2023년, OpenAI의 ChatGPT가 대중에게 공개되면서 전 세계적으로 인공지능 기술에 대한 관심이 폭발적으로 증가했습니다. ChatGPT는 대화형 인공지능 챗봇으로 인간처럼 자연스럽게 질문에 답변하거나 대화를 나눌 수 있는 능력으로 주목받았습니다. ChatGPT의 성공으로 AI 관련 기업들이 큰 주목을 받았고 AI 기술 발전에 대한 기대감이 높아졌습니다. 특히 ChatGPT는 무료로 사용 가능하고 누구나 쉽게 접근할 수 있었기 때문에 주식을 모르는 일반 대중들도 이 기술을 직접 경험할 수 있었습니다. 이에 뉴스와 SNS에서 크게 다뤄졌고 더 나아가 AI가 일자리와 산업에 미칠 영향에 대한 논의가 이어지면서 AI 기술에 대한 관심은 더욱 커지게 되었습니다.

□ 동해 유전 발견 가능성

2024년 6월, 정부는 동해 심해에서 대규모 석유 및 천연가스 매장 가능성을 발견했다고 발표했습니다. 동해 포항 영일만 인근 해역에서 최대 14억 배럴에 달하는 석유 및 천연가스가 매장되어 있을 가능성이 높다는 연구 결과가 나왔으며 정부는 본격적인 탐사 및 시추 작업을 승인했습니다. 이 소식은 뉴스와 SNS에서 폭넓게 다뤄지며 대중들의 큰 관심을 끌었고 이에 따라 석유 및 가스 관련주들이 급등하며 주식시장에서 큰 주목을 받았습니다.

□ 전기차 화재 사건

2024년 8월, 전기차 산업이 급성장하는 가운데 전기차 화재 사건이 지속적으로 발생하며 안전성에 대한 우려가 커졌습니다. 여러 전기차 모델에서 배터리 화재가 보고되었고, 특히 지하 주차장에서 충전 중 화재가 발생한 사건은 대중의 큰 관심을 끌었습니다. 이는 전기차의 안전 기준 강화와 배터리 제조사의 품질 관리에 대한 논의로 이어졌습니다. 많은 사람이 전기차를 일상적으로 사용하고 있는 상황에서 이러한 화재 사건은 뉴스와 SNS를 통해 빠르게 확산되었고, 주식시장에서도 전기차 화재와 관련한 종목들이 주목받게 되었습니다.

위의 11가지 사례만 보더라도 주식을 전혀 모르는 일반인들도 위 주제들에 대해 어느 정도 알고 있을 정도로 파급력이 큰 재료들입니다. 이를 통해 일반인들에게도 쉽게 알려지거나 관심을 불러일으킬 수 있는 사건들이 주식시장에서 중요한 테마로 자리를 잡았다는 것을 알 수 있습니다.

주식투자를 한 번도 하지 않는 사람들에게도 위의 사건들을 알고 있는지 물어보세요. 열에 일곱은 대부분 알고 있을 것입니다. 이렇게 파급력 있는 재료들은 뉴스나 SNS에서 빠르게 확산돼 주식시장뿐만 아니라 사회적으로도 큰 이슈가 됩니다.

그러나 반도체 칩을 개발했다든지, 2차전지에 들어가는 핵심 부품을 양산했다든지 하는 재료들은 위에서 설명한 대중적 관심을 받는 사건들과는 차원이 다릅니다. 이 같은 재료들은 산업 내 전문가나 주식 투자자들에게는 중요한 재료로 작용할 수 있지만 일반 대중들에게는 즉각적인 관심을 끌지 못할 가능성이 높습니다. 이는 뉴스에서 크게 다뤄지지 않거나 일반인들에게까지 파급되지 않는 경우가 많기 때문입니다.

결국 파급력이 큰 재료란 단순히 주식시장의 투자자들 사이에서만 이슈가 되는 것이 아니라, 일반 대중까지도 관심을 가지고 화제가 되는 사건들입니다. 혁신적 트렌드, 대중적 신드롬, 사회적 논란, 환경적 문제, 과학적 발견, 정치적 이슈(총선, 대선), 글로벌 이슈(전쟁, 팬데믹 등) 등과 같은 사건들이 이에 해당합니다. 이런 재료들은 사회적 파급력을 지니며 주식시장에서 강력한 테마를 형성하게 됩니다. 주식투자를 하지 않는 사람들에게도 이 같은 재료들이 충분히 알려질 수 있다는 점에서 시장에 미치는 영향력이 클 수밖에 없습니다.

이처럼 파급력이 큰 재료는 단기간 급등락을 일으킬 수 있어 스윙투자자에게 매우 유리한 기회가 될 수 있습니다. 이러한 재료를 잘 활용하면 저점에서 매수하고 고점에서 매도하여 단기간 큰 수익을 기대할 수 있습니다. 그러나 특정 이슈가 사라지거나 시장의 관심이 다른 곳으로 이동하게 되면 주가가 급격히 하락할 수 있기 때문에 재료의 흐름을 잘 파악해야 합니다.

한편 일반 대중의 관심이 적은 재료라고 해서 꼭 큰 변동성을 기대하기 어려운 것은 아닙니다. 예를 들어 특정 산업 내 선도적인 기술 개발이나 글로벌 기업의 투자, 또는 규제 완화 등과 같은 특정 산업의 중요한 변화는 대중적 관심을 받지 못할 수 있지만 해당 산업 내에서 큰 변동성을 일으킬 수 있습니다. 이를 산업적 파급력이라 분류합니다.

따라서 대중의 관심이 적은 재료라 할지라도 특정 산업의 변화는 단기적인 변동성이 발생할 가능성은 충분히 존재하기 때문에 여러 뉴스를 주의 깊게 살펴보는 것이 중요합니다.

그리고 재료의 파급력을 확인했다면 언제까지 시장에 영향을 미칠 수 있는지, 재료의 지속력을 체크해야 하겠습니다. 다음은 지속력을 확인할 수 있는 체크리스트입니다.

√ 재료의 일정이 존재하는가?

재료가 발생했다면 언제 종료될지를 확인해야 합니다. 구체적인 시기와 날짜는 뉴스나 주관사(정부, 기업 등)의 공식 발표를 통해 확인할 수 있습니다. 정부의 정책 발표, 글로벌 기업의 실적발표, M&A, FDA 승인, 관련 기업의 신규상장, 신제품 또는 신기술 개발 및 출시, 정치적/외교적 이벤트 등의 재료가 일정이 비교적 명확하게 공개되므로 일정이 끝나기 전까진 시장의 관심을 받을 가능성이 높습니다.

√ 재료의 일정을 드러나지 않는다면 단발성인가? 비교적 지속적인 이슈인가?

만약 재료의 일정이 명확하지 않다면 해당 재료가 단발성인지, 아니면 지속적인 관심을 받을 이슈인지 분석해야 합니다.

단발성 이벤트라면 주가는 급등 이후에 큰 반등 없이 하락하는 경향이 높습니다. 주로 업종의 영향을 받아 단순히 상승하는 경우나 구체적 일정이 없고 오히려 일정이 멀리 있거나 막연하게 '~하겠다'는 단순한 계획 같은 것들을 발표할 때 또는 일회성 립서비스 같은 것들, 예를 들면 "신제품을 개발 중이다"라고만 할 경우 일시적으로 상승을 할 수 있지만 구체적 일정이나 결과물이 없다면 관심도가 그리 오래 지속되지 않습니다.

반면, 일정이 명확하지 않더라도 지속적인 이슈는 '재료의 일정'보다 비교적 오래 주가에 영향을 미칠 수 있습니다. 대체로 산업 트렌드에 따라 장기간 관심을 받는 경우입니다. 특정 기업이나 제품에 국한된 것이 아니라 섹터 전체의 성장을 의미합니다. 대표적으로 AI 반도체(인공지능), 바이오, 2차전지 등과 같은 섹터가 그러한 예시입니다. 즉 글로벌 기업들이 이들 산업에 집중적으로 투자한다든지, 혁신적인 기술을 기대할 수 있다는 재료로 단기적인 변동성이 발생하면서도 동시에 장기적인 상승세를 만들어 내기도 합니다. 쉽게 말해 특정한 섹터가 큰 성장을 할 수 있는 요인이 있다면 지속적인 이슈를 기대할 수 있다는 것입니다.

√ 추가 뉴스나 후속 발표의 가능성

특정한 재료로 인해 주가가 급등한 후에도 지속해서 관련된 소식이 이어지지 않으면 주가는 반등 없이 하락할 수 있습니다. 스윙투자에서 성공 확률을 높이기 위해서는 단발성 뉴스가 아닌, 추가적인 뉴스나 후속 발표의 가능성을 반드시 고려해야 합니다.

하지만 이 부분을 판단하기는 쉽지 않습니다. 개인의 주관이나 감에 의존하기 때문인데 이를 보완하기 위해서는 과거 유사한 사례를 참고하는 것이 좋습니다. 앞서 설명한 긴급한 사회적 문제가 발생한 경우, 추가적인 뉴스가 나올 가능성이 비교적 높죠. 같은 문제점이 또 재발했다는 뉴스, 정부가 대응책을 내놓겠다는 뉴스 또는 법안을 발의하거나 통과가 되었다는 뉴스 등이 나올 수 있습니다.

대중적 신드롬이 발생했을 때도 그 사건과 관련된 추가 뉴스나 후속 발표가 계속 이어질 수 있습니다. 예를 들어 메타버스가 등장했을 때 여러 기업이 관련 신기술과 플랫폼을 개발하고 발표했으며 이러한 뉴스가 연달아 보도되었습니다. 그 결과 관련 기업들의 주가는 일정기간 상승세가 지속되었습니다.

또한 암호화폐, NFT 광풍처럼 특정 트렌드가 사회적 화두로 떠오를 경우, 많은 기업이 너나 할 것 없이 앞다투어 관련 시장을 선점하려 하고 정부 역시 규제를 적극적으로 완화하는 정책을 펼칠 것입니다. 이처럼 대중적 신드롬은 단순한 사건으로 끝나는 것이 아니라 관련 기업들의 실제 행동과 정부의 정책으로도 이어질 수 있습니다. 따라서 대중적 신드롬에서도 추가적인 뉴스나 후속 발표가 계속 나오게 될 가능성을 염두에 둘 수 있겠습니다.

전쟁의 경우에는 전쟁의 경과, 휴전 협상, 추가 제재, 군사적 지원 발표 등이 후속 뉴스로 계속 이어질 수 있습니다. 전쟁은 공급망을 차단하거나 물가를 불안정하게 만들어 인플레이션을 유발합니다. 주로 에너지와 곡물 가격의 급등락을 불러일으키며 관련주에 지속적인 영향을 미칠 수가 있습니다.

정치인 관련주는 지지율 변화, 선거 결과 등에 따라 큰 변동성을 보입니다. 주로 선거 시즌이 다가올 경우, 정치인들의 발언이나 정책 발표가 빈번하게 뉴스로 다루어지며 그에 따라 관련된 테마주들이 빠르게 반응하는 경우가 많습니다.

이외에도 추가 뉴스나 후속 발표가 나오는 재료가 있다면 어떤 특성의 재료인지 기록해 두는 것이 좋습니다. 나중에 유사한 재료가 다시 등장했을 때 참고할 수 있기 때문입니다. 이렇게 축적된 데이터를 활용하면 비슷한 상황이 반복될 때 더 나은 투자 결정을 내릴 수 있을 것입니다.

√ 시간이 많이 지난 재료인지?

재료가 처음 발생한 시점에서 시간이 얼마나 지났는지 확인하는 것은 매우 중요합니다. 어떤 재료가 시장에서 큰 영향력을 발휘했더라도 시간이 흐르면 그 파급력은 자연스럽게 감소할 수밖에 없습니다. 시간이 오래 지나면 재료에 대한 시장의 관심도 점차 줄어들게 되고, 그에 따라 주가도 더 이상 상승하지 않거나 하락할 가능성이 커집니다. 설사 같은 재료로 다시 상승하더라도 초기와 같은 큰 주목을 기대하기 어려운 경우가 많습니다. 차트 상 마무리 파동이 발생하는 위치에서 이런 패턴을 자주 발견하게 됩니다.

√ 외부 변수에 의한 테마의 이동이 일어난 상황인지?

재료의 이동은 쉽게 말해 특정 테마나 섹터가 시장에서 주목받으며 상승세를 보이다가, 강력한 외부적 변수에 의해 그 흐름이 끊기고 새로운 강력한 테마가 등장하면서 시장의 관심이 급격히 이동하는 상황을 말합니다.

예를 들어 코로나19 팬데믹이 발생했을 때 기존의 여러 테마가 하락하며 전 세계적으로 마스크 제조업체, 백신 관련 주식들이 강력한 테마로 자리 잡으면서 다른 기존 테마들이 약세로 전환된 것입니다. 비슷하게 글로벌 경제 위기 시기에도 시장이 불안정해지면서 기존의 테마, 섹터가 붕괴하고 새로운 테마나 안전 자산, 경기 방어주 같은 섹터가 주목받는 현상이 자주 발생하였습니다.

정리하자면 외부 변수로 인해 시장에서 테마가 이동하는 현상은 글로벌 위기, 대규모 전염병 또는 특정 정치적 사건 등과 같은 다양한 요소에 의해 촉발될 수 있습니다. 이런 상황에서는 기존의 테마가 약세로 돌아서면서 새로운 테마가 주목받게 됩니다. 그래서 만약에 기존의 테마주를 보유하고 있었다면 즉시 매도하고 새로운 테마에 관심을 가져야 하겠습니다.

다만 외부 변수에 의한 테마 이동은 자주 발생하지 않기 때문에 이러한 변화가 발생할 때는 신중해야 합니다. 테마 이동이 일시적인 현상일 수 있으므로 너무 서둘러 매매하기보다는 재료의 지속력과 시장의 전반적인 분위기를 확인한 후에 결정을 내려도 늦지 않습니다. 물론 새로운 테마가 시장에서 형성될 때는 빠르게 상승세를 타는 것이 유리할 수 있지만, 일시적인 변동에 휩쓸려 오히려 손실을 볼 위험이 큽니다.

따라서 새로운 테마가 주도적인 흐름을 이어갈 가능성이 크다고 생각될 때 신중하게 접근해야 하겠습니다.

3) 기술적 특징

이번에는 재료로 인한 주가의 변동성, 즉 주가가 어떻게 움직이는지, 대략적인 기술적 특징을 살펴보겠습니다.

일반적으로 특정한 재료가 나오면서 주가가 급등할 때, 대량 거래량과 함께 **많은 거래대금**이 동반된 주식들이 단기간 변동성이 지속되는 경향이 있습니다. 특히 여러 종목이 관련돼 같이 움직여 테마가 형성될 때 더욱 두드러집니다.

여기서 언급한 많은 거래대금은 <u>**대장주나 2등주가 급등 당시, 하루 거래대금이 대체로 700억 이상**</u>을 뜻합니다. 그래야 시장에서 비교적 높은 관심을 받고 있다고 해석할 수 있습니다. 제 개인적 기준으로는 테마 내에서 최소 2종목 이상, 이 같은 거래대금이 나와야 강력한 테마로 자리 잡을 수 있다고 봅니다.

거래대금은 시장의 관심도를 측정할 수 있는 중요한 지표입니다. 시장의 관심이 높아야 관련된 뉴스가 계속 보도될 수 있으며 테마가 더 오래 지속될 수 있습니다.

[그림21] 국제약품 일봉차트 및 거래대금

　예시 사례로 10월 23일에 "中서 마이코플라스마 폐렴 확산에 따른 치료제 사재기 현상 발생" 소식이 전해지며 관련된 제약업체 주식들이 서서히 상승하기 시작했습니다. 10월 25일에는 상한가를 기록했고 이어서 10월 26일에는 "국내 확산 우려"라는 추가 소식이 나오면서 관련주들이 큰 폭으로 상승했습니다. 그러면 이 재료는 대중적 파급력이 있다고 판단할 수 있겠죠. 또한 국내 확산이 진행될 때까지 전염병의 발생 추이와 경과에 따라 관련 뉴스 보도가 추가로 나올 가능성이 있다고 생각해 볼 수 있습니다.

　그리고 당시 관련주인 국제약품은 2,566억 원의 어마어마한 거래대금이 발생했습니다. 몇천 억 이상의 대규모 거래대금은 시장에서 이 종목이 어떤 이유로 상승했는지 많은 투자자에게 각인시켰을 것입니다. 이처럼 대규모 거래대금은 시장에서 가장 큰 주목을 받는 신호로 해석되며 단기간 주가의 변동성이 지속될 수 있다는 것을 암시합니다.

[그림22] 국제약품, 멕아이씨에스, 위더스제약 일봉차트 거래대금 비교

국제약품 외에도 멕아이씨에스, 위더스제약이 마이코플라스마 폐렴 뉴스와 함께 관련주로 주목을 받으며 같이 움직였습니다. 하지만 이들 종목 중에 뚜렷한 대장주를 집기에는 다소 애매할 수도 있습니다.

가장 먼저 움직인 위더스제약은 9월 22일, "세계 최초 탈모치료 지

속형 주사제 대량생산 및 빠른 품목허가 기대"라는 뉴스로 주목받으며 약 990억 원의 거래대금을 기록하며 크게 상승했습니다. 그러나 이 시점에서는 마이코플라스마 폐렴과는 직접적인 관련이 없었습니다. 반면, 마이코플라스마 폐렴에 대한 첫 뉴스는 주식시장에서 10월 23일에 등장했고, 관련주들이 본격적으로 급등하기 시작한 시점은 10월 26일이었습니다. 위더스제약은 초기에는 다른 재료로 주목받았지만 이후 마이코플라스마 폐렴 관련 재료로 다시 관심을 받은 사례입니다.

당일 대장주는 보통 가장 먼저 상한가에 진입한 종목이거나 가장 큰 높은 상승률을 기록하면서, 하락폭이 가장 적거나 가장 늦게 하락한 종목으로 정의할 수 있습니다. 그러나 당일 대장주가 며칠, 몇 달씩 대장주 자리를 계속 유지하지는 않습니다. 언제든 대장주가 뒤바뀔 수 있기 때문에 관련주의 흐름을 주시하며 전체적인 주가의 상승폭과 하락폭을 꾸준히 체크해야 합니다. [그림22]에서 국제약품은 다른 종목들보다 강한 흐름을 보였습니다.

상한가 발생 시점부터 최고점까지의 상승률이 약 62%로 가장 높은 상승률을 기록했죠. 일단은 대장주로 자리 잡을 가능성이 높아 보입니다.

[그림23] 국제약품 일봉차트

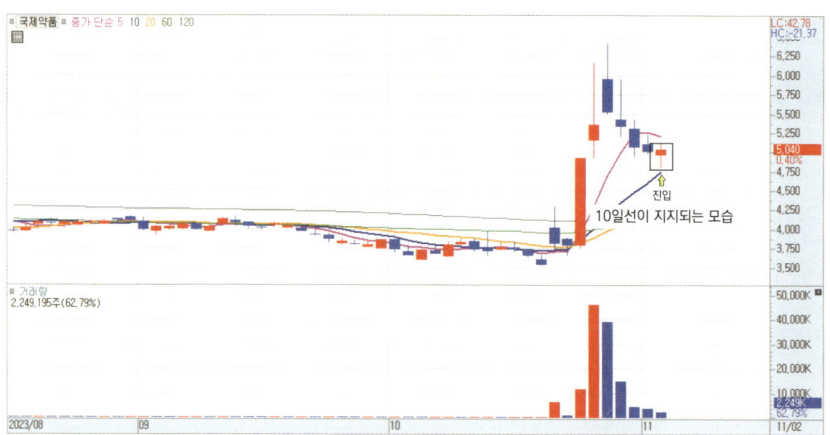

국제약품의 차트를 더 보겠습니다. 우선 위 차트에서 이동평균선을 더 추가했습니다. 5일선뿐만 아니라 10일선, 20일선, 60일선, 120일선을 차트에 넣었습니다. 앞서 언급했듯이 단기, 스윙투자에서 매수를 할 때는 5일선이 이탈된 시점에서 매수하는 것이 유리하다고 했습니다. 정확한 매수 포인트는 "5일선을 이탈한 후, 10일선에서 지지를 받을 때"입니다. 이때 손절은 10일선을 이탈할 때 매도하는 것이 원칙입니다. 이렇게 매매할 수 있겠죠?

[그림24] 국제약품 일봉차트

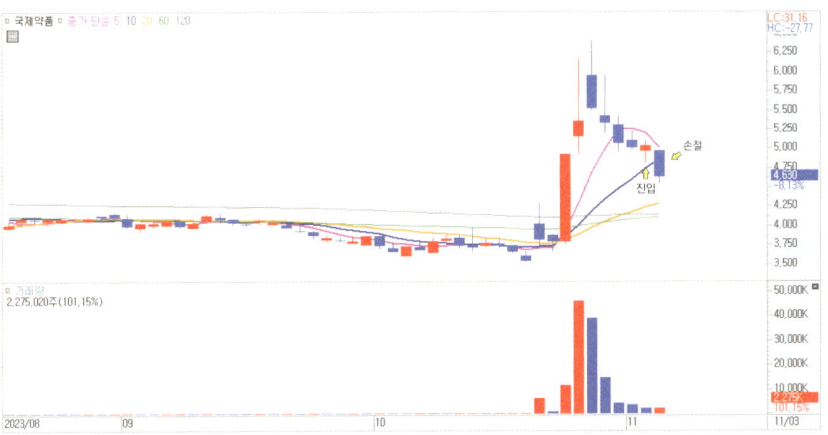

　다음날 주가는 10일을 이탈했습니다. 매수했다면 원칙대로 손절합니다. 실패했으니까 이제 이 종목은 쳐다보지 않습니다. **절대로 이런 식으로 매매하지 마시길 바랍니다.**

　변동성을 이용한 매매는 주가의 움직임 폭이 크기 때문에 단순히 이동평균선(10일선, 20일선 등)에서 정확히 지지하면서 반등하지 않습니다. 주가는 잠시 지지를 받는 척하다가 오히려 급락한 후, 예상치 못한 급반등이 나옵니다. 급등락 있는 종목의 전형적인 특징이죠. 따라서 이평선을 지나치게 신뢰하여 매매하기보다는 참고 사항으로만 여겨야 합니다. 필자의 경험상 이평선의 지지나 여러 차례 지지가 되었던 구간을 확실히 깰 때 급반등이 자주 나오곤 했습니다.

[그림25] 국제약품 일봉차트

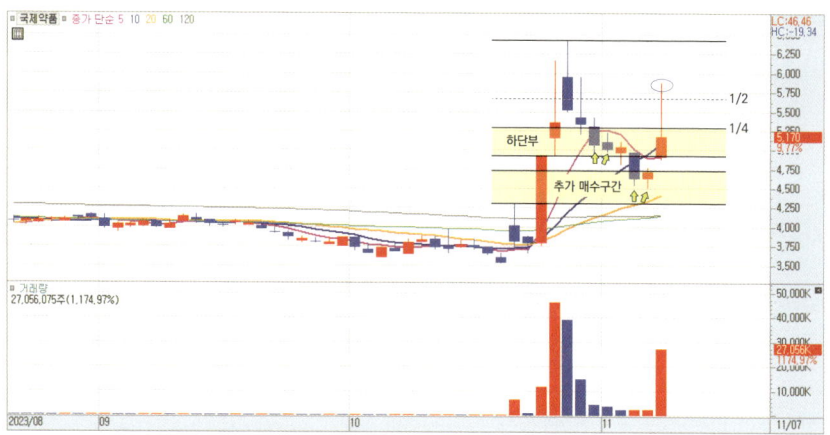

따라서 이 종목을 매매한다면 첫 매수를 한 후, 두 번째 매수를 준비합니다. 첫 번째로 예상했던 박스권 하단을 지지하지 못할 경우를 대비해 추가 매수 구간을 설정합니다. 단, 재료의 파급력과 지속력이 확실하다면 웬만한 경우 주가는 상승폭을 완전히 반납하지 않기 때문에 너무 낮은 가격대에 추가 매수 구간을 설정할 필요는 없습니다.

추가 매수 구간은 장대양봉 아래에 있는 직전 고점을 기준으로 설정합니다. 만약 직전 고점이 없다면 장대양봉(시가와 종가 기준)의 1/4 지점 또는 60일선 근방을 기준으로 설정할 수 있습니다. 이 기준을 중심으로 적절한 범위를 설정하며, 이 추가 매수 범위는 10% 이내로 설정하는 것이 적합합니다.

이러면 손절하지 않고도 20일선 위에서 반등하는 종목을 쉽게 공략할 수 있습니다. 그렇다고 무작정 물타는 분할매수 방식이 아닙니다. 매매법의 자세한 내용은 제3부에서 자세히 소개하겠습니다.

재료의 파급력과 지속력이 확실한 대장주는 한 차례 상승 후 조정이 올 때 상승폭을 완전히 반납하는 경우는 드물다고 볼 수 있습니다. 이와 같은 상황은 대체로 재료의 급작스러운 소멸, 시장의 급락, 또는 해당 종목의 악재가 발생했을 때나 나타납니다. 만약에 있어도 10번 중에 1~2번 있을까 말까 한 경우라고 생각하는 편이 좋습니다. 종목을 잘 선택했다면 첫 눌림목 반등은 대부분 나오기 때문에 박스권을 설정하여 저점 부근에서 매수한다면 큰 수익을 기대할 수 있습니다. 그러나 대장주가 아니라면 상승폭을 쉽게 반납할 수 있다는 점도 유의해야 하겠습니다.

[그림26] 국제약품 일봉차트

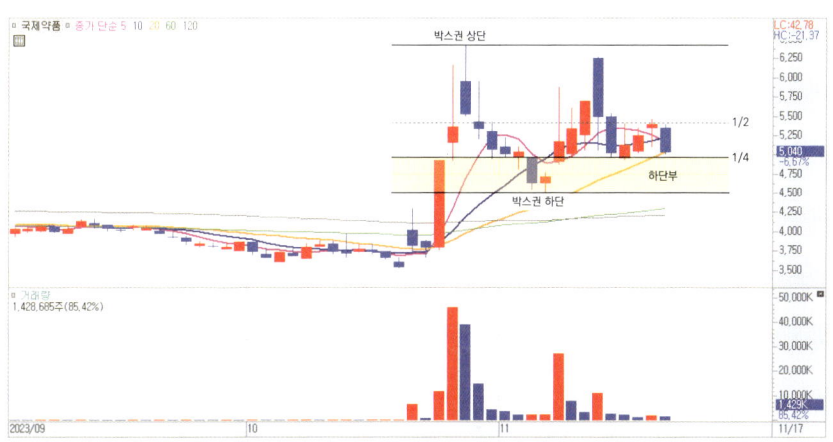

예상했던 박스권의 저점이 붕괴되었다면 곧바로 반등이 다시 시작된 시점부터 박스권 하단을 재설정합니다. 이후 새롭게 설정한 박스권 하단을 기준으로 중간과 중하단을 나누고, 주가가 다시 하단부에 도달했을 때 매수하면 되겠습니다.

재료의 지속력이 확실한 종목은 변동성이 한동안 지속되는 특징이 있습니다. 관련 이슈에 대해 추가 뉴스나 후속 발표가 나와주기 때문입니다. 실제로 11월 내내 마이코플라스마가 중국에서 계속 창궐 중이고 국내에서도 환자가 늘고 있다는 뉴스가 보도되며 주가는 큰 변동성을 보였습니다.

해당 이슈가 언제까지 지속될지 예측하기 어렵다면, 차트상에서 첫 번째 눌림목 구간까지만 보는 것이 좋습니다. 그 이유는 첫 번째 눌림목 구간은 주가가 상승을 이어가기 위한 기술적인 지지 구간으로 작용하는 경우가 많기 때문입니다. 이후에는 재료의 지속력에 따라서 계속 변동성이 생기거나 반대로 변동성이 줄어들어 주가가 점차 하락하게 됩니다.

[그림27] 국제약품 일봉차트

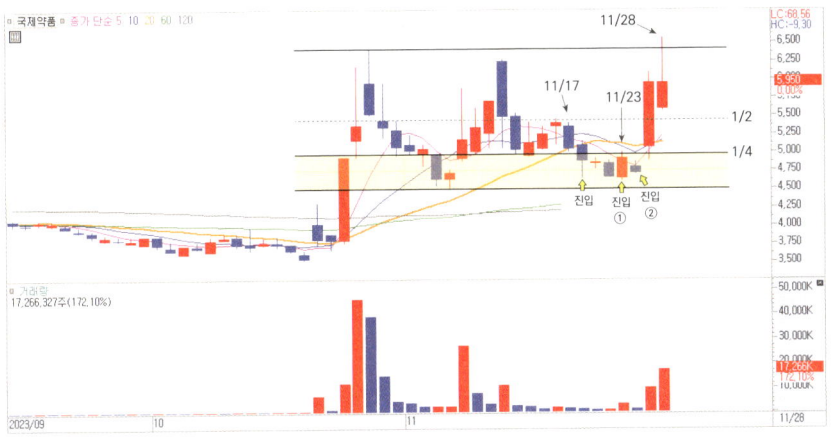

   11월 17일, 국내에서 마이코플라스마 폐렴 환자가 한 달 사이에 2배 증가했다는 뉴스가 보도되었습니다. 이어 11월 23일, WHO가 중국 당국에 마이코플라스마 폐렴 확산과 관련한 정보 제출을 요구했다는 뉴스가 보도됐고 11월 28일, 마이코플라스마 폐렴이 전 세계적으로 확산된다는 뉴스가 나오면서 시장의 관심을 주목시켰습니다. 이렇게 관련된 뉴스가 추가로 보도될 수 있는 재료는 지속적인 변동성을 만들어 낼 수 있습니다.

   위 차트를 살펴보면, 주가는 20일선을 이탈한 후 하단부에서 지지받으며 한 차례 더 상승했습니다. 이런 흐름은 해당 재료가 파급력이 크고 지속력이 있었기 때문입니다. 뉴스가 계속 보도되며 시장의 관심을 계속 받았죠. 이렇게 시장의 지속적인 관심을 받은 종목들은 박스권 하단부에서 반등과 상승 흐름이 자주 관찰됩니다.

다시 한번 강조하지만 변동성이 큰 주식들, 예를 들어 상한가를 기록하거나 주가가 20% 이상 급등하는 종목들은 조정 후 반등할 때 특정 이동평균선에 정확히 맞춰 반등하는 경우도 있지만, 대체로 이동평균선이나 이전에 여러 차례 지지받았던 구간을 일시적으로 이탈한 후에 급반등하는 경향이 있습니다.

따라서 박스권을 이용해 최대한 저점 부근에서 매수하는 전략이 필요합니다. 저점 부근이라 손실폭이 작으며 수익률을 극대화할 수 있기 때문입니다.

매수할 때는 박스권의 하단부 사이에서 지정가로 몇 차례 나누어 주문을 넣어둘 수가 있으나 재료의 지속력이 아직은 불확실하다고 판단이 들면 양봉캔들(①)발생을 확인하고 그 이튿날 매수(②)하는 것입니다. 손절은 양봉캔들(①)을 이탈할 때 매도하면 되겠습니다.

[그림28] 국제약품, 멕아이씨에스, 위더스제약 일봉차트 비교

　같은 이슈로 엮인 종목들의 흐름입니다. 대부분 12월 초까지 상승세를 이어갔습니다. 12월 7일까지 마이코플라스마 국내 환자가 급증했다는 소식이 연이어 뉴스에 보도되며 주가의 상승세가 지속되었습니다. 이후 12월 8일, 정부가 마이코플라스마 폐렴 등 호흡기 감염병 합동 대책반을 가동한다는 소식이 전해진 후 주가는 고점을 기록하고 본격적인 하락세로 전환되었습니다. 왜냐하면 해당 문제가 해결 국면에 접어들었다는 인식과 함께 시장 관심이 감소했기 때문입니다. 즉 재료 소멸로 판단할 수 있겠습니다.

세 종목 모두 재료소멸까지 주가가 거의 비슷하게 움직였죠? 국제약품뿐만 아니라 멕아이씨에스, 위더스제약도 뚜렷한 박스권의 움직임을 보였습니다. 주로 박스권의 중하단에서 상승한 것을 확인할 수 있습니다. 이렇듯 재료의 파급력이 크고 지속력이 있는 종목들은 위아래의 변동성이 크기 때문에 박스권을 설정하고 원칙에 따라 대응한다면 심리적으로 흔들리지 않고 안정적인 매매를 할 수 있게 됩니다. 그렇다면 이런 변동성 있는 종목들을 어떻게 찾을 수가 있을까요?

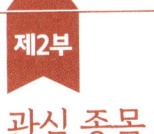

제2부
관심 종목 포착법

1) 검색기 활용

변동성 있는 종목을 찾기 위해서는 검색기를 활용하는 방법이 있습니다. 재료의 유무를 떠나서 당장 주가가 큰 변동성을 보이는 상태여야 하겠는데요. **대체로 큰 변동성이 보이는 구간은 주가의 고점보다 바닥에 있을 때가 많습니다.**

바닥에서는 대부분의 투자자들이 손절을 하거나 해당 종목에 대한 관심이 없는 경우가 많습니다. 이런 상황에서 매도 압력이 어느 정도 해소된 상태고 주식을 더 이상 팔려는 사람이 줄어들게 됩니다. 이때 세력들은 주식을 상대적으로 싼 가격에 매집하기 좋은 환경을 맞이하게 됩니다. 이후 특정한 재료나 모멘텀이 발생하면 이들이 미리 매집한 물량을 기반으로 적은 비용으로 주가를 급격히 올릴 수 있습니다. 이런 과정은 고점에서 주가를 올리는 것보다 바닥권에서 주가를 올리는 것이 훨씬 수월하기 때문입니다.

세력의 입장에서 고점에 있는 주식은 이미 많은 투자자의 관심을 받고 있는 상태이기 때문에 주가를 계속 끌어 올리기 쉽지 않습니다. 주가가 어느 정도 상승한 시점부터는 매도 압력이 강해지기 마련이며 많은 투자자가 차익 실현을 위해 매도에 나설 가능성이 높습니다. 만약 추가 상승을 시도하더라도 많은 자금이 소요되며 실패할 때 리스크도 클 수밖에 없습니다. 따라서 변동성이 큰 종목을 찾고자 할 때는 바닥권에 있는 종목들에 주목하는 것이 좋습니다.

[그림29] 풍원정밀 월봉차트

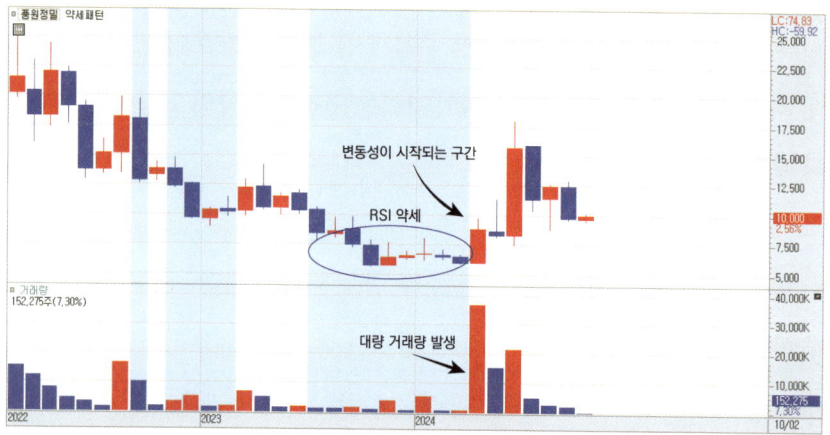

풍원정밀의 월봉차트입니다. 일봉이나 주봉차트 아닌 더 긴 흐름을 압축적으로 볼 수 있는 월봉차트에서 주가가 RSI가 약세구간에 있을 때 장기적인 바닥권에 가까워졌다고 해석할 수 있습니다(위 파란색 영역).

하지만 주가가 RSI 약세 신호에 들어왔다고 해서 반드시 바닥권이라고 단정할 수는 없습니다. 이는 주가가 과매도 상태임을 나타낼 뿐이며 시장 상황이나 기업의 내부 요인에 따라 주가가 얼마든지 하락할 가능성도 존재하기 때문입니다. 위 22년 말부터 23년 초까지 RSI가 과매도권이었지만 23년 중순부터 주가는 계속 하락을 이어갔죠.

그러나 주가가 RSI 과매도권 상태에 있거나 과매도권을 막 벗어난 상태에서 대량의 거래량이 동반되며 상승으로 전환될 경우, 이는 본격적인 반등의 시작을 알리는 신호로 볼 수 있습니다. 풍원정밀 차트를 보면 24년 4월경에 해당합니다. 이 시점에서는 주가가 강력한 변동성을 보이며 큰 폭으로 움직였습니다. 일봉이나 주봉차트가 아니기 때문에 월봉차트에서 이런 움직임이 포착되면 변동성이 단기적인 현상에 그치지 않고 장기적으로 유지될 가능성이 있습니다.

[그림30] 풍원정밀 월봉차트 강세약세 설정

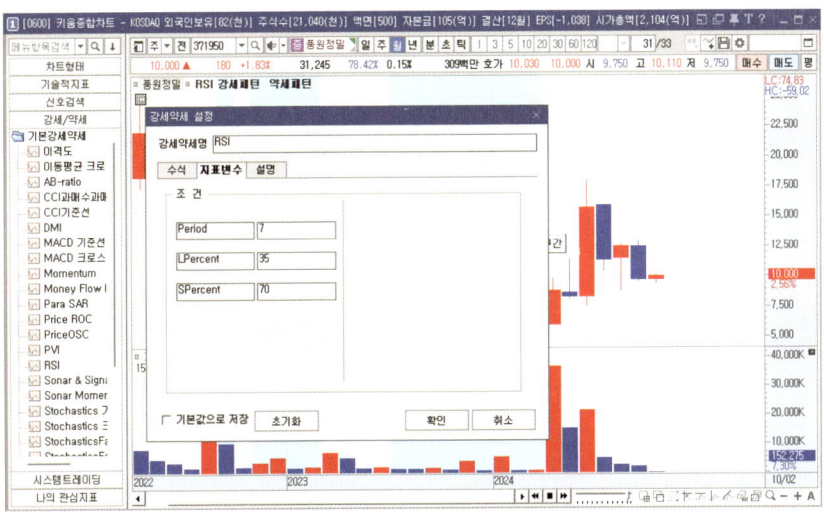

RSI 약세 신호에 대해 설명하겠습니다. 키움증권 HTS 기준으로 약세 신호인 [LPercent] 값을 35로 설정하였습니다. 이 책의 기준에서는 월봉차트에서 주가가 RSI가 35 이하일 때를 장기적인 과매도권으로 해석하며 이때 주가는 언제든 큰 반등이 일어날 수 있는 구간으로 판단합니다.

[그림31] 풍원정밀 일봉차트

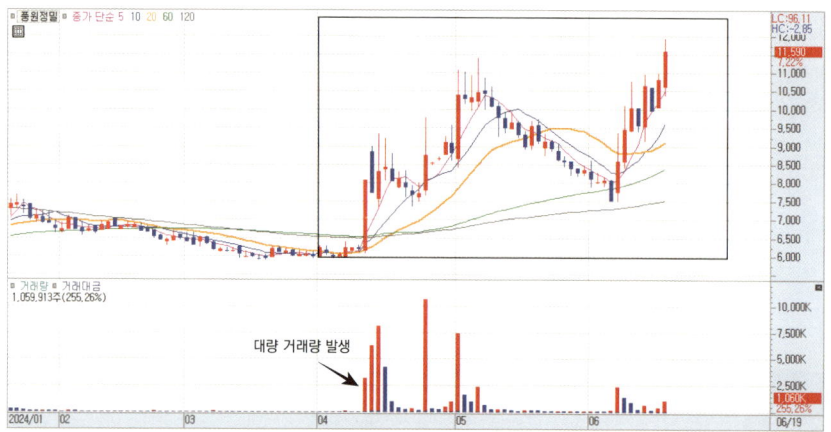

월봉차트에서 4월에 대량 거래량이 동반되면서 주가는 큰 반등을 했는데요. 위의 일봉차트로 보면 주가는 변동성이 크게 나타나며 활발하게 움직였습니다. 특히 단기적인 변동성에 그치지 않고 한동안 지속되면서 주가의 등락을 반복했습니다. 이러한 종목이 박스권 매매의 주요 공략 대상입니다.

[그림32] 검색기 조건식

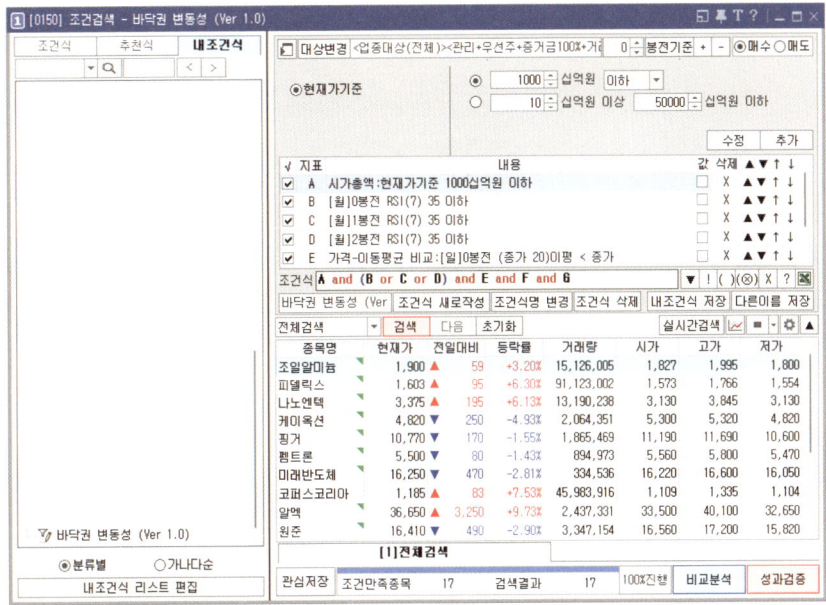

따라서 주가가 월봉차트상 바닥권에 있으면서도 활발하게 움직이는 종목을 찾아내기 위해서 위와 같은 검색기를 구현할 수 있겠습니다.

[그림33]

√	지표	내용	값	삭제	▲	▼	↑	↓
✓	A	시가총액:현재가기준 1000십억원 이하		X	▲	▼	↑	↓
✓	B	[월]0봉전 RSI(7) 35 이하		X	▲	▼	↑	↓
✓	C	[월]1봉전 RSI(7) 35 이하		X	▲	▼	↑	↓
✓	D	[월]2봉전 RSI(7) 35 이하		X	▲	▼	↑	↓
✓	E	가격-이동평균 비교:[일]0봉전 (종가 20)이평 < 종가		X	▲	▼	↑	↓
✓	F	기간내 거래대금:[일]0봉전 20봉이내 거래대금(일/주:백만, 분:천		X	▲	▼	↑	↓
✓	G	[일]거래대금(일:백만, 분:천) 50000이상 9999999999이하		X	▲	▼	↑	↓

조건식 A and (B or C or D) and E and F and G

A. 시가총액:현재가 기준 1,000십억 원 이하
B. [월]0봉전 RSI(7) 35 이하
C. [월]1봉전 RSI(7) 35 이하
D. [월]2봉전 RSI(7) 35 이하
E. 가격-이동평균 비교:[일]0봉전 (종가 20)이평 〈 종가
F. 기간내 거래대금:[일]0봉전 20봉 이내 거래대금(일/주:백만, 분:천 원) 40,000이상 1회 이상
G. [일]거래대금(일:백만, 분:천) 5,000 이상 999999999 이하

이렇게 설정할 수 있습니다. 각 조건을 왜 이렇게 만들었는지 설명하자면,

A 시가총액은 되도록 1조 원 이하의 종목만 나오도록 하였습니다. 시가총액인 큰 대형주 종목들은 주가의 가격이 높거나 발행된 주식 수가 많아서 주가를 크게 움직이기 위해서는 더 많은 거래량과 자금이 필요합니다.

즉, 주가가 무겁게 움직이기 때문에 빠른 템포의 단기매매나 스윙투자를 하기에는 적합하지 않을 수 있습니다. 반면 시가총액이 상대적으로 작은 종목들(1,000억 원 내외)은 상대적으로 적은 자금으로도 주가를 크게 움직일 수 있으며 단기적으로 큰 변동성을 보일 수 있습니다.

B, C, D 의 월봉 차트에서 RSI를 35 이하로 설정한 이유는 이전에

설명한 것처럼 주가가 장기적인 바닥권에 가까운 상태임을 나타내기 때문입니다. 이때 주가는 매우 저평가된 상태로 언제든지 큰 반등이 나올 수 있습니다. 월봉차트의 과매도권이기 때문에 일봉과 주봉차트에 비해 단기적인 변동성에 그치지 않고 변동성이 길게 지속될 수 있습니다.

E 기본적으로 주가의 상승 추세가 유지되고 있음을 의미하기 때문입니다. 20일 이평선은 단기 추세를 나타내는 지표이기도 하며 향후 일어날 변동성 속에서 일정한 지지력을 기대할 수 있기 때문입니다.

F 거래대금 조건을 설정할 때, 최근 20거래일 이내에 최소 1회 이상 400억 원 이상의 거래대금이 나오도록 설정하였습니다. 이 기준을 적용한 이유는 최소한 400억 원 이상의 거래대금이 나와야 시장의 관심을 어느 정도 받기 때문입니다.

G 검색식에 포착이 되었을 때, 최소한 주가의 거래대금이 당일 50억 원 이상이어야 유동성이 충분하다고 볼 수 있습니다. 유동성이 낮으면 호가창에서 주문 체결이 원활하게 이루어지지 못합니다. 변동성이 큰 시장에서 빠르게 대응하기 위해서는 비교적 유동성이 원활한 종목에서 매매해야 합니다.

[그림34] 사조씨푸드 월봉차트

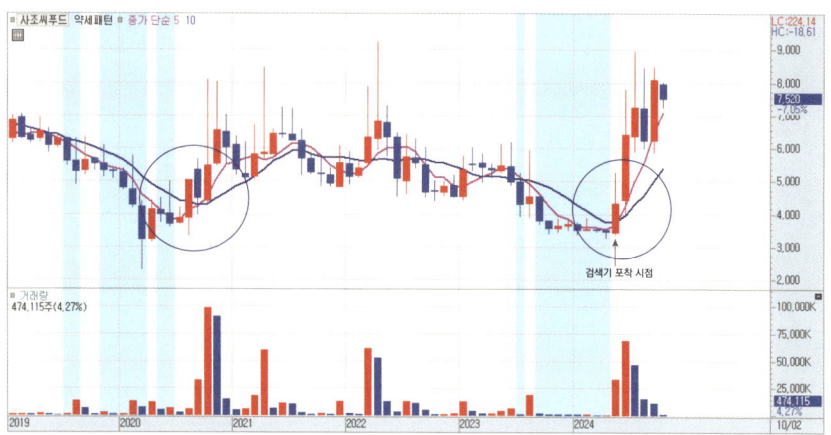

　위 바닥권 변동성 검색기로 2024년 5월 17일 포착된 종목입니다. 이후 주가는 대량 거래량을 동반하면서 급등했습니다. 이미 지나간 차트지만 검색기의 의도대로 주가가 움직였다는 것을 확인할 수 있습니다. 큰 변동성은 주가가 바닥권에서 시작된다는 것입니다.

　2020년 중순에도 주가는 RSI 과매도 구간을 거치고 대량거래량을 동반해 크게 움직였죠. 특히 RSI 과매도 구간 이후 주가가 5, 10월 선을 장악 후 조정받고 재차 상승했는데요. 변동성이 한동안 지속되는 종목이라면 위 차트처럼 최소 2~3개월 시세가 크게 이어질 수 있습니다.

[그림35] 사조씨푸드 일봉차트

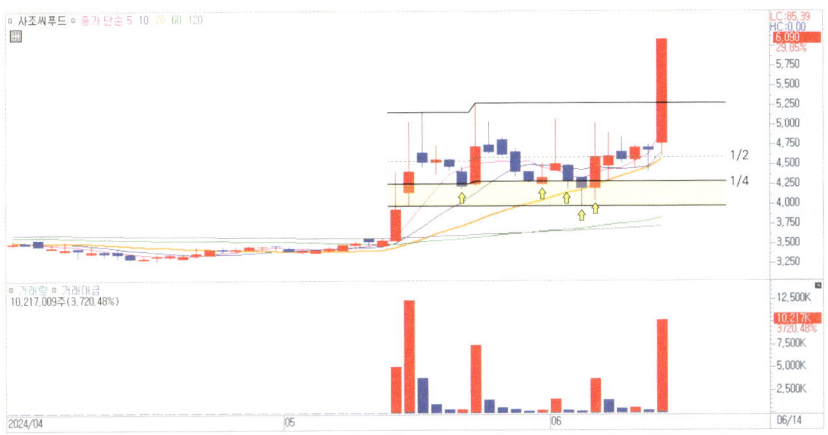

　일봉차트를 보면 검색기에 포착된 후, 주가는 큰 폭으로 상승하며 큰 변동성을 보였죠. 주가는 조정받을 때마다 세 차례나 네 차례 정도 박스권 중하단에서 큰 반등을 보여주었습니다. 이렇게 검색식으로 변동성 있는 종목을 선별해 낼 수 있겠습니다. 다만, 해당 종목의 재료가 파급력이 있고 지속성이 있어야 한다는 조건이 반드시 충족되어야 합니다. 그렇지 않으면 주가는 초기 상승 이후 대부분 다시 하락하는 경향을 보입니다.

[그림36] 범한퓨얼셀 월봉차트

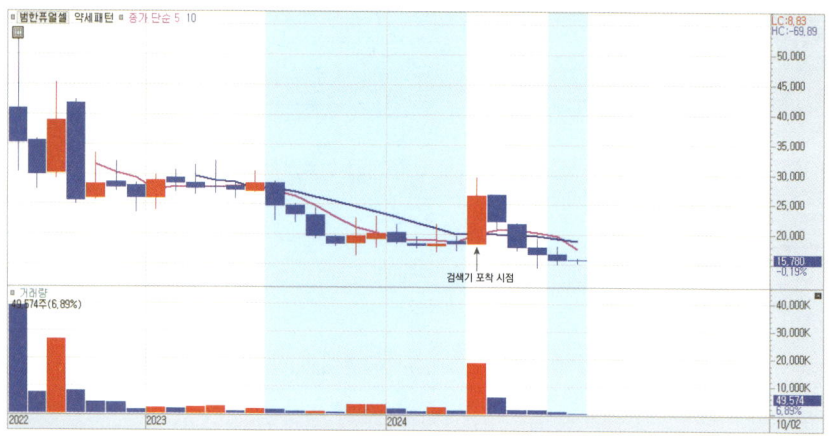

　위 종목도 검색식에 포착된 종목인데요. 2024년 5월 주가는 RSI 과매도 구간을 거치고 대량 거래량을 동반해 5, 10월선을 장악한 양봉 캔들을 만들었음에도 결국 반등 없이 하락했습니다. 이처럼 검색식에 포착된 종목이라고 무조건 주가가 크게 상승하는 것은 절대로 아닙니다. 검색기는 단지 반등이 시작되며 변동성이 큰 종목들을 찾아낼 뿐이며 해당 종목의 파급력과 지속력에 따라 그 결과가 180도 달라질 수 있습니다.

　그렇다면 파급력과 지속력에 대한 정보는 어디에서 찾을 수 있을까요?

2) 증시 요약 활용

필자는 주식 정보를 찾을 때 HTS(홈트레이딩 시스템)의 뉴스 기능에서 제공하는 '증시 요약'을 주로 활용합니다. 주식 블로그, 카페, 커뮤니티에서도 종목 상승 이유를 정리해 주는 곳이 많지만, 보다 공신력 있는 정보를 빠르게 얻기 위해 HTS 뉴스의 '증시 요약'을 참고하는 것을 권장합니다.

[그림36] 종합시황뉴스

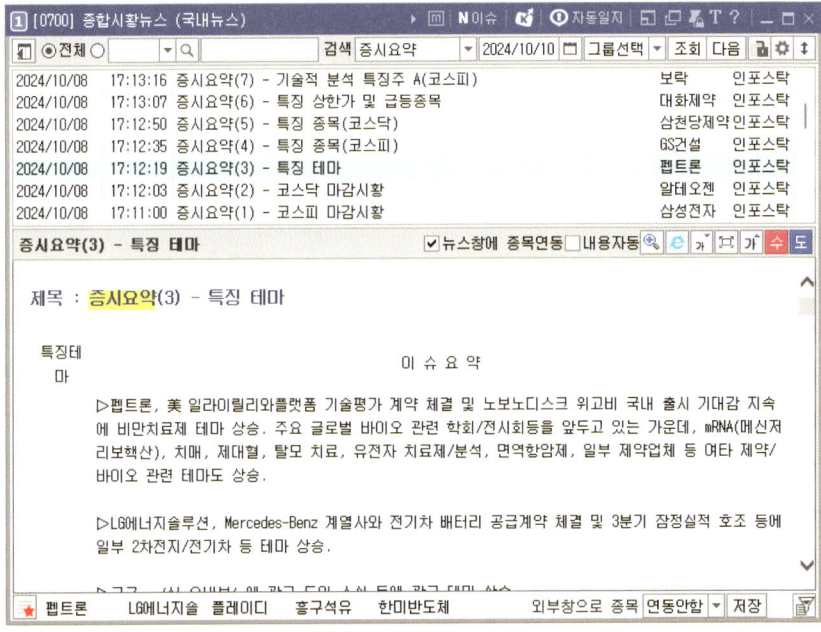

위 HTS 뉴스창에서 '증시 요약'이라고 검색합니다. 그러면 매일 장 종료 후, 오후 5시 15분쯤 인포스탁에서 제공하는 증시 요약 정보를 무료로 확인할 수 있습니다. 이 정보를 효과적으로 활용하려면, 먼저 특징 테마를 살펴본 후 특징 상한가 및 급등 종목을 확인하고 마지막으로 특징 종목(코스피, 코스닥) 순서로 정보를 찾는 것이 좋습니다. 이렇게 하면 시장에서 주목받는 테마와 급등 종목에 대한 핵심 정보를 빠르게 파악할 수 있습니다.

[그림38]

제목 : 증시요약(3) - 특징 테마

특징테마	이 슈 요 약
테마시황	▷펩트론, 美 일라이릴리와플랫폼 기술평가 계약 체결 및 노보노디스크 위고비 국내 출시 기대감 지속에 비만치료제 테마 상승. 주요 글로벌 바이오 관련 학회/전시회등을 앞두고 있는 가운데, mRNA(메신저 리보핵산), 치매, 재대혈, 탈모 치료, 유전자 치료제/분석, 면역항암제, 일부 제약업체 등 여타 제약/바이오 관련 테마도 상승. ▷LG에너지솔루션, Mercedes-Benz 계열사와 전기차 배터리 공급계약 체결 및 3분기 잠정실적 호조 등에 일부 2차전지/전기차 등 테마 상승. ▷구글, 'AI 오버뷰'에 광고 도입 소식 등에 광고 테마 상승. ▷중동전 확전 우려 지속,국제유가 급등 영향 등에 일부 LPG(액화석유가스)/도시가스 테마 상승. ▷해리스-트럼프 후보 지지율 격차 축소 소식 등에 일부 우크라이나 재건/남북경협 테마 상승. ▷이재용 삼성전자 회장, 삼성전기 필리핀 사업장방문 및 MLCC 기회 선점 주문 모멘텀 지속 등에 MLCC(적층세라믹콘덴서) 테마 상승. ▷이 외에 CCTV & DVR, 건설 대표주, NI(네트워크통합), 전기차 화재 방지(배터리 열폭주 등), 희귀금속(희토류 등), 원격진료/비대면진료, 유리 기판, 코로나19(치료제/백신 개발 등), 교육/온라인 교육, 의료AI, 가상화폐(비트코인 등),보안주(물리), 마켓컬리 등의 테마가 상승률 상위를 기록. ▷반면, 삼성전자, 3분기 잠정실적 쇼크 및 HBM3E 사업화 지연 소식 등에반도체 대표주(생산), 반도체 재료/부품/장비, HBM(고대역폭메모리), CXL(컴퓨터익스프레스링크), 시스템반도체 등 반도체 관련 테마가 하락. ▷美 투자은행, 애플(-2.25%) 투자의견 하향 소식 등에 아이폰 테마 하락. ▷테슬라(-3.70%) 로보택시 행사 비관론 부각에자율주행차 테마 하락. ▷중국의 경기 부양책이 기대에 미치지 못한 가운데, 국내 상장 중국기업, 석유화학, 철강 주요종목, 패션/의류, 화장품, 면세점, 카지노 등 중국 소비 관련 테마 하락. ▷해리스-트럼프 후보 지지율 격차 축소 소식 등에 풍력에너지/태양광에너지, 마리화나(대마) 등 테마 하락. ▷이 외에 타이어, 손해보험, 통신, 무선충전기술, 탄소나노튜브, 육계, 홈쇼핑, 화학섬유, 폴더블폰, 자동차 대표주, 마이크로 LED, 야놀자, 미디어(방송/신문), 가상현실(VR), 해저터널(지하화/지하도로 등), 밸류업(기업가치 제고계획 발표), 창투사, 영화, 미용기기, 의료기기, 종합 물류, 증강현실(AR), 건강기능식품, 코리아 밸류업 지수, 전자결제(전자화폐), 비료, STO(토큰증권 발행) 등의 테마가 하락률 상위를 기록.

데미 시황 에시는 새로운 테마가 등장했는지 또는 기존 테마에 대한 관련된 추가뉴스, 후속 발표가 나왔는지 등을 확인할 수 있습니다. 특정한 테마가 상승하거나 하락한 이유가 요약돼 나오는데, 이렇게 요약된 정보를 통해 빠르게 시장의 흐름을 파악할 수 있습니다.

[그림39]

비만치료제	▷펩트론, 美 일라이릴리와 플랫폼 기술평가 계약 체결 및 노보노디스크 위고비 국내 출시 기대감 지속에 상승 ▷전일 장 마감후 펩트론은 공시를 통해 미국 일라이 릴리(Eli Lilly and Company)와 플랫폼 기술 평가 계약을 체결했다고 밝힘. 계약 기간은 2024.10.07 -평가 종료 시까지(약 14개월)이며, 계약금액은 비공개임. 계약의 내용은 펩트론 SmartDepot™ 플랫폼 기술을 릴리가 보유한 펩타이드 약물들에 적용하는 공동연구를 위해 펩트론은 일라이 릴리에게 비독점 라이선스를 부여하며, 이는 전세계 대상으로 서브라이선스 권리가 포함된 완전 지불된 로열티가 없는 제한된 라이선스이고 내부 연구개발 목적 및 펩트론 과의 후속 상업 라이선스 계약을 위한 목적으로 한정되는 것임. ▷신한투자증권은 보고서를 통해 릴리는 기술이전 우선권을 가져가기 위해 계약금을 납입하는 형태의 공동 연구 계약을 체결했을 것이라고 판단. 그러나 1개월 지속형 비만치료제는 성공 시 파급력, 시장 규모 등을 산정하기 어려운 상황이라며, 양사 모두가 만족할 만한 수준의 계약을 위해 1상 결과가 필수적이라고 설명. ▷언론에 따르면, '기적의 비만약'으로 불리는 노보노디스크의 '위고비'(성분명 세마글루타이드)가 이달 중순에 국내에 출시될 예정. 이와 관련, 위고비 중간 유통을 맡은 휴럭파마코리아는 이달 15일 오전 9시부터 자사 온라인 사이트를 통해 위고비 물량의 주문 접수를 시작할 것으로 알려짐. ▷이 같은 소식에 펩트론, 대화제약, 올릭스, 애니젠, 인벤티지랩, 대봉엘에스, 블루엠텍 등 비만치료제 테마가 상승.
2차전지/전기차 등	LG에너지솔루션, Mercedes-Benz 계열사와 전기차 배터리 공급계약 체결 및 3분기 잠정실적 호조 등에 일부 관련주 상승 ▷LG에너지솔루션은, Mercedes-Benz 계열사와 전기차 배터리 공급계약 체결(계약기간:2028-01-01~2038-12-31) 공시. 이번 계약에 따라 LG에너지솔루션은 오는 2028년부터 2038년까지 북미 및 기타 지역에서 Mercedes-Benz 계열사에 총 50.56Wh 규모의 전기차 배터리를 공급할 예정. 계약 금액과 주요 조건은 경영상 비밀 유지를 이유로 밝히지 않았음. 업계에선 계약 규모를 고려할 때 약 수조원 대에 이를 것이라고 추정하고 있으며, 이번 수주 물량인 차세대 원통형 배터리로 주목받는 46시리즈인 것으로 예상하고 있음. ▷LG에너지솔루션 24년3분기잠정실적 발표. 연결기준 매출액 6.87조원(전년동기대비 -16.36%), 영업이익 4,483.00억원(전년동기대비 -38.68%). 이는 시장 전망치(3,442억원)를 약 30% 가량 상회한 수치임. 공급 물량 확대에 따른 가동률 개선과 함께 매출 증가에 따른 고정비 부담 완화, 비용 절감 노력 등의 영향으로 수익성이 개선됐음. 한편, 미국 인플레이션 감축법(IRA)상 첨단제조 생산 세액공제 (AMPC) 금액 4,660억원을 제외하면 영업손실 177억원을 기록. ▷이 같은 소식 속 LG에너지솔루션을 비롯해 세아메카닉스, 케이엔에스, 에이프로, 알멕, 삼아알미늄, TCC스틸, 피엔티, 나노신소재, 광무, 중앙첨단소재, 포스코퓨처엠 등 일부 2차전지/전기차, 리튬 테마가 상승.
광고	구글, 'AI 오버뷰'에 광고 도입 소식 등에 상승 ▷언론에 따르면, 최근 구글이 생성형 AI를 활용한 검색 서비스 'AI 오버뷰'에 광고를 도입한 것으로 전해짐. 이는 오버뷰를 공식 출시한 지 약 5개월 만으로 미국·브라질·일본·멕시코 등에 광고를 우선 적용하며 국가와 범위를 점진적으로 확대할 예정. ▷또한, 마이크로소프트(MS)도 이달부터 AI 에이전트 '코파일럿'에 새로운 광고 방식을 적용하는 등 검색 서비스를 제공하는 IT 기업들이 새로운 방식의 광고를 도입하는데 시간을 들이고 있다고 전해짐. 전통적인 텍스트 검색 시장이 축소되고 있기 때문으로 업계 관계자는 "AI 기반 검색 결과는 검색된 링크 내부의 내용을 요약해 제공하기 때문에 이전과 같은 모델로 수익을 내기 어렵다"며 "AI 검색으로 변화한 광고 환경에 성공적으로 적응하지 못하는 기업은 타격이 클 것"이라고 밝힘. ▷이 같은 소식 속 플레이디, 와이즈버즈, 이엠넷, 나스미디어, 모비데이즈 등 광고 테마가 상승.

테마 시황의 아랫부분에서는 여러 테마그룹이 나열되며 당일 강세나 약세로 움직인 이유를 상세히 확인할 수 있습니다. 그리고 각 종목이 어떤 섹터에 속했는지를 쉽게 파악할 수 있습니다.

이때 중요한 것은 해당 테마의 일정이 명확히 나오는지를 체크하는 것입니다. 예를 들어, 〈비만치료제〉 테마에서는 '위고비'가 이달 중순에 국내에 출시될 예정이라는 정보가 제공되었다면 그 출시 시점까지 해당 재료의 지속력이 있을 가능성이 높다고 볼 수 있습니다.

반면, 〈광고〉 테마에서는 구글의 'AI 오버뷰' 광고 도입 소식에 주가가 상승했다 하더라도 언제 도입할 예정인지와 같은 구체적인 일정이 명시되지 않았습니다. 또한 이런 정보가 대중적인 파급력이나 신드롬을 일으킬 만한 큰 뉴스가 아니기 때문에 해당 테마에 속한 종목들이 지속력을 가질 가능성은 낮다고 판단할 수 있겠습니다. 스윙투자를 고려할 때는 이러한 종목들을 공략 대상에서 철저히 제외하는 것이 좋습니다.

[그림40]

제목 : 증시요약(6) - 특징 상한가 및 급등종목

종 목	상한가 일수	사유
대화제약 (067080) 17,290원 (+30.00%)	1	비만치료제 테마 상승 속 세계 최초 경구형 파클리탁셀 제제(마시는 항암제) 리포락셀액 中 판매 본격화 기대감 부각에 상한가
보락 (002760) 1,316원 (+29.91%)	1	대화제약, 세계 최초 경구용 항암제 파클리탁셀 제재 中 시판허가 획득 소식 속 新 파클리탁셀에 대한 약물 전달 체계 관련 특허 보유 사실 부각에 상한가
뉴온 (123840) 262원 (+29.70%)	1	주식병합 결정 모멘텀 지속에 상한가
펩트론 (087010) 61,000원 (+25.39%)		비만치료제 테마 상승 속 美 일라이 릴리와 플랫폼 기술 평가 계약 체결에 급등

특징 상한가 및 급등 종목에서는 당일 상승률 순으로 주가가 왜 급등했는지 그 이유를 간단히 파악할 수 있습니다. **어떤 재료나 이슈로 인해 주목받았는지 그 이유를 각 종목에 메모**하면 도움이 될 것입니다.

[그림41]

제목 : 증시요약(4) - 특징 종목(코스피)

특징종목	이슈요약
GS건설 (006360) 18,660원 (+4.77%)	**내년 뚜렷한 이익 증가 전망 등에 상승** ▷한화투자증권은 동사에 대해 올해 신규수주는 신사업(이니마), 플랜트 부문의 선방으로 연간 목표 13.3조 원을 초과 달성할 것으로 예상되며, 주택 공급은 3분기 말 기준 12,600세대(잠정)로 연초 계획 19,880세대 대비 약 63%를 소화한 것으로 파악된다고 밝힘. 내년 실적은 주택 마진 개선, 플랜트 매출 성장, 베트남 매출 인식 등으로 이익 증가가 뚜렷할 것으로 예상되는 가운데, 재무비율도 점차 개선될 것으로 전망. 3분기 말 기준 전분기대비 PF 지급보증 잔액 감소는 부재하나 입주물량 증가, 미수금 회수 등으로 현금흐름 개선이 이루어진 것으로 파악된다며, 연내 이니마 매각을 통해 재무 건전성 회복에 탄력을 더할 것으로 예상된다고 언급. ▷한편, 3분기 실적은 매출액 3.1조 원,영업이익 835억 원으로 전년동기대비 각각 +0.0%, +38.7%를 기록한 것으로 추정되며, 이는 시장 컨센서스인 영업이익 898억 원보다 7.0% 낮은 수치라고 밝힘. 주택 마진에 일회성 이익을 감안하지 않은 것이 주 요인이며, 실적 및 재무지표의 개선 흐름은 이어갈 것으로 전망. ▷투자의견 : 매수[유지], 목표주가 : 27,000원[유지]
HDC현대산업개발 (294870) 21,500원 (+4.12%)	**실적시즌 후 모멘텀 회복전망 등에 상승** ▷LS증권은 동사에 대해 향후 시장 금리의 방향성과 펀더멘탈 개선의 폭, 자체주택 사업의 추가적인 가시화를 고려하면 실적시즌 이후 주가는 다시금 모멘텀을 회복할 것으로 전망. 특히, 핵심 대형 개발사업인 광운대역세권의11월 분양이 임박한 가운데, 고마진 사업장의 이익 반영과 추가 개발사업들의 이익 기여에 대한 기대감은 여전히 유효하다고 분석. 아울러 인도 기준으로 인식 예정인 수원아이파크시티, 2027년초까지 진행기준으로 인식되는 청주가경 6단지와 서산센트럴아이파크 등의 추가 자체사업이익 기여는 되려 실적의 상방을 여는 요인이라고 설명. ▷다만, 목표배수 산정에 사용된 건설 업종 평균 PER이 9월 이후 부동산시장 위축에 따라 디레이팅된 영향에 기인하여 목표 주가를 하향 조정함. ▷투자의견 : BUY[유지], 목표주가 : 36,000원 → 32,000원[하향] ▷임원·주요주주 특정증권등 소유주식수 변동 전자공시를 통해 국민연금공단의 보유 주식수가 7,293,363주(11.07%)에서 7,999,666주(12.14%)로 706,303주(1.07%) 증가했다고 밝힘.
HD현대마린엔진 (071970) 20,550원 (+3.37%)	**700.00억원 규모 유형자산 양도 결정에 상승** ▷700.00억원(자산총액대비 15.42%) 규모 유형자산(토지 및 건물) 양도 결정(양도기준일:2025-01-07) 공시. 양도목적은 유휴자산 매각을 통한 재무건전성 확보임.

[그림42]

제목 : 증시요약(5) - 특징 종목(코스닥)

특징종목	이슈요약
펩트론 (087010) 61,000원 (+25.39%)	**美 일라이 릴리와 플랫폼 기술 평가 계약 체결에 급등** ▷전일 장 마감 후 미국 일라이 릴리(Eli Lilly and Company)와 플랫폼 기술 평가 계약 체결 공시. 계약기간은 약 14 개월로, 계약금액은 공개하지 않았지만, 직전 사업년도 매출액의 10% 이상에 해당하는 금액임. ▷동사는 SmartDepot™ 플랫폼 기술을 릴리가 보유한 펩타이드 약물들에 적용하는 공동연구를 위해 일라이 릴리에게 비독점 라이선스를 부여한다는 내용으로, 이는 전세계 대상으로 서브라이선스 권리가 포함된 완전 지불된 로열티가 없는 제한된 라이선스이고 내부 연구개발 목적 및 동사와의 후속 상업 라이선스 계약을 위한목적으로 한정된다고 밝힘.
그린리소스 (402490) 19,740원 (+21.78%)	**서남 및 파이널텍과 총 58.76억원 규모 공급계약 체결에 급등** ▷서남과 26.76억원(최근 매출액대비 16.22%) 규모 공급계약(IBAD System 장비공급) 체결(계약기간:2024-10-08-2026-01-07) 공시. 아울러 파이널텍과 32.00억원(최근 매출액대비 19.39%) 규모 공급계약(초전도선재 버퍼층 증착 장비공급)체결(계약기간:2024-10-08-2025-10-07) 공시. ▷한편, 이 같은 소식에 서남시 시장에서 부각.
LK삼양 (225190) 2,610원 (+19.18%)	**일본 지사 개설 소식 속 급등** ▷동사는 언론을 통해 구본욱 대표이사를 비롯한 주요 인사들이참석한 가운데 일본 지사 개설식을 개최했다고 밝힘. 이번 일본 지사 개설을 통해 핵심 개발 기술 인력 확보와 함께 일본 카메라 영상 기기공업회(CIPA) 회원으로서 협회 관련 업체와 정보 교류를 활성화할 계획이라고 설명. ▷이와 관련, 구본욱 대표는 "일본 지사는 카메라 본고장인 일본의 현지 우수 인력을 통해 개발 과제 수행을 진행할 예정"이라며, "향후 일본 내 영업 거점 활용까지 검토할 계획"이라고 밝힘.

특징 종목에서는 코스피와 코스닥에 속한 주요 기업들의 상승 이유를 자세히 확인할 수 있습니다. 특히, 재료에 일정이 포함되어 있다면 따로 메모해 두는 것이 유용하겠습니다. 메모는 따로 달력에 기록해 두거나 HTS에서 제공하는 메모 기능을 활용하여 기록하면 되겠습니다.

3) 관심 종목 정리

관심 종목을 정리하는 방법은 개인마다 차이가 있지만 필자가 사용하는 방법을 공유하겠습니다(키움증권 HTS 기준). 다른 증권사 HTS를 사용하시는 분들은 이를 참고하여 비슷하게 따라 하시면 될 것 같습니다.

[그림43]

특정 재료에 의해 만들어진 테마를 그룹화하고 각 테마 그룹의 메모 창에는 해당 테마의 주요 이벤트 또는 일정을 기록합니다. 기록할 때는 HTS의 '증시요약의 특징테마'에서 제공하는 정보를 참고합니다. 예를 들어 10월 10일 로보택시 공개 예정, 미국의 바이오 보안법 연내 서명 기대, 비만치료체 10월 국내 출시 예정, 웨어러블 로봇 9월 출시 예정, 디지털화폐 연내 12월 시범 테스트 예정 등 날짜가 있는 중요한 일정을 먼저 기록합니다. 이러면 각 테마의 일정을 신속하게 파악할 수 있다는 장점이 있습니다.

[그림44]

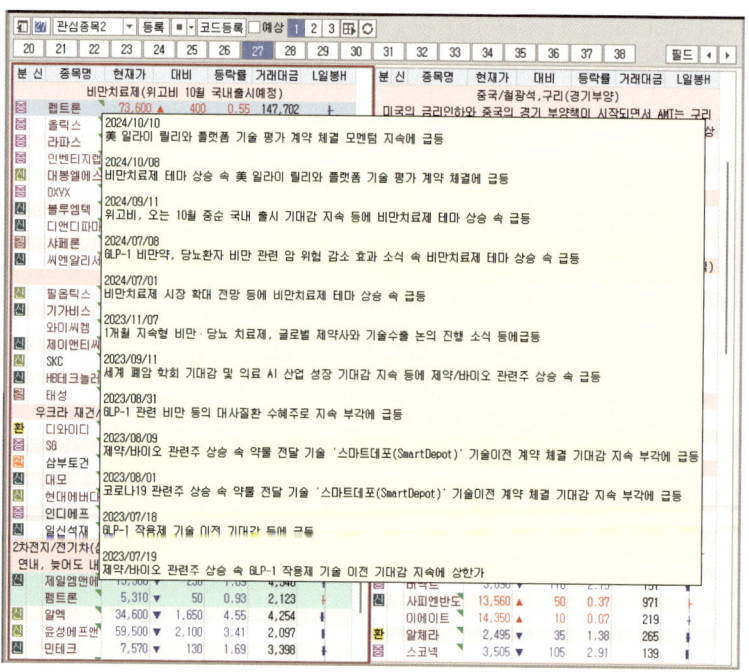

그리고 각 종목에도 HTS의 '증시 요약의 특징 상한가 및 급등종목'을 참고하여 상승 이유를 기록합니다.

왜 이 종목이 상승했는지 그 이유를 빠르게 파악할 수 있습니다. [그림44]를 보면 날짜별로 상승 이유가 정리되어 있죠. 이런 방식으로 정리하면 각 테마의 중요한 일정을 빠르게 파악할 수가 있습니다.

이 책에 소개된 방법대로 그대로 따라 하셔도 되고, 자신에게 맞는 정리 방법이 있다면 그 방식을 사용하는 것도 괜찮습니다. 중요한 것은 테마와 일정에 관한 여러 핵심 정보를 체계적으로 관리하는 것이며 이를 통해 해당 재료가 언제까지 주목받을 것인지, 어느 시점까지 매매할지 등을 신속하게 파악할 수 있다는 점입니다.

QR코드로 동영상 보기

제3부 박스권 설정법에 대한 이해를 돕기 위한 동영상 파일입니다.
QR코드를 스캔하면 관련 강의를 바로 확인할 수 있습니다.
핵심 개념과 실전 활용법을 쉽게 익혀보세요!

박스권 전략 - 운용법

1) 박스권 설정법

　관심 종목을 잘 정리했다면 이번 제3부에서는 본격적으로 매매할 때 박스권을 어떻게 설정하는지 알아보겠습니다. 먼저 한가지 짚고 넘어갈 부분이 있는데요. 주가의 움직임이 종목마다 다르기 때문에 박스권을 설정하는 일률적인 기준은 없다는 점입니다. 고정된 기준을 따르기보다는 철저하게 종목의 움직임에 맞춰 유연하게 박스권을 설정해야 합니다.

　이 박스권 매매는 주가의 큰 변동성이 예상되는 구간에서 저점 매수와 고점 매도를 반복하는 전략입니다. 대개 큰 변동성은 주로 첫 상한가, 상승률이 20% 이상인 장대양봉 또는 주가가 점진적인 상승을 보일 때 시작됩니다.

　이때 주가는 조정받으면서 1차 눌림목 구간이 형성됩니다. 이 구간에서 매수를 시도하고 1차 눌림목이 성공적으로 반등한다면 그 이후부터는 본격적으로 박스권을 그려 매매를 계속할 수가 있습니다. 두 번이나 세 번 정도, 또는 그 이상 조정받을 때마다 박스권의 저점과 고점을 기준으로 매수·매도를 반복하거나 모아갈 수 있습니다. 이때 중요한 점은 재료의 파급력과 지속력을 반드시 체크해야 합니다. 재료가 강력할수록 변동성이 지속될 가능성이 높기 때문입니다.

그럼 박스권을 어떻게 설정하는지 알아보겠습니다.
우선 큰 폭의 상승세가 나온 후, 1차 눌림목 구간을 공략하기 위해 예상 박스권을 설정합니다.

[그림45]

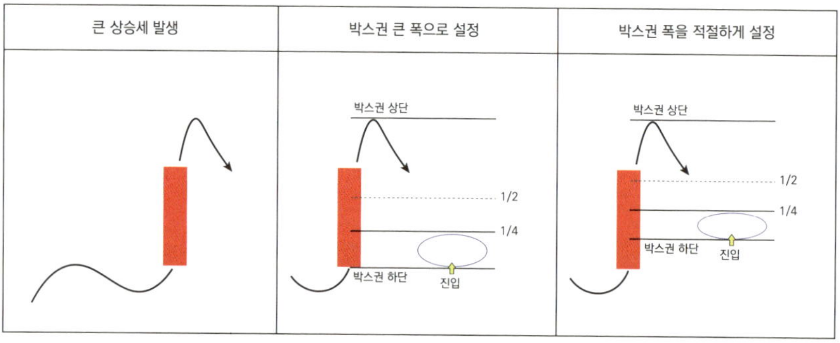

하지만 박스권을 너무 큰 폭으로 그리면 주가가 박스권 하단부까지 빠르게 내려올 가능성이 낮기 때문에 박스권의 하단을 상향 조정할 필요가 있습니다. 주가의 움직임에 맞춰서 보다 현실적이고 적절한 박스권을 그려야 합니다. 예를 들면 맨 오른쪽 그림처럼 박스권의 하단을 장대양봉의 상승 시작 지점이 아닌, 장대양봉의 1/4 지점으로 설정합니다. 이렇게 하면 박스권의 '하단부'가 적절히 상향 조정됩니다. 장대양봉의 1/4 지점을 박스권 하단으로 설정한 이유는, 현실적으로 주가가 단기간에 장대양봉의 시가나 저가까지 하락하는 경우가 드물기 때문입니다. 보다 현실적인 매수 구간을 반영하기 위한 것입니다.

문제는 주가의 움직임이 저마다 달라서 정해진 기준 없이 박스권을 유연하게 적용해야 한다는 것입니다.

따라서 실제 차트의 사례를 많이 보면서 박스권을 어떻게 설정할지, 스스로 경험해 보고 익히는 것이 매우 중요하겠습니다.

[그림46]

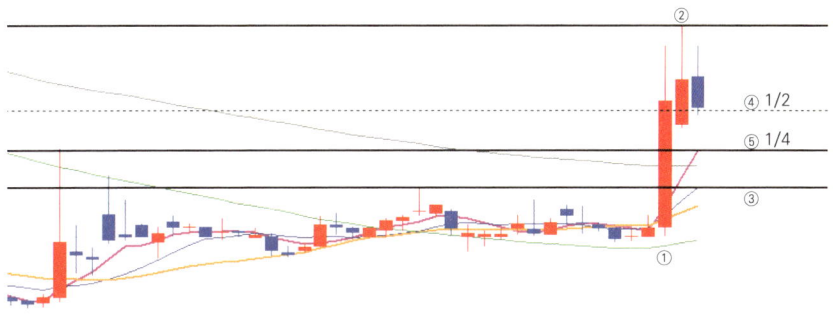

종가 20% 이상의 장대양봉(①)이 발생했다면 2~3일 동안 주가의 방향성을 지켜봅니다. 이때 주가는 대체로 두 가지 중 하나의 흐름을 보이는데, 5일선(보라색 선)을 유지하며 상승하거나 5일선을 종가 기준으로 이탈하는 경우입니다. 스윙투자 관점에서 주가가 5일선을 이탈한 후부터 매수하는 것이 일반적입니다. 5일선이 지지선 역할을 할 때도 있지만 속임수가 많고 또한 5일선 위에서 매수를 시작한다면 주가 하락 시 분할 매수할 때 평균단가를 크게 낮추기 어렵습니다. 손절도 쉽지 않으므로 종가 기준으로 5일선이 이탈된 시점을 본격적인 눌림목 구간으로 판단합니다.

　박스권의 상단은 최고가(②)를 기준으로 설정하고 박스권 하단은 장대양봉의 시가 또는 저가를 기준으로 설정할 수 있지만, 그렇게 하면 박스권의 폭이 너무 커질 수 있습니다. 이 경우 주가가 쉽게 박스권 하단까지 내려오지 않기 때문에 보다 현실적인 범위로 박스권을 설정해야 합니다.

　따라서 박스권 폭을 적절하게 조절한다면 장대양봉(①)의 시가종가 기준으로 1/4 지점(③)을 박스권 하단으로 설정합니다. 이후 박스권의 중간 지점(④)과 중하단 지점(⑤)을 추가로 설정하면 됩니다.

　매수 범위는 박스권 중하단(⑤)에서 하단(③)까지의 구간입니다. 이 구간을 '박스권 하단부'로 명칭한다고 앞서 언급했었죠. 손절은 박스권 하단(③)을 이탈하게 될 때 매도하거나 재료가 좋은 대장주로 판단되면 추가 매수 구간을 설정합니다.

　이렇게 박스권을 설정하고 주가가 매수 범위인 '박스권 하단부'에 올 때까지 기다리면 되겠습니다. 매수는 '박스권 하단부'에서 지정가로 여러 번 나누어 주문을 걸어두거나 종가에 매수합니다.
　추가 매수 구간 설정법과 매수 비중에 대한 자세한 내용은 뒤에서 다루겠습니다.

[그림47]

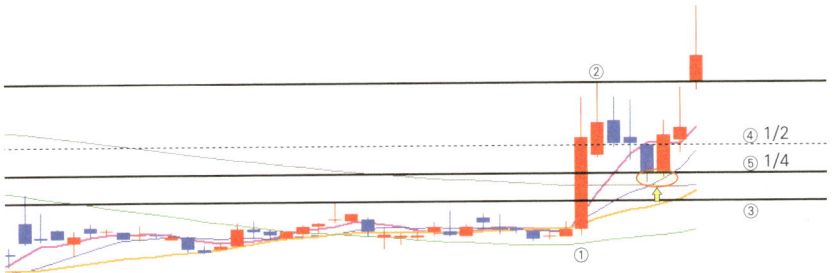

　주가는 박스권 하단부까지 일부 도달했고 그대로 급반등하였습니다. 매수체결이 되었다면 박스권 중간(④)부터 상단(②)까지 분할로 매도합니다. 이런 방식으로 매수와 매도의 구간을 미리 설정하고 그 범위 안에서 철저히 매매 규칙을 지킵니다.

　여기서 주의할 점은 이동평균선에 지나치게 의존하지 않는 것입니다. 물론 이동평균선이 지지선 또는 저항선 역할을 할 수 있지만, 변동성이 큰 종목에서는 속임수처럼 이동평균선을 살짝 이탈했다가 반등하거나 아예 무시하고 움직이는 때도 있기 때문입니다. 따라서 매수할 때 이동평균선이 일시적으로 깨지더라도 너무 조급하게 반응하지 말고 박스권 매매 규칙을 우선으로 따르는 것이 좋습니다.

[그림48]

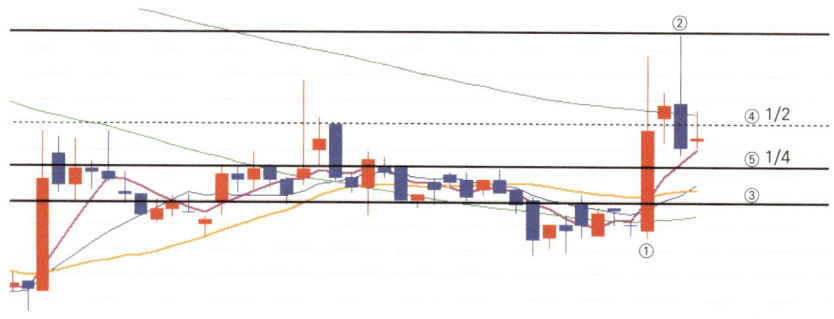

다른 사례도 살펴보겠습니다. 장대양봉(①)이 나오기 전의 주가 흐름이 굉장히 지저분합니다. 120일 이평선도 확실하게 돌파된 상태도 아니죠. 이렇게 차트적인 조건이 완벽하지 않은 상태라도 박스권 매매는 장대양봉 또는 상한가 발생 이후의 주가 움직임을 중점으로 두기 때문에 이전의 이동평균선이나 주가의 흐름은 크게 중요하지 않습니다. 중요한 것은 박스권 매매 규칙을 따르는 것입니다.

박스권을 적절하게 설정하자면 앞서 설명한 방식과 동일하게 장대양봉의 1/4 지점(③)을 박스권 하단으로 설정하고 박스권 중간(④)과 박스권 중하단(⑤)을 그립니다. 매수 구간은 박스권 중하단(⑤)에서 하단(③)까지가 됩니다.

[그림49]

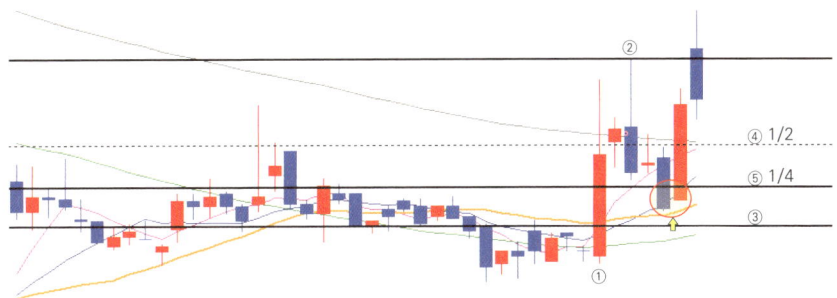

주가는 박스권 중하단(⑤)과 하단(③) 사이인 박스권 하단부에서 급반등했습니다. 이때 10일선이 살짝 깨진 상태였지만, 주가는 결국 하단부에서 지지받으며 반등에 성공했습니다. 이처럼 매수할 때 이동평균선의 일시적 이탈에 크게 동요하지 말고 박스권 내에서 매매 규칙을 지키는 것이 중요합니다.

[그림50]

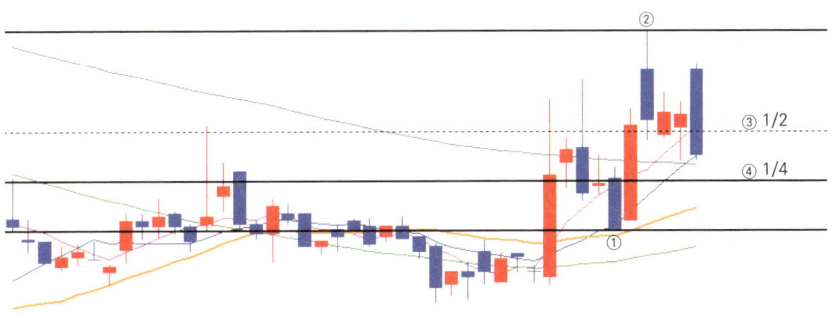

재료의 파급력과 지속력이 월등해 기존의 고점을 또다시 경신한 종목이라면, 새로운 박스권을 설정하여 매매를 이어갈 수 있습니다. 박스권 상단(②)은 주가의 최고점으로 설정하고 박스권 하단(①)은 반등이

시작되었던 저점으로 설정합니다. 매수 구간은 박스권의 중하단(④)에서 하단(①)까지가 됩니다.

[그림51]

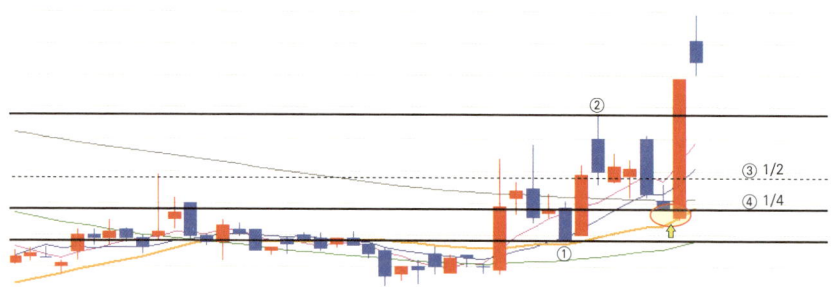

주가는 박스권 중하단(④) 부근에서 큰 폭으로 급등했습니다. 위 사례를 보면 매수 포인트를 최대한 박스권 하단부 부근에서 잡는 것이 중요하다는 것을 보여줍니다. 변동성을 이용한 박스권 매매의 중요한 요소는 인내심을 가지고 기다리는 것입니다. 조급하게 매수에 나서기보다는 주가가 박스권 하단부에 도달할 때까지 기다렸다가 매수하는 것이 손절이 짧으며 수익률을 극대화할 수 있습니다.

[그림52]

기존의 고점을 또 경신했다면 박스권을 다시 그려서 매매를 계속해 볼 수가 있겠습니다. 동일한 방식으로 반등이 시작되었던 저점을 박스권 하단(①)으로 설정하고 박스권 중간(③), 박스권 중하단(④)을 그립니다. 매수 구간은 박스권의 중하단(④)에서 하단(①)까지가 되겠죠? 하지만 박스권의 폭이 큽니다. 며칠 내로 주가가 박스권 하단까지 내려오기 쉽지 않기 때문에 박스권 폭을 변경해 보겠습니다.

[그림53]

[그림52]의 박스권 중하단(④)을 [그림53]에서 박스권 하단(①)으로 상향 조정합니다. 그리고 박스권 중간(③)과 박스권 중하단(④)을 다시 설정합니다. 그럼 새로 설정된 매수 구간은 박스권 중하단(④)부터 하단(①)까지가 됩니다. 단기간 주가가 이 하단부까지 내려올 수 있는 현실적인 구간이죠?

주가의 고점과 저점이 높아지는 추세가 만들어질 때, 마찬가지로 박스권의 폭도 적절히 상향 조정해야 합니다. 단, 재료의 파급력과 지속력이 있는 확실한 종목이어야 하겠습니다.

[그림54]

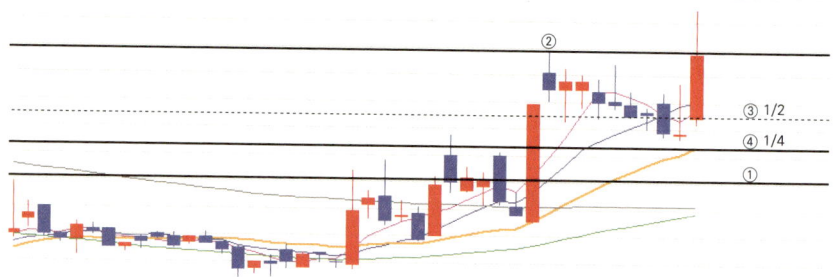

박스권을 상향 조정했지만, 주가는 아쉽게도 박스권 중하단(④) 위에서 반등하였습니다. 이렇게 매수가 위에서 반등이 나오는 경우도 있습니다. 이때, 아쉬운 마음에 주가가 상승하는 도중 매수하는 것은 반드시 피해야 합니다. 물론 상승 중에 매수하더라도 수익이 날 수는 있지만 이러한 매매 방식은 장기적으로 감정적인 매매 습관을 형성합니다. 감정에 휘둘려 매수하면 심리적으로 불안해져서 조급한 결정을 내리게 되고 그로 인해 의도치 않은 손실이 발생할 수도 있습니다. 따라서 원칙을 지키고 박스권 안에서만 매수·매도를 철저히 해야 합니다.

위 차트처럼 매수가 안되더라도 재료의 지속성이 충분하다고 판단되면 박스권의 폭을 다시 설정하여 매매 기회를 노려볼 수 있습니다.

[그림55]

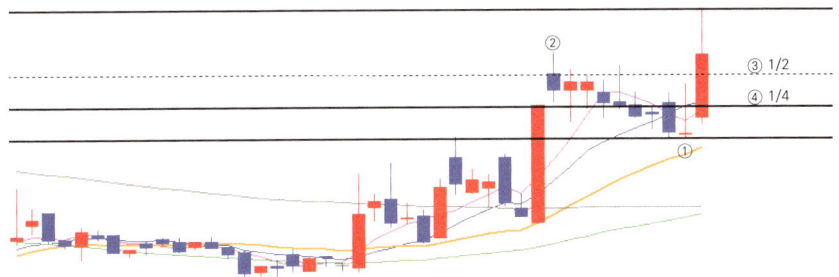

　원칙대로 반등이 시작되었던 저점을 박스권 하단(①)으로 설정합니다. 매수 구간은 박스권 중하단(④)과 하단(①) 사이가 되며 손절은 하단(①)을 이탈할 때 매도합니다. 그런데 이렇게 재설정한 박스권의 폭이 너무 크다고 느껴지면 박스권을 상향 조정해도 괜찮습니다. 단, 상향 조정한 만큼 손절선도 함께 올라가기 때문에 손절이 잦을 수 있다는 점을 반드시 염두에 두어야 합니다.

　그렇다면 박스권의 상향 조정은 어느 때 할까요? 사실, 상향 조정하는 명확한 기준은 없습니다. 굳이 말하자면 하락했던 폭의 대략 두 배 이상 상승하면 박스권을 상향 조정할 수 있습니다. 하지만 이 역시 절대적인 기준은 아니며 주가의 변동성과 시장 상황에 따라 달라질 수 있습니다. 즉, 재료의 지속력과 시장 분위기를 주의 깊게 살피면서 박스권을 재설정할지를 판단해야 합니다. 위 차트에서는 박스권의 폭이 적당하기 때문에 굳이 박스권을 상향 조절할 필요는 없어 보입니다.

[그림56]

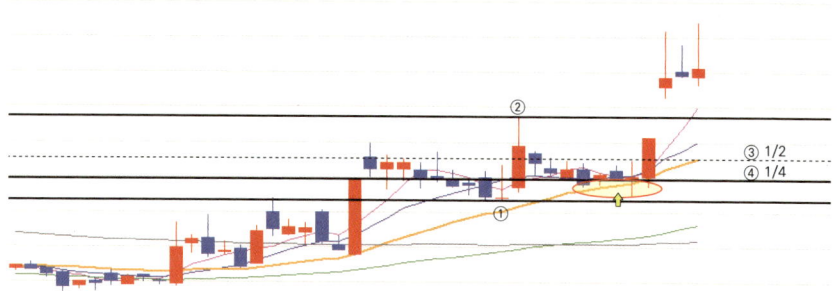

주가는 박스권 중하단(④)과 하단(①) 사이에서 며칠간 조정받았지만, 결국 하단(①)을 이탈하지 않고 반등에 성공했습니다. 장중에 주가가 20일선을 이탈하기도 했는데요. 특정 이평선 이탈 시 손절로 대응할 경우, 위와 같은 흐름에서 손절하게 될 수밖에 없습니다. 따라서 이평선보다는 박스권을 더욱 신뢰해야 합니다.

[그림57]

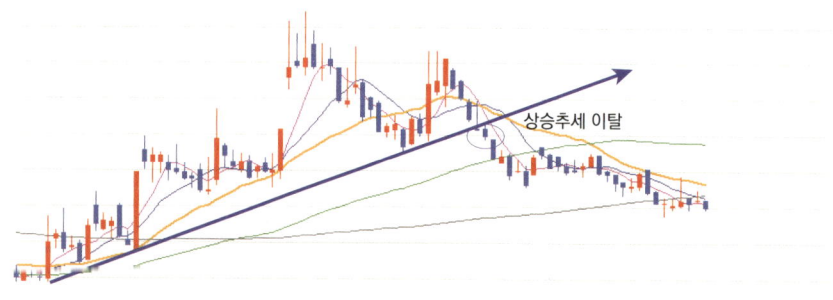

이후 주가는 고점을 형성한 뒤 상승 추세를 이탈했습니다. 상승 추세 이탈 후에는 뚜렷한 반등 없이 장기간 하락세를 이어갔습니다.

박스권 매매에서 주의할 점은 반등 없이 박스권을 이탈하는 순간이 반드시 찾아오므로 주가의 위치가 높은 구간에서 매매할 때는 지지 여부를 반드시 확인하고 손절 라인을 짧게 설정한 후 진입해야 합니다.

　주가가 단기간 큰 폭으로 계속 상승할수록 재료의 힘이 점차 약해지거나 본격적인 차익 실현 매물이 출회되기 때문입니다. 차트적으로 박스권 이탈 시점을 정확하게 예측하는 것은 어렵지만 **하락추세로 전환되는 신호를 주의 깊게 살펴야 합니다.** 위의 차트처럼 주로 주가가 장기간 형성된 상승 추세선(60일선 등)을 이탈하거나, 재료소멸로 거래량이 급격히 감소하는 경우, 또는 시장 전반의 하락 분위기 등에서 나타날 수 있습니다.

[그림58]

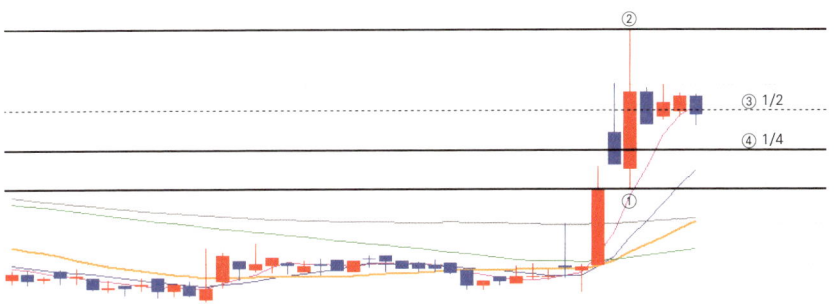

　이번에는 주가가 연속해서 상승하는 경우입니다. 일반적으로 주가가 연속으로 크게 상승할 때는 첫 장대양봉의 다음날 또는 다다음날

캔들의 아래꼬리를 박스권 하단(①)으로 설정할 수 있겠습니다. 이를 기준으로 박스권 중간(③), 박스권 중하단(④)을 그립니다. 매수구간은 박스권 중하단(④)과 하단(①)사이가 되겠죠? 손절은 하단(①)을 이탈할 때 매도하거나 추가 매수계획을 세웁니다.

[그림59]

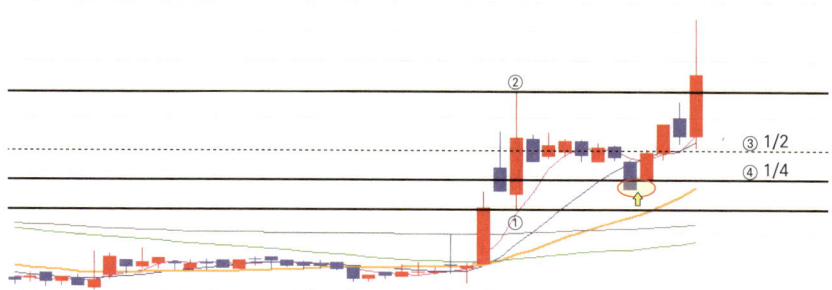

주가는 박스권 하단부까지 곧바로 내려오지 않고 며칠 동안 단봉캔들이 나오면서 지지받는 듯했지만, 결국 이탈하여 박스권 중하단(④) 부근까지 조정받고 본격적으로 상승하기 시작했습니다. 앞서 언급한 것처럼 여러 차례 지지받았던 구간이나 지지가 될 만한 이동평균선을 확실히 깰 때 급반등이 나오는 경우가 자주 나타나게 되니 이 점을 꼭 잊지 마시길 바랍니다.

[그림60]

주가의 고점이 경신되었기 때문에 박스권을 다시 그려봅니다. 박스권 하단(①)은 반등이 시작되었던 저점으로 최고점(②)을 박스권 상단으로 설정하면 위와 같이 그려지겠죠. 매수 구간은 박스권 중하단(④)과 하단(①) 사이가 됩니다. 그런데 이렇게 박스권을 설정하면 큰 급락이 없는 한 매수 구간까지 단기간 내려오기 어렵다는 문제가 있습니다.

이럴 때 어떻게 한다고 했죠? 바로 박스권을 상향 조정하는 것입니다. 상향 조정을 통해 매수 구간을 현실적으로 설정하여 주가가 실제로 도달할 수 있는 구간에서 매수하는 것이죠.

[그림61]

주가의 고점과 저점이 크게 높아지는 구간에서는 박스권을 상향 조정할 필요가 있습니다. 그래서 [그림60]의 박스권 중하단(④)을 박스권 하단(①)으로 설정합니다. 매수 구간은 새롭게 그려진 박스권 중하단(④)과 하단(①) 사이가 되겠습니다. 박스권을 상향 조정했기 때문에 주가가 하단(①)을 이탈하면 손절합니다.

[그림62]

신기하게도 주가는 매수 구간까지 내려왔고, 급반등하면서 박스권 상단(②) 근처까지 상승했습니다. 충분히 수익을 볼 수 있었겠죠?

특히 매수 구간이 20일선 아래에 있어서 다소 불안해 보일 수 있지만 박스권을 믿고 매수해야 합니다.

이동평균선은 후행 지표로서, 단기적인 가격 변동에 쉽게 영향을 받아 속임수 움직임이 자주 발생할 수 있습니다. **이동평균선보다 박스권의 흐름을 우선시합니다.**

다만 해당 재료의 파급력이나 지속력에 의구심이 든다면, 매수 구간에서 지지가 확실히 이루어지는지를 확인한 후 진입합니다.

[그림63]

그런데 주가는 박스권 상단(②)을 돌파하지 못하고 반등 없이 하락하기 시작했습니다. 또한 매수 구간인 박스권 중하단(④)과 하단(①)까지 내려왔지만, 그 구간에서 지지받지 못하고 하락을 이어갔습니다. 이렇게 박스권을 이탈하는 순간은 반드시 찾아오기 때문에 주가가 하락추세로 전환되는 신호를 사전에 잘 체크하는 것이 중요합니다.

대표적인 신호로 위 차트처럼 주가가 이전 고점을 돌파하지 못하고 저점의 상승 추세선을 이탈할 때가 있습니다. 이탈 후 박스권 하단(①)이나 60일선을 추가로 이탈하게 되면 주가는 본격적으로 하락 국면으로 돌입할 가능성이 커집니다. 이런 상황에서는 박스권 매매 전략이 더 이상 유효하지 않기 때문에 빠른 대응이 필요하겠습니다.

[그림64]

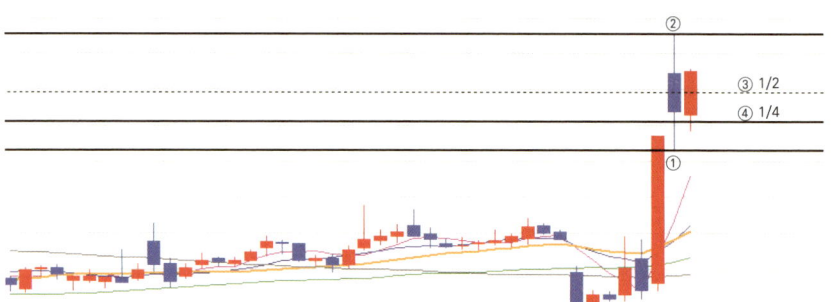

다른 사례를 또 보겠습니다. 주가는 상한가 다음날 윗꼬리와 아래꼬리가 달린 긴 캔들이 발생했습니다. 그러면 이 캔들의 윗꼬리를 박스권 상단(②), 아래꼬리를 박스권 하단(①)으로 설정하고 이 박스권을 반으로 나누면 박스권의 중간(③)이 되며 다시 그 중간을 나누면 박스권의 중하단(④)이 됩니다.

장대양봉 다음날 주가의 변동폭이 크면 위와 같이 박스권을 그릴 수도 있습니다.

[그림65]

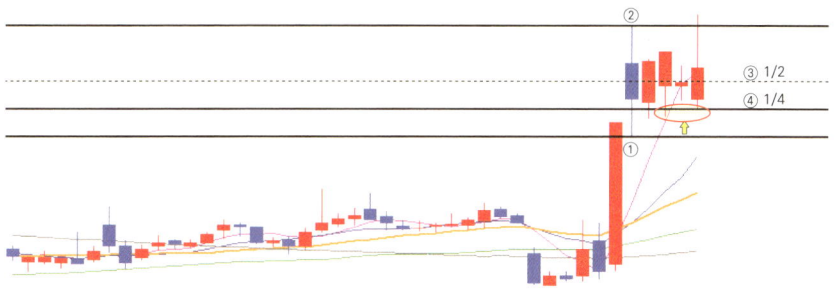

 주가는 매수 구간인 박스권 중하단(④) 부근까지 살짝 내려왔다가 상승하며 박스권 상단(②) 돌파를 시도했습니다. 비록 완전히 돌파된 것은 아니지만, 만약 중하단(④)에서 매수했다면 단기적으로 빠르게 수익을 실현할 수 있었을 것입니다.

[그림66]

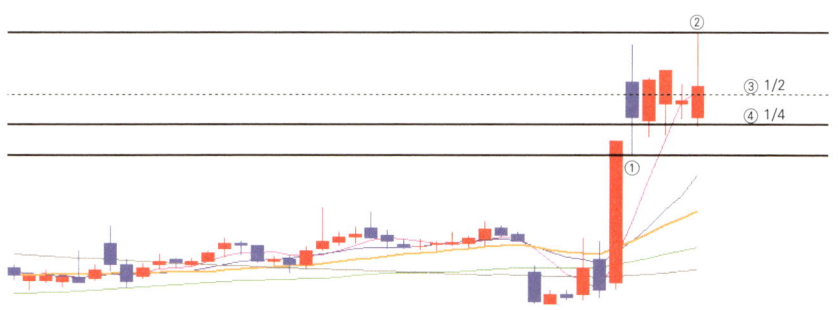

 고점이 소폭이라도 넘어섰기 때문에 박스권 상단(②)도 그에 맞춰 상향 조정합니다. 해당 종목의 재료가 파급력과 지속력이 있다면 여러 번 이 박스권에서 매매할 수 있겠습니다. 다만, 이 박스권 하단(①)

을 이탈하게 된다면 손절로 대응해야 할 가능성도 염두에 두어야 합니다. 손절 없이 무리하게 버티는 것은 큰 손실로 이어질 수 있습니다.

[그림67]

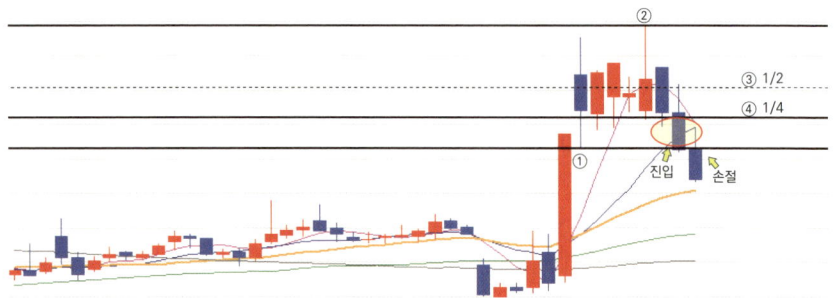

주가는 박스권 하단(①)을 이탈해 버렸습니다. 하단부에서 매수했다면 원칙대로 손절로 대응합니다. 그런데 여기서 아주 중요한 포인트가 있습니다. 만약 해당 종목이 **바닥권에서 시작된 첫 급등 구간이고, 재료의 파급력과 지속력**이 충분하다면 단순히 손절하는 것보다 분할매수를 통해 비중을 늘리고 평균단가를 낮추는 전략이 더 효과적일 수 있습니다.

이를 위해서는 **종목 선정**에 신중해야 하며, **첫 매수 시 너무 큰 비중으로 들어가지 않는 것**이 중요합니다. 추가 매수계획을 염두에 두고 초기 매수 비중을 적절히 조절해야 이후 주가가 더 하락할 경우, 추가 매수를 통해 평균단가를 확실히 낮출 수 있습니다.

[그림68]

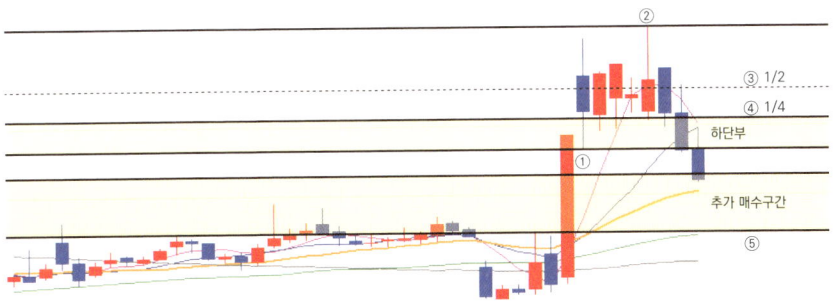

　추가 매수를 고려할 경우, 기존에 설정한 박스권 하단부가 붕괴되면 새로운 추가 매수 구간을 설정해야 합니다. 일반적으로 장대양봉 아래에 있는 직전고점 또는 장대양봉의 1/4 지점을 추가 매수의 기준점으로 삼습니다. 또한, 주가가 급락하더라도 60일선 근방에서 반등하는 경향이 자주 나타나므로 이를 참고해 기준점으로 설정할 수도 있습니다.

　따라서 [그림68]의 ⑤지점은 장대양봉의 1/4, 직전 고점, 60일선 근방이 겹치는 자리로 추가 매수의 기준점이 됩니다. 그러면 이 기준점 위쪽으로 대략 10% 안쪽의 범위를 설정합니다. 이렇게 범위를 설정하는 이유는 주가가 반드시 ⑤의 기준점까지 하락할 가능성이 크지 않을 수 있기 때문입니다(추가 매수 구간은 주가의 상황에 따라 넓게 또는 좁게 설정할 수 있습니다. 위 차트에서는 20일선의 지지와 이탈 가능성을 동시에 고려해, 추가 매수 구간의 폭을 넓게 설정했습니다).
　비유하자면 과녁의 중심을 겨냥하되 주가라는 화살이 중심에 정확히 도달하지 않을 가능성을 고려해 여유 범위를 둔 것과 같습니다. 이러면 매수 기회를 놓치지 않으면서도 평균단가를 확실히 낮출 수 있습니다.

추가 매수 구간에서 매수할 때는 한 번에 모두 매수하지 않고, 추가 매수 구간 내에서 3~5차례로 나누어 매수 주문을 걸어둡니다. 이렇게 하면 한 번에 큰 금액을 투자하는 부담을 줄일 수 있습니다.

[그림69]

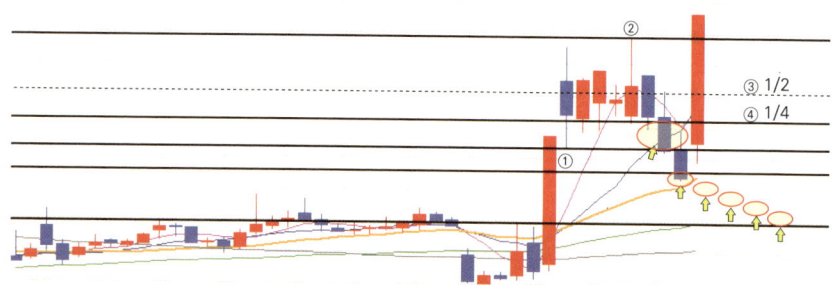

주가는 추가 매수 구간의 초입 부분에서 급반등했습니다. 위 차트처럼 추가 매수 구간에서 매수 주문이 모두 체결되지 않고, 일부만 체결된 상태에서 급반등하는 경우도 종종 발생합니다.

중요한 점은 재료의 파급력과 지속력을 믿고 추가 매수를 계획했다면, 주가가 더 크게 하락하더라도 심리적 부담이 없다는 것입니다. 시세 초입으로 언제든 주가가 급반등할 가능성이 있어 손절하지 않고 오히려 추가 매수를 통해 물량을 모아나가기 때문에 반등 시 큰 수익을 기대할 수 있습니다.

물론 여기서 추가 매수 구간을 따로 설정하지 않고 애초에 박스권 하단을 보수적으로 설정하는 방법도 생각해 볼 수 있습니다. 박스권의 하단의 설정은 주가의 흐름과 시장의 상황에 따라 유연하게 변경할 수 있어야 합니다.

[그림70]

박스권을 다시 그려본다면 이번에는 박스권 하단(①)을 장대양봉의 중심 구간으로 잡아보겠습니다. 때마침 전고점과 겹쳐있기 때문입니다. 전고점은 심리적 저항선으로 작용하는 동시에 주가가 돌파한 이후에는 지지선으로 전환되는 경향이 있습니다. 따라서 전고점에서 지지가 될 가능성이 높다고 판단되면 유연하게 박스권을 조정합니다. 박스권을 설정할 땐 꼭 특정 구간에 고정할 필요는 없으며 주가의 흐름, 시장의 상황 등을 고려해 유연하게 설정합니다.

[그림71]

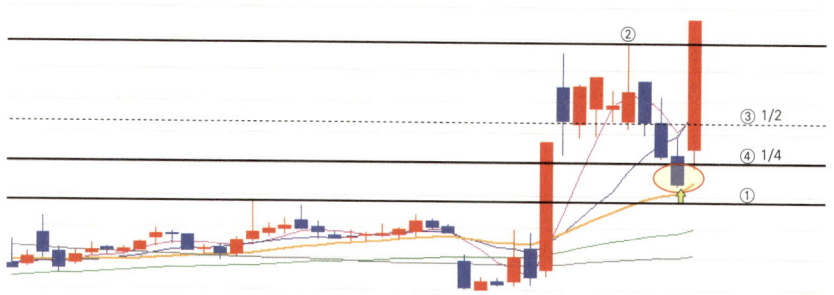

주가는 중하단(④)과 하단(①) 사이까지 정확히 내려오며 반등했죠. 이런 흐름을 보면 박스권 하단을 어디에 설정해야 하는지가 매우 중요하다는 것을 알 수가 있습니다.

박스권 설정 방법은 단순한 공식이 아닙니다. 상황에 따라 언제든 유연하게 조정할 수가 있어야 합니다.

예를 들어 시장이 약세장일 때는 박스권을 낮게 설정하여 리스크를 줄이고, 반대로 강세장에서는 박스권을 상향 조정하여 더 많은 매수의 기회를 만들어 낼 수 있습니다.

[그림72] 기존의 박스권 A

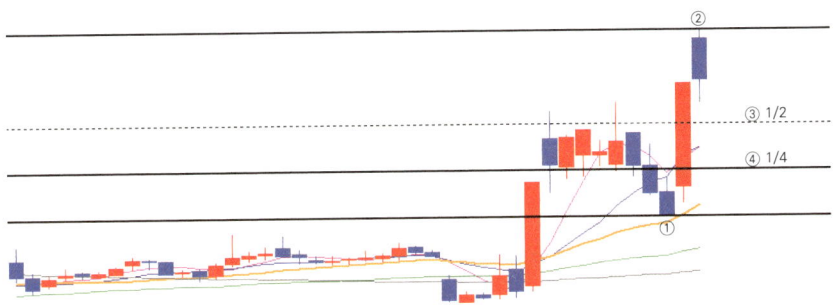

　재료의 파급력과 지속력이 있다면 한 번 더 매매할 수 있겠죠? 일단 주가는 고점을 경신했기 때문에 박스권을 다시 그려봅니다. 이때 박스권 하단은 반등이 시작됐던 '저점'을 하단(①)으로 설정합니다. 그리고 박스권 중간(③), 중하단(④)을 그립니다. 매수 구간은 중하단(④)과 하단(①) 사이가 되겠죠? 그런데 본인이 판단하기에 박스권이 너무 아래에 있다는 생각이 들면 박스권을 상향할 수도 있습니다. 또는 시장 상황이 꽤 양호하거나 재료의 힘이 좋다고 판단될 경우도 마찬가지입니다.

[그림73] 상향 조정된 박스권 B

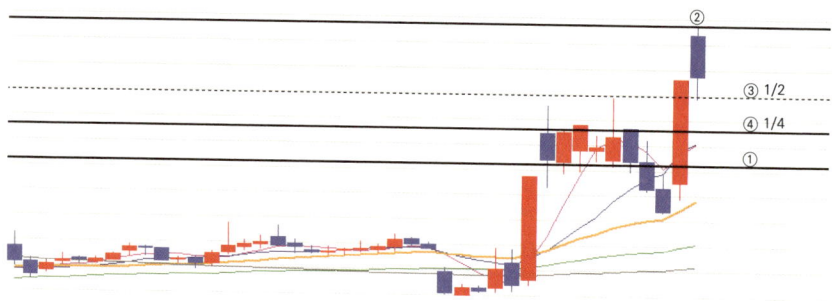

　박스권을 상향한다고 결정했다면 [그림72]의 박스권 중하단(④)을 박스권 하단(①)으로 재설정하고 박스권을 그립니다. 이렇게 조정된 결과, 매수 구간인 중하단(④)과 하단(①)이 전체적으로 높아진 것을 확인할 수 있습니다.

　매수 구간이 상향 조정되면서 주가는 기존보다 더 높은 지점에서 진입해야 하므로 재료의 파급력, 지속력뿐만 아니라 시장 상황을 면밀하게 판단해야 합니다. 또한 매수 구간이 높아지면 손절 구간 역시 상향 조정되기 때문에 리스크관리에도 더욱 신경 써야 합니다.

[그림74]

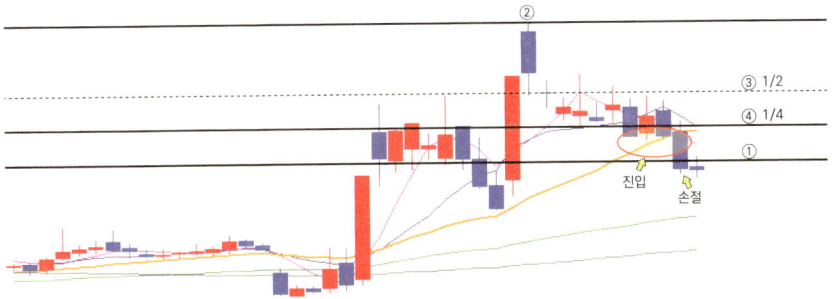

주가는 ②고점 형성 후 5일선을 이탈한 채, 며칠 동안 박스권 중하단(④)에서 지지받는 듯하다가 얼마 지나지 않아 박스권 하단(①)을 이탈해 버렸습니다. 이런 경우 실제 매수했다면 하단(①) 이탈 시 신속히 손절해야 합니다. 주가가 첫 번째 급등 구간이 아닌 두 번째 급등 구간에서의 조정이며 박스권을 공격적으로 올려 잡았기 때문에 분할매수 하기보다는 손절로 빠르게 대응해야 합니다.

[그림75]

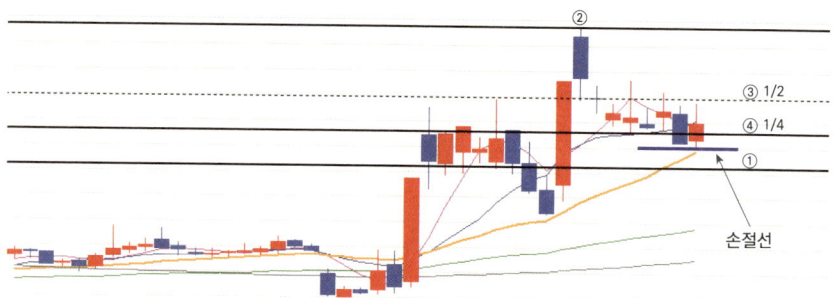

하지만 박스권 하단(①)을 이탈할 때 손절할 필요는 없습니다. 매수 구간 내에서 지지되는 흐름이 형성된다면 그 흐름에 맞춰 유연하게 대응할 필요가 있습니다. 위 차트에서는 주가가 중하단(④) 부근에서 반복적으로 지지가 된 흐름이 나타났고 특히 20일선에서 지지받으며 양봉캔들이 나온 모습을 확인할 수 있습니다. 그렇다면 주가가 이 양봉캔들의 저가를 이탈할 경우 하락할 가능성이 높겠죠? 만약 그러한 상황에서 이미 매수가 된 상태라면 위 차트처럼 양봉캔들의 저가를 이탈할 때 즉시 손절합니다.

[그림76]

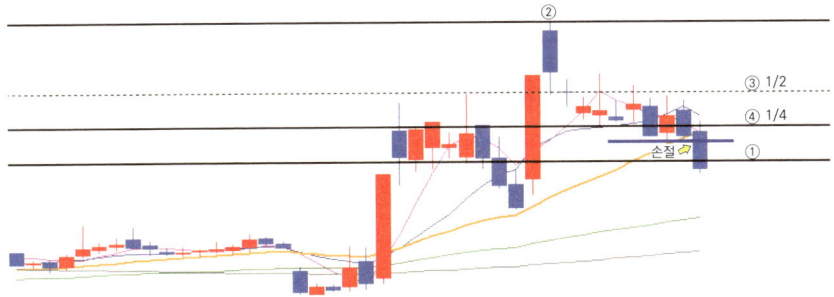

　손절한 후에는 기존 박스권(A)으로 다시 설정하여 재매수를 시도할 수 있습니다. 여기서 재매수를 시도할 때 따져봐야 할 것은 대장주의 여부와 재료의 지속력을 더욱 신경써야 합니다.

　대장주가 아닌 종목은 2차 상승 이후에 반등이 나오지 않을 수가 있고, 재료의 지속력이 부족하다면 주가는 박스권을 이탈하고 급락할 위험이 있습니다. 단순히 주가의 흐름이 강하다고 박스권 매매를 계속 하기보다는 해당 종목이 대장주이거나 관련 소식이나 뉴스가 며칠 이내에 보도될 가능성이 큰지를 반드시 확인해야 합니다.

[그림77] 기존의 박스권 A

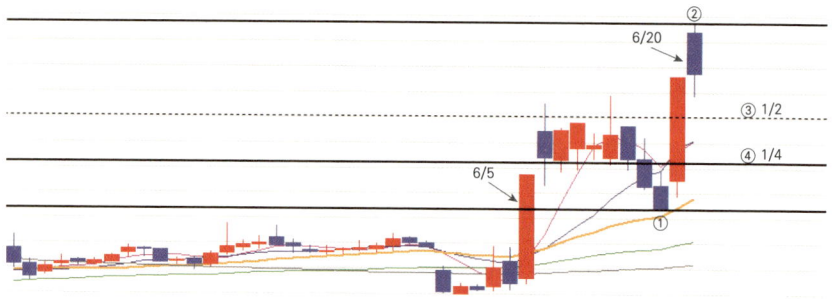

다시 기존의 박스권(A)으로 돌아왔습니다. 참고로 이 종목은 24년 6월 초 동해에 석유와 가스가 매장되어 있다는 소식과 함께 정부가 시추를 승인한다는 뉴스가 나오면서 테마가 형성된 종목입니다. 당시 정부는 7월 중 정확한 시추 위치를 확정할 계획이라고 발표했으며, 12월부터 약 4개월간 첫 탐사 시추를 진행할 계획을 세웠습니다. 그렇다면 재료의 지속력 관점에서 볼 때 주가는 7월 발표까지 관련 기대감으로 변동성이 지속될 수 있다고 판단할 수 있겠습니다. 며칠 이내 관련 소식이나 뉴스가 보도될 수 있겠죠.

[그림78]

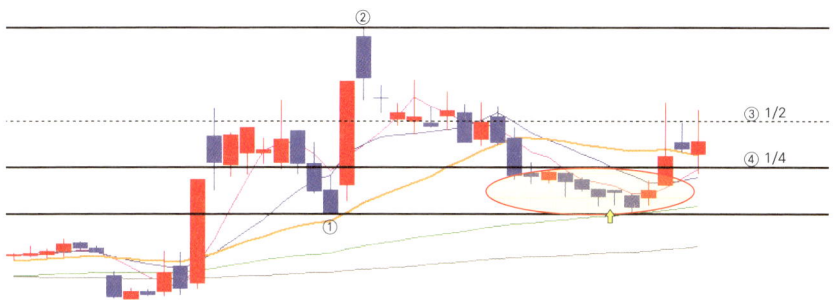

주가는 하단부까지 내려온 후, 박스권 중간(③)까지 상승했습니다. 그러나 당시 주가는 7월 중순 발표가 나기전까지 지속적인 조정을 거듭했습니다. 이처럼 재료 일정이 남아있다고 해서 반드시 일정 종료 시점까지 반드시 주가가 상승하는 것은 아닙니다.

오히려 재료 발표 전까지 횡보하거나 조정받는 경우도 많습니다. 즉, 재료 발표 전까지 관련된 후속 보도나 기대감을 자극할 만한 추가적인 이벤트가 없거나, 부정적인 전망을 담은 뉴스가 나올 경우에는 주가가 상승하지 못하고 오히려 하락할 수도 있습니다. 따라서 일정만을 이유로 주가의 상승을 기대하는 것은 너무나 낙관적인 판단입니다. 주가의 흐름을 면밀하게 관찰하면서 박스권 매매의 기본 원칙을 준수하되 재료의 상황에 따라 유연하게 대응하겠다는 마인드로 임해야 합니다.

[그림79]

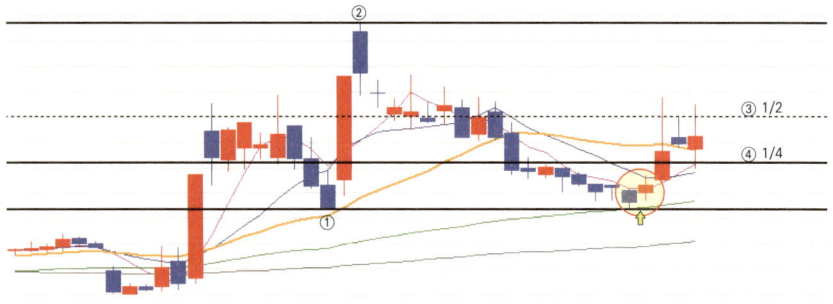

　매수 구간에서 매수할 때는 재료의 지속력을 믿고 여러 날에 걸쳐 분할매수도 할 수 있겠지만, 해당 종목이 대장주가 아니거나 재료의 지속력이 불분명할 경우 지지를 확인한 후 매수하는 것이 더 안전합니다.

　차트상 장기 이동평균선(60일선 등)에서 지지를 받거나 5일선을 회복하며 장악할 때, 또는 상승 장악형 캔들이 형성될 때 등이 해당됩니다. 손절은 지지가 되었던 구간이 이탈될 때 매도하면 되므로 상대적으로 손실을 최소화할 수 있겠습니다.

[그림80] 화성밸브, 동양철관, 넥스틸, 대동스틸

이번에는 당시 같은 관련주의 흐름과 비교해 보겠습니다. 6월 초 동양철관, 화성밸브, 대동스틸, 넥스틸 순으로 상승폭이 컸습니다. 상승률만 놓고 보면 동양철관이 141% 상승으로 대장주 역할을 했습니다. 그러나 당시 대규모 CB 전환 소식이 발생하면서 40% 급락하였습니다.

대장주는 일반적으로 상승폭이 가장 크고 하락폭이 상대적으로 낮은 특징을 보입니다. 하지만 심각한 개별기업의 악재로 인해 하락폭이 다른 종목보다 더 크게 나온다면 대장주의 지위가 다른 종목으로 넘어가게 됩니다. 그래서 당시 상승률이 116%로 2순위였던 화성밸브가 대장주의 자리를 넘겨받은 것으로 보입니다.

이 시점에서는 대장주의 지위를 넘겨받은 화성밸브를 최우선적으로 공략하는 것이 적합하며 다음으로 높은 상승률을 기록한 2등주도 공략할 수 있습니다. 당시 상황에서는 대동스틸(58%)이 유력한 종목이 됩니다.

넥스틸의 상승률(66%)이 대동스틸(58%)을 넘어섰을 때는 2등주의 지위는 넥스틸로 넘어가게 됩니다. 이 경우, 대동스틸보다 넥스틸을 공략하는 것이 적합할 것입니다.

그리고 매매 원칙상 대장주 위주로 공략하는 것이 일반적이지만, 대장주가 조정 없이 단번에 100% 이상 급등한 경우에는 다음 상승률 순위에 있는 2등주를 공략하는 것이 더 유리할 수 있습니다. 통계적으로 단번에 100%이상 급등한 경우 추가 상승 여력이 제한적일 수 있습니다. 실제로 대동스틸, 넥스틸은 첫 조정 후 강한 반등을 보였지만 화성밸브는 반등이 약했습니다.

이러한 사례에서 얻을 수 있는 중요한 통찰은 대장주라고 해서 항상 어느 시점이던지 반등이 강하게 나오는 것은 아니라는 점입니다.

대장주가 큰 폭으로 과도하게 1차 상승할 경우, 차익 실현 매물로 인해 조정이 깊어지거나 오래 걸릴 수 있습니다. 그 사이 2등주는 재료가 여전히 유효하지만, 상대적으로 덜 오른 상태이기 때문에 추가적인 상승 여력이 크고 가격 부담이 적어 투자자들의 주목을 받게 됩니다. 즉, 대장주가 조정받는 동안 2등주가 더 크게 반등하거나 추가 상승을 보이게 되는 것이죠. 위 차트에서 6월 중순, 10월 중순이 해당합니다.

그러나 대장주의 긴 조정이 마무리되면, 시장의 관심과 자금이 다시 대장주로 쏠리며 강한 상승이 나오게 됩니다. 대장주가 여전히 시장의 중심에 있기 때문이고 투자자들이 조정이 완전히 끝났다고 판단할 경우, 매수세가 빠르게 유입되기 때문입니다. 이 과정에서 2등주는 대장주의 본격적인 상승이 시작되기 전까지 단기적인 반등이 잘 나오기 때문에 이 시점을 잘 활용해야 합니다.

결론은 매매할 때는 대장주와 2등주의 흐름을 모두 예의주시하면서 유연하게 대응해야 합니다. 대장주가 과도한 상승으로 조정이 길어질 가능성이 있다면 2등주를 공략하고, 대장주가 완전한 회복 신호를 보일 때는 대장주로 이동하는 것이 효율적일 것입니다. 단순히 재료만 보는 것이 아니라 각 종목의 주가 흐름도 면밀하게 체크해야 하겠습니다.

2) 삼각분할 비중 조절법

이 책에서는 박스권 매매를 다루고 있어서 매수할 때 어떤 방식으로 매수할지 정하는 것도 아주 중요합니다.

여기서 소개할 삼각분할 비중 조절법은 주가의 큰 변동성에 대응하는 방식으로 초기에는 작은 비중으로 매수를 시작하고, 주가가 하락할 때마다 점진적으로 매수 비중을 확대하며 평균 매입 단가를 낮추는 전략입니다. 삼각형 모양으로 위에서부터 첫 비중은 작게 설정하고, 주가가 하락할수록 매수 비중을 점진적으로 늘리는 것이죠.

즉, 매수 후 주가가 추가 하락할 때 평균단가를 확실하게 낮춰 주가가 반등할 때 수익 실현 가능성을 극대화하는 데 중점을 둡니다. 왜냐하면 주가가 어디까지 하락할지 정확히 예측하기 어렵기 때문이죠.

다만 이 방식에도 한계는 존재합니다. 주가가 하락할 때마다 비중을 확대해 평균 매입 단가를 낮추더라도 반등없이 지속해서 하락할 경우, 매수 자금이 한 종목에 과도하게 집중될 수 있습니다. 결국 주식을 팔지 못하고 장기간 자금이 묶일 수 있으며, 손절할 때 큰 비중으로 매수한 만큼 손절 금액도 크다는 단점이 있습니다.

열 번의 매매에 성공했어도 예상치 못한 주가 하락에 물타기를 하다 자금이 묶이거나 큰 손실을 겪는 경험을 한 투자자들이 많을 것입니다. 아마 지금도 누군가는 이러한 상황을 겪고 있을 것입니다. 따라서 이런 최악의 결과가 나오지 않기 위해서 삼각분할 비중 조절법을 사용할 때는 다음과 같은 몇 가지 수칙을 반드시 고려해야 합니다.

1. 최대 투자 한도 설정

주가가 하락하더라도 전체 자금 중 일정 비율 이상은 절대 투자하지 않도록 계획해야 합니다. 예를 들어, 전체 예수금의 50% 이상을 한 종목에 투자하지 않는 원칙을 세우는 것이 중요합니다. 예상치 못한 추가 하락에 대비해 항상 일정 비율의 자금을 남겨두는 것이 필요합니다. 모든 자금을 다 소진하는 순간 대응할 수 있는 유연함을 잃게 됩니다.

2. 손절 기준의 명확화

손실을 감내할 수 있는 수준에서 미리 손절가, 손절 금액을 설정해두고 해당 가격에 도달하면 망설이지 않고 매도해야 합니다. 오히려 감정에 휘둘려 추가 매수하거나 방치하면 손실이 더욱 커질 수 있습니다.

3. 분할매수의 횟수와 간격 계획

주가가 일정 수준 하락할 때마다 정해진 금액으로 매수합니다. 그러나 매수 간격과 비중 확대의 속도를 지나치게 좁히면 자금이 금방 소진될 수 있기 때문에 매수 횟수와 간격을 신중히 설정해야 합니다. 예를 들어, 주가가 2%~3%씩 하락할 때마다 정해진 비중으로 매수하는 것입니다. 특히 주가가 하락할수록 매수 비중을 점진적으로 확대합니다.

삼각분할 비중 조절법은 단순히 "주가가 하락하면 매수한다"는 막연한 전략이 아니라 승률을 높이기 위해 평균단가를 확실하게 낮추는 비중 조절 전략입니다.

우선, 삼각분할 비중 조절법을 구체적으로 이해하기에 앞서 전체 예수금으로 총 몇 종목까지 보유할 수 있는지를 먼저 고려해야 합니다. 필자의 기준에서는 너무 많은 종목을 동시에 보유하면 관리가 어려워지기 때문에 최대 3개에서 4개 종목만 보유하는 것이 이상적입니다. 예를들어 각 테마의 대장주 또는 2등주 종목을 1개씩 보유하는 것입니다. 즉, 최대 3~4개 테마에서 대장주 또는 2등주만 1개씩 보유하는 것이죠.

§왜 이렇게 구성하는 것이 좋을까요?

주식시장에서는 섹터 순환 주기가 반복적으로 나타납니다. 특정 테마가 상승세를 타면 다른 테마는 상대적으로 조정받는 경우가 많으며, 시간이 지나면 또 다른 테마가 주목받는 흐름이 자주 발생합니다. 이러한 섹터 순환흐름이 빈번하기 때문에 재료가 뚜렷한 3~4개의 테마주를 공략하는 전략이 효율적입니다. 이러면 불필요하게 많은 종목에 자금이 분산되지 않고 선택과 집중을 통해 높은 수익금을 기대할 수 있습니다

§최대 투자 한도 설정과 예수금 활용 전략

절대 한 종목에 몰빵해서는 안 됩니다. 전체 예수금 중 최대 한 종목

에 50% 이상 투자하지 않는 것이 기본 원칙입니다. 이렇게 해야 자금이 묶여 다른 종목의 좋은 매수 기회를 놓치는 상황을 방지할 수 있습니다. 자금이 여유 있게 남아있어야 손실 중이라도 다른 종목에 수익을 내어 손실을 만회할 수 있습니다.

100% 비중을 채워서 수익을 보려고 하는 것은 욕심이며 도박입니다. 보다 안정적으로 하려면 최대 투자 비중을 한 종목당 50%가 아닌, 33% 이하로 설정하는 것이 이상적입니다. 33%의 비중으로 분산하면 손실이 발생한 종목이 있더라도 다른 종목에서 수익을 내어 충분히 손실을 상쇄할 수 있습니다.

§ 손실 한도 금액의 설정

손실 한도 금액은 투자자의 심리적 부담을 최소화하면서도 투자 자금을 지키기 위한 필수 요소입니다. 손실이 크게 발생하면 냉정한 판단이 어려워지고 손실을 만회하려는 감정적인 매매로 이어질 위험이 큽니다. 그렇기 때문에 미리 손절 한도 금액을 설정해 두고 그에 맞춰 기계적으로 매도할 수 있어야 합니다.

이 책에서 제시하는 손실 한도 금액은 원금 대비 10%입니다. 예수금이 1,000만 원이라면 100만 원이 손실 한도 금액이 됩니다. 보통 추세 추종 매매에서는 원금의 2%가 손실 한도 금액으로 적용되곤 하지만 변동성을 이용한 박스권 매매는 특성상 분할매수와 승률에 중점을 두기 때문에 다른 자금 운용법이 필요합니다.

즉, 단기간 큰 가격 변동이 자주 일어나기 때문에 1차 매수 후 추가 하락 시 2차, 3차 또는 4차 매수가 필요할 수 있습니다. 그렇게 되면 총자금의 2%를 손실로 제한하기 어렵기 때문에 손실 범위를 더 넓게 설정해야 합니다.

특히 단기적인 수익을 자주 실현하기 때문에 손익비보다는 승률을 높게 유지해야 합니다. 추세 추종형 매매법과 달리 박스권 매매에서는 짧은 손절이 반복되면 승률이 떨어지기 때문에 어느 정도의 리스크 허용이 필요합니다.

단, 1,000만 원의 투자금이 있다면 한 종목을 몰빵해서 10% 손실 발생 시 100만 원을 손절하는 것이 아닌, 3~4종목에 분산투자하고 각 종목별로 설정한 손실 한도 금액에 따라 손절하는 방식입니다.

만약 3종목을 각각 333만 원씩 분산 투자했다면 한 종목당 33만 원 손실이 발생했을 때 곧바로 매도합니다.

이렇게 하면 한 종목에서 손실이 발생해도 나머지 종목으로 손실을 회복할 수 있습니다.

투자금 1,000만 원으로 3종목 투자 시	투자금 1,000만 원으로 4종목 투자 시
종목당 투자 한도: 1,000만 원 ÷ 3 = 333만 원 (한 종목에 최대 333만 원까지 투자)	종목당 투자 한도: 1,000만 원 ÷ 4 = 250만 원 (한 종목에 최대 250만 원까지 투자)
종목당 손절 한도 금액: 100만 원 ÷ 3 = 33만 원 (한 종목당 최대 손실)	종목당 손절 한도 금액: 100만 원 ÷ 4 = 25만 원 (한 종목당 최대 손실)

매수할 때는 박스권 하단부에서 한 번에 모두 매수하지 않고 3회에서 4회에 걸쳐 매수합니다. 또는 상황에 따라 그 이상 잘게 나누어서 매수를 할 수도 있습니다. 각 회차의 매수 간격은 종목의 흐름에 따라 다르지만 보통은 2~3%입니다. 예를 들어 1차 매수 후 주가가 2% 하락하면 2차 매수하고, 여기서 추가로 2% 더 하락하면 3차 매수하는 식으로 정합니다.

본인 스스로 1차 매수한 가격에서 10%까지 하락할 것이라 예상하고 매수 간격을 신중히 설정해야 합니다.

매수 비중은 아래와 같습니다.

3분할 매수 (2~3% 간격씩)	4분할 매수 (2~3% 간격씩)	추가 매수 구간 설정
박스권 하단부 내 1차 매수 비중 : 20% or 30% 2차 매수 비중 : 30% or 30% 3차 매수 비중 : 50% or 40%	박스권 하단부 내 1차 매수 비중 : 10% 2차 매수 비중 : 20% 3차 매수 비중 : 30% 4차 매수 비중 : 40%	박스권 하단부 전체 매수 비중 : 30% or 40% 추가 매수구간 전체 매수 비중 : 70% or 60%

전체적으로는 위 기준을 따라 박스권 하단부에서 처음 매수할 때 비중은 적게, 나중에 갈수록 비중을 높이면서 매수하는 것입니다. 그런데 꼭 위의 기준을 똑같이 따를 필요는 없습니다. 개인의 투자 성향이나 상황에 따라 비중을 조금씩 조절하거나 다르게 매수해도 괜찮습니다. 박스권 하단부에서 일률적으로 2~3%씩 하락할 때마다 3~4차 분할로 매수하기보다는 더 안정적으로 기존의 박스권 아래에 추가 매수

구간을 설정하여 그 구간에서 비중을 더 확대하는 방법도 있습니다.

대체로 추가 매수 구간은 장대양봉의 1/4 지점 또는 직전 고점을 기준점으로 설정합니다. 또는 주가가 60일선 근방에서 반등이 크게 나오는 경향이 있으므로 60일선을 기준점으로 설정할 수도 있습니다. 이 기준점 위로 10% 내외의 범위를 설정하면 되겠습니다.

이때의 2차 매수 비중은 1차 매수 비중보다 1.5~2배 이상 투입합니다. 이렇게 하면 평균 매입 단가를 효과적으로 낮출 수 있겠죠. 각자 맞는 방법으로 유연하게 분할매수를 하시길 바랍니다.

그리고 주의할 점이 있습니다. 이 삼각분할 비중 조절법은 평균 매입 단가를 유리하게 조정하는 방법이지만 무조건 주가가 반등할 것으로 생각하고 계획대로 비중을 늘리는 것은 피해야 합니다. 이게 무슨 말이냐 하면, 예를 들어 2차 매수 후 재료가 급작스럽게 소멸하거나 예상치 못한 기업의 내부적인 심각한 악재가 발생한다면 3차 매수를 포기하고 손절하는 것이 낫습니다. 그 외에도 2차 매수 후 거래량이 급속도로 줄어들며 주가가 2주일 이상 횡보하거나 점진적으로 흘러내려 상승 추세를 붕괴시킬 때는 이 역시도 3차 매수를 포기하고 손절합니다.

이런 경우는 시장에서 해당 재료가 약하게 평가되거나 관심이 사라질 때 나타나는 신호입니다. 이때는 고집을 버려야 됩니다. 이 상황을 겪는 투자자라면 대부분 "내가 봤을 때 좋은 재료 같은데…"라고 생각하기 일쑤입니다.

  하지만 주식시장은 내가 아닌 시장이 판단하는 곳입니다. 아무리 좋아 보이는 재료라도 시장의 반응이 없다면 그 재료는 의미가 없습니다. 변동성을 이용한 박스권 매매는 재료의 파급력과 시장의 관심이 유지되는 것이 핵심이므로 재료의 흐름이 꺾이는 순간 빠르게 대응해야 합니다. 매매 계획은 상황에 따라 얼마든지 변경될 수 있다는 걸 기억하셔야 합니다. 그리고 손절은 패배가 아닌 자금 보호의 수단이라는 점도 꼭 명심해야 하겠습니다.

  그리고 주가의 위치가 높은 경우도 손절 기준에 포함됩니다. 1차 상승이 나온 뒤 큰 폭으로 2차 상승을 할 경우, 박스권 하단부를 이탈하면 손절로 대응해야 합니다. 2차 상승 이후의 조정은 일반적으로 조정 기간이 1차 상승보다 길뿐만 아니라, 대장주의 유무와 재료의 강도에 따라 반등 자체가 일어나지 않을 가능성도 크기 때문입니다. 따라서 제때 손절하지 않으면 손실이 커질 위험이 있습니다.

[그림81] 일신석재 일봉차트

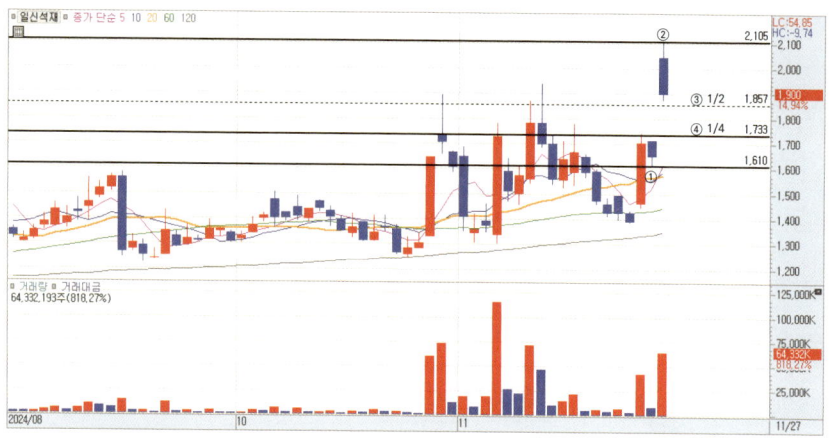

비중 관리의 예를 들어보겠습니다. 총자금 5,000만 원으로 해당 종목을 매매한다고 가정해 보겠습니다. 먼저 매수할 때 총자금을 전부 몰빵하지 않는다고 하였죠. 총자금의 1/3인 1,666만 원이 한 종목당 매수할 수 있는 최대 금액입니다. 매수 구간은 박스권 중하단(④)에서 하단(①) 사이로 볼 수 있겠습니다. 1,733원에서 1,610원 사이에서 매수합니다.

[그림82] 일신석재 일봉차트

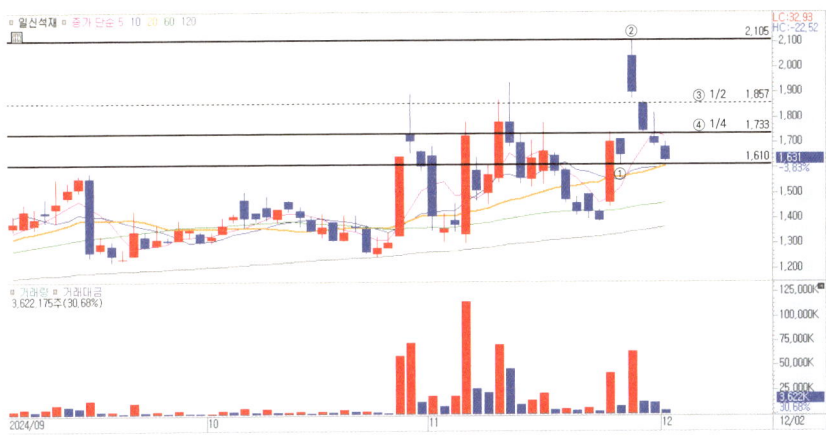

　주가는 박스권 중하단(④)과 하단(①)까지 하락했습니다. 이렇게 주가가 5일선을 이탈하는 구간에서부터 분할매수를 한다면 평균단가를 상당히 유리한 위치에서 시작할 수 있습니다.

　분할매수 방법으로는 삼각분할 방식을 활용하여 매수합니다. 즉, 첫 매수는 적은 비중으로 매수하고 이후 주가가 추가 하락할 경우, 더 큰 비중으로 매수하는 것입니다. 이렇게 하는 이유는 주가가 어디까지 하락할지 정확히 예측하기 어렵기 때문이라는 점을 항상 염두에 두셔야 합니다.

[그림83] 일신석재 15분봉차트

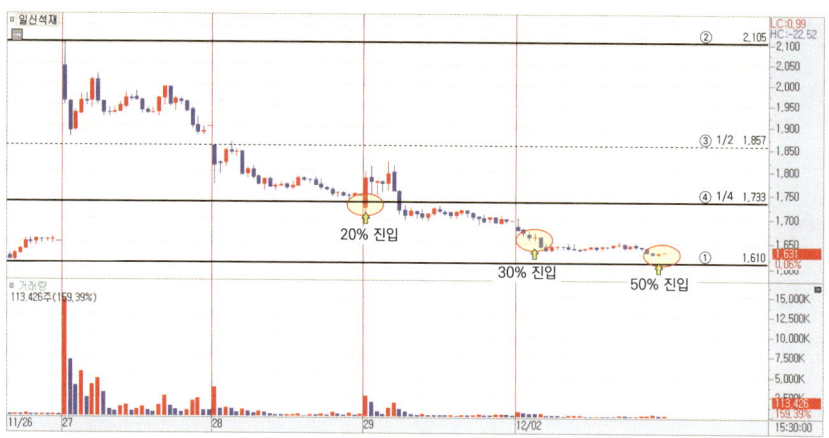

당시 15분봉 차트입니다. 박스권 중하단(④)과 하단(①)에서 매수할 때, 3분할 또는 5분할로 매수합니다.

3분할로 할 경우, 매수 비중은 1차 20%, 2차 30%, 3차 50% 방식으로 매수합니다. 이러면 주가가 하락할 때 평균단가를 확실하게 낮출 수 있습니다.

첫 매수는 박스권 중하단(④)인 1,730원대에서 1차 진입하며 약 20% 비중으로 매수합니다. 한 종목당 최대 투자자금인 1,666만 원의 20%인 약 333만 원을 투입합니다.

이후 주가가 추가 하락하면 박스권 중하단과 하단의 중간인 1,660원 부근에서 2차 진입합니다. 이때는 약 30% 비중으로 매수합니다. 1,666만 원의 30%인 약 500만 원을 투입합니다. 2차 매수까지 된 상태에서 평균단가는 약 1,687원이 됩니다.

여기서 주가가 박스권 하단인 1,630원까지 더 하락하면 3차 매수합니다. 이때는 50% 비중으로 매수하며, 1,666만 원의 50%인 833만 원을 투입합니다. 3차 매수까지 완료되면 최종 평균단가는 약 1,658원이 됩니다.

이러면 평균단가가 크게 낮아지고 비중도 상당 부분 투입된 상태가 되었기 때문에, 주가의 반등폭이 크지 않더라도 비교적 빠르게 수익으로 전환되며 주가가 예상대로 크게 상승하면 상당한 수익을 기대할 수 있습니다.

그런데 "주가가 추가 하락하면 어떻게 하냐?"라는 의문이 있을 수 있습니다. 재료가 확실한 대장주나 2등주 종목의 경우, 대부분 1~2차 매수 구간에서 반등이 나오는 경우가 많습니다. 다만, 시장이 급락하여 예상과 다르게 조정이 더 나오게 될 때는 다른 종목에 매수 대기 중이던 자금을 투입해 해당 종목의 평균단가를 더욱 낮추는 전략을 고려할 수 있습니다.

예를 들어 원래 B종목에 투입하려던 1,666만 원의 자금을 추가 하락한 A종목에 투입하여 평균단가를 더 낮춘 후, 주가가 회복될 때 탈출하는 것입니다. 다만 이 전략은 A종목의 재료가 여전히 파급력이 있고 관련 소식이 지속적으로 언급될 가능성이 있어야 합니다.

물론 이러한 방식을 취하지 않고 더 안정적인 접근법으로 기존 박스권 매수 구간인 하단부에서 추가 하락 가능성을 염두에 두고 추가 매수 구간(=더 낮은 박스권 하단부)을 설정한 뒤 그 구간에서 매수 비중을 확대하는 전략도 고려해 볼 수 있습니다. 이 방법은 추가 하락에 확실히 대비하면서도 평균단가를 더 낮게 조정할 수 있습니다.

[그림84] 일신석재 일봉차트

    예를 들어 위 차트에서 박스권 하단부 아래인 60일선 근방을 기준점으로 하고 그 아래의 직전 저점 및 120일선 근방까지 추가 매수 구간으로 설정할 수 있겠습니다.

    이렇게 낮은 구간까지 하락할 가능성을 고려하여 기존 박스권 매수 구간인 하단부(④~①)에서는 30% 또는 40%의 비중으로 매수하고, 추가 매수 구간에서는 70% 또는 60%의 비중으로 매수하여 평균단가를 확 낮출 수 있습니다. 이렇게 평균단가를 낮춰 주가 반등 시 일부 비중을 줄이면서 리스크를 관리합니다. 여기서 어떤 방식이 더 유리할지는 시장 상황과 재료, 종목에 따라 달라질 수 있습니다.

    대체로 종목 선정과 매수 비중을 잘 지켰다면 실링 주가가 하락해도 대부분 탈출할 기회는 주어지기 마련입니다. 따라서 절대로 높은 위치에서 큰 비중으로 매수하는 것은 피해야 합니다. 이것만 지켜도 크게 돈을 잃을 일은 없을 것입니다.

[그림85] 일신석재 일봉차트

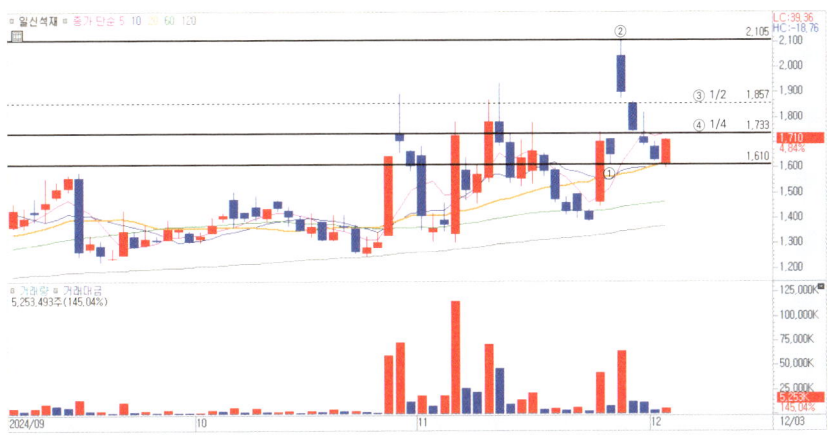

주가는 박스권 하단부에서 반등을 시작했습니다. 이처럼 작은 양봉 하나만 발생하더라도 평균단가를 낮추는 방식으로 분할매수를 했다면 손실권에서 수익권으로 빠르게 전환되며, 주가가 크게 반등할 경우 상당한 수익을 기대할 수 있습니다.

반등이 나올 때 주의해야 할 점은 매수 비중을 100% 채우지 않았다는 이유로 반등하는 양봉에서 무리하게 큰 비중으로 추격 매수를 하는 것입니다. 그렇게 되면 오히려 평균단가를 높여 리스크를 증가시킬 수 있습니다. 웬만하면 반등이 나왔을 때 추격 매수는 피하고, 대신 다음 날 주가가 하락할 때 일정 부분을 매수하는 편이 훨씬 더 안정적입니다.

[그림86] 일신석재 일봉차트

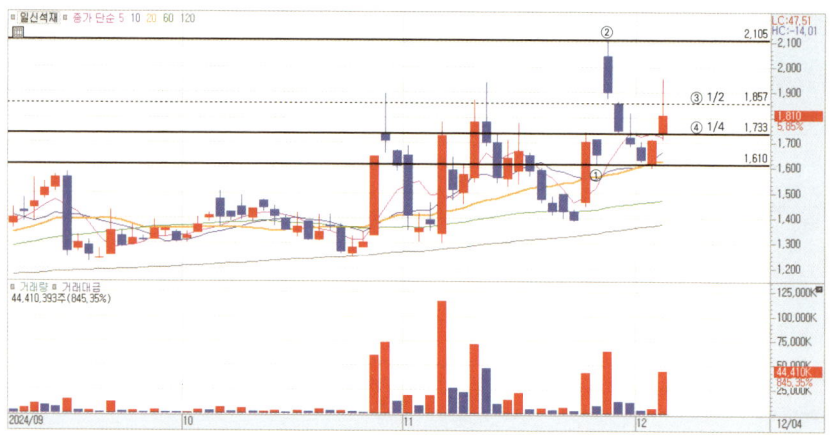

　주가는 거래량이 증가하며 박스권 중간(③) 이상까지 상승했습니다. 일반적으로 주가 반등 시, 하락 폭의 최소 중간 정도까지 되돌림 반등이 일어날 수 있기 때문에 그 구간에서 분할매도로 수익을 실현해 나가면 되겠습니다.

　한편 한 차례 매매 후에도 해당 재료의 지속력이 여전히 남아있다고 판단된다면 장기이평선(60일선 등)을 이탈하기 전까지 박스권 매매 전략을 계속해서 사용할 수 있겠습니다.

[그림87] 일신석재 매매내역

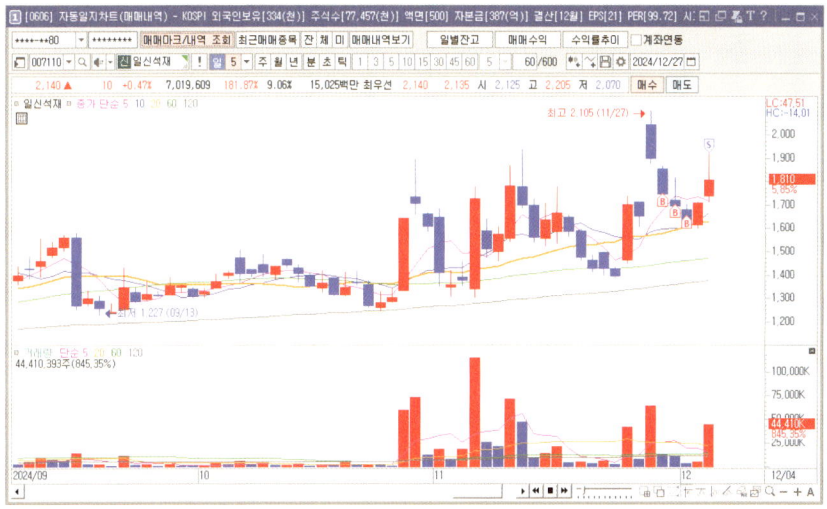

　실제로 필자가 매매한 내역을 보면 거의 비슷한 방식으로 매수가 된 것을 확인할 수 있습니다. 충분히 기다리면 좋은 매수 구간이 찾아오며, 때때로 시장 급락 시 큰 수익을 낼 기회가 찾아옵니다.

　"위기는 곧 기회다"라는 말처럼 한국 주식시장에 특히 잘 적용되는 논리입니다. 변동성이 큰 한국 시장에서는 철저히 준비된 투자자에게 위기 발생 시, 수익을 창출할 절호의 기회로 작용할 수 있습니다.

　그러나 아무리 삼각분할 비중 조절법을 사용해 평균단가를 유리하게 낮춘다고 해도 주가가 반등하지 않으면 아무런 소용이 없습니다. 결국 이 전략의 성패는 매수한 종목이 예상대로 상승하는지, 재료의 파급력과 지속력이 얼마나 유지되는지에 따라 달려 있습니다.

박스권 전략 – 유의할 점

1) 파급력과 지속력

　제1부에서 재료의 조건으로 파급력과 지속력에 대해 다루었습니다. 그런데 이 두 요소를 판단할 때 유의해야 할 점들이 있습니다.

　앞서 설명한 파급력이란 해당 이슈가 일반 대중에게 얼마나 큰 영향을 미치는지를 뜻합니다. 단순한 이슈가 아닌 심리적 공감대를 형성하여 매수 심리를 유발하는 사건들이 여기에 포함됩니다. 예를 들어 혁신적 트렌드, 대중적 신드롬, 과학적 발견, 사회적 논란, 글로벌 이슈(전쟁, 팬데믹 등), 정치적 사건 같은 것들이 파급력이 큰 재료입니다. 지속력은 해당 이슈가 얼마나 오랫동안 시장에 영향을 미칠 수 있는가를 나타냅니다. 즉, 일정한 시간 동안 해당 이슈가 반복적으로 시장에 회자되거나 일정표에 따라 연속적으로 이벤트가 발생할 때를 말합니다.

　그럼 이해했는지 확인해 볼까요? 잠깐 퀴즈를 풀어보겠습니다.

Q. 아래 (가),(나) 정보를 읽고 물음에 답하시오

(가)

옐런 美 재무장관, 中 태양광 산업 압박 및 산업부, 태양광기업 공동연구센터 가동 소식 등에 상승 (20◇◇.3.28)

▶ 재닛 옐런 미국 재무장관은 27일(현지시간) 중국이 태양광 패널을 비롯해 클린에너지 제품들을 전 세계 시장에 덤핑 판매하면서 시장을 왜곡시키고 있고, 클린에너지 산업성장을 방해하고 있다고 주장했음. 옐런 장관은 미국 조지아주에 있는 태양광 업체를 방문해 "중국의 과잉생산이 국제가격과 생산 질서를 왜곡하고 있다"며, "이 문제에 대응하기 위해 적절한 조치를 취하도록 중국을 압박할 것"이라고 밝힘. 이에 지난밤 뉴욕증시에서 美 태양광에너지 업체 주가가 급등세를 기록.

▶ 산업통상자원부는 전일 태양광 산업 경쟁력 강화를 위해 국내 유일의 100메가와트(MW)급 태양광 연구용 시제품 생산시설(파일럿 라인)을 갖춘 '태양광 기업 공동 활용연구센터'가 준공돼 본격 가동에 들어간다고 밝힘. 한국에너지기술연구원은 전일 대전 국제과학비즈니스벨트 신동 지구에 위치한 '태양광 기업 공동 활용연구센터' 준공식을 개최했으며, 연구센터를 활용한 산학연 융합연구로 초격차 신기술 개발, 양산 기술 개발·검증, 세계 선도기관 교차 비교를 통한 고도의 성능·효율 측정 기술 확보를 통해 태양광 관련 국가연구개발의 효율성을 제고하고 산업 경쟁력 강화를 도모할 계획임.

▶ 이 같은 소식에 A, B, C, D 등 태양광에너지 테마가 상승. 또한, E, F, G, H 등 풍력에너지 테마도 부각

Infostock 증시요약(3)-특징테마, 발췌

(나)

현대차, '레벨3' 자율주행차 상용화 추진 소식에 상승(20◇◇.8.30)

▶ 일부 언론에 따르면, 현대차가 올 연말 세계 최초로 시속 80km까지 작동하는 '레벨3' 자율주행차를 상용화할 것으로 전해짐. 소비자에게 판매하는 차에 레벨3 기능을 넣은 것은 지금까지 일본 혼다와 독일 메르세데스 벤츠밖에 없었던 것으로 알려짐. 특히, 시속 60km가 상한이었던 반면, 현대차 그룹이 80km에서 작동하는 레벨3 자율주행차 상용화를 추진하면서 이 벽을 뚫을 것으로 알려짐.

▶ 글로벌시장 조사업체 프레지던스리서치에 따르면, 전 세계 자율차시장은 올해 1,701억 달러(약 225조 원)에서 2030년 10배인 1조8,084억 달러(약 2,400조 원)가 될 것으로 예상되고 있음.

▶ 아울러 테슬라가 세계 3위 슈퍼컴퓨터를 능가하는 슈퍼컴퓨터 플랫폼을 만든다는 소식도 전해짐. 미국 투자 전문 매체인 배런스는 전일(현지시간) 한 애널리스트의 말을 인용해 테슬라가 세계 3위 슈퍼컴퓨터를 능가하는 성능을 가진 슈퍼컴퓨터 플랫폼 개발을 추진한다고 보도했음.

▶ 이 같은 소식에 A, B, C, D, E, F 등 자율주행차 테마가 상승. 한편, G는 H와 자율주행 상용화 공동 개발 협약 진행소식도 전해짐.

1. 위의 두 뉴스 중 일반 대중에게 더 큰 관심을 끌고 파급력이 클 가능성이 높은 것은 무엇인가? 가장 적절한 답을 고르시오.

   ① (가) 옐런 美 재무장관의 중국 태양광 산업 압박 뉴스
   ② (나) 현대차의 '레벨3' 자율주행차 상용화 추진 소식
   ③ (가)와 (나) 모두 일반 대중의 관심을 이끌지 못함
   ④ (가)와 (나) 모두 파급력이 동일함

2. 다음 중 (가), (나)의 뉴스를 토대로 재료의 지속력 관점에서 판단한 것 중 올바르게 짝지어진 것은?

   A. (가) 구체적 일정이 없는 옐런 美 재무장관의 1회성 립서비스다.
   B. (나) 자율주행 관련주들의 주가가 올해 연말까지 상승하겠구나.
   C. (가)보다 (나)가 추가 발표나 후속 보도가 나올 가능성이 크겠구나.
   D. (가)와 (나) 모두 위 뉴스만으로 추가 발표나 후속 보도가 나오는지는 알 수 없다.

   ① A,B   ② A,C   ③ A, D   ④ B, C   ⑤ B, D

3. 다음 (가)에서 후속 보도가 나왔다고 가정할 때, 앞으로 전개될 상황에 대한 추론으로 적절하지 않은 것은?

(20◇◇.4.3)
재닛 옐런 미국 재무부 장관이 오는 3일부터 9일까지 중국을 방문한다. 이번 방문은 약 9개월 만에 이루어지는 것으로 옐런 장관은 중국 경제 관료들과 만나 공급 과잉 문제와 불공정 무역 관행을 논의할 예정이다. 방문 일정 중에는 중국 경제 전문가와의 면담, 주요 경제 관계자들과의 회의, 관련 기자회견 등이 포함되어 있다.

(20◇◇.4.9)
옐런 장관은 기자 인터뷰에서 중국의 산업정책에 대한 비판을 하며 미국이 추가적으로 관세 부과를 고려할 가능성도 배제하지 않는다고 밝혔다. 이어 중국 정부가 클린에너지 산업에 지나치게 보조금을 지급하고 있다는 점을 지적하며 이러한 보조금이 공정한 경쟁을 방해하고 있음을 강조했다. 또한 옐런 장관은 다른 국가들도 중국에 대한 무역 제재를 논의 중임을 밝혔다.

① 대체로 3~9일 동안 주가의 큰 변동성이 생기겠군.
② 방중 결과와 관련한 기자회견이 끝나면 재료소멸로 판단하고 관심을 끊어야겠군.
③ 옐런의 방문 일정은 단기 이벤트에 불과하니, 이 재료는 장기적으로 큰 영향은 없겠군.
④ 방중 후 무엇을 하겠다는 구체적 일정은 찾아볼 수 없지만 한두 달 이내에 무언가의 발표가 날 수가 있겠군.

[4~5] 다음 글을 읽고 물음에 답하시오.

현대차의 자율주행차 상용화 재료는 올 연말에 이루어질 계획이므로 일정상 아직 멀리 떨어져 있었다. 그럼에도 해당 테마의 종목은 8월 말부터 시작해 변동성이 **약** 얼마간 지속되었다. 그 이유를 분석한 결과 [㉠] (으)로서 산업의 성장 기대감과 함께 테슬라와 같은 글로벌 기업의 움직임이 [㉡] (을)를 더해 지속적인 관심을 유발했기 때문이다.

4. 빈칸인 ㉠과 ㉡ 들어갈 말로 가장 적합한 것은 무엇인지 고르시오.

① 글로벌 이슈, 대중의 호기심
② 과학적 발견, 단기적인 유동성
③ 대중적 신드롬, 산업 내 신뢰도
④ 혁신적 트렌드, 산업 전반에 파급력

5. 밑줄 친 약 얼마간은 대략 어느 정도의 기간을 의미하는지 고르시오.

① 1주일 ~ 2주일
② 1개월 ~ 2개월
③ 3개월 ~ 6개월
④ 1년 이상

정답 및 해석, 출제의도

〈1번 정답〉

② (나) 현대차의 '레벨3' 자율주행차 상용화 추진 소식

이 뉴스는 일반 대중에게 더 큰 관심을 끌고 파급력이 클 가능성이 높습니다. 자율주행차는 직접적인 생활의 편리함과 혁신적 기술을 상징하며, 일반 사람들에게 호기심과 기대감을 유발하기 때문입니다.

반면, (가)의 경우 중국 태양광 산업에 대한 옐런 재무장관의 발언은 상대적으로 일반 대중의 일상에 직접적인 영향을 미치기보다는 정책적인 차원에서 다뤄지는 사안입니다. 투자자나 관련 산업 종사자들에게 중요한 소식일 수 있지만 대중의 관심을 끌기에는 제한적일 수 있습니다.

〈1번 출제의도〉

첫 번째 문제는 파급력을 이해하고 두 뉴스 중 어떤 것이 일반사람들의 관심을 더 끌 수 있는지 판단해보게 하려는 의도였습니다. 우리 생활에 직접적인 변화를 줄 수 있는 내용이 무엇인지, 이 문제를 통해 대중의 관심을 끄는 요소가 무엇인지 다시 한번 생각해 볼 수 있었을 것입니다.

〈2번 정답〉

③ A, D

A. (가) 구체적 일정이 없는 옐런 美 재무장관의 1회성 립서비스다. :

맞습니다. 옐런의 발언은 단순한 압박성 메시지에 불과해 구체적 일정이 없고 (가) 뉴스만으로 지속력을 담보하기 어렵습니다.

B. (나) 자율주행 관련주들의 주가가 올해 연말까지 상승하겠구나 :
이 주장은 지나치게 단정적입니다. 상승보다는 주가가 연말에 변동성을 보일 수도 있다는 말이 적합하며 일정이 취소되거나 변경될 수도 있어서 꼭 상승한다고 단정할 수 없습니다. 실제로 현대차는 자율주행 레벨3을 연말 적용할 예정이었으나 계획이 미뤄졌습니다.

C. (가)보다 (나)가 추가 발표나 후속 보도가 나올 가능성이 크겠구나 :
틀린 가능성입니다. (나) 역시 상용화 일정 외에 추가 발표가 나온다고 보장할 수 없습니다.

D. (가)와 (나) 모두 위 뉴스만으로 추가 발표나 후속 보도가 나오는지는 알 수 없다. :
맞습니다. 이 뉴스 이후의 이벤트는 예측하기 어렵습니다.

〈2번 출제의도〉

두 번째 문제는 뉴스에 담긴 재료의 지속력을 판단해 보게 하려는 의도였습니다. 일정이 명확하지 않거나 애매한 경우에는 시장에서 오랫동안 관심을 가지기 어렵습니다. 반면, 일정이 확실한 재료는 이벤트가 나올 가능성이 커서 더 오래 주목받을 수 있습니다. 따라서 지속력을 판단힐 때 '명확한 일정'과 '반복적인 이벤트'가 중요한 기준이라는 것을 알 수 있습니다.

〈3번 정답〉

② 방중 결과와 관련한 기자회견이 끝나면 재료소멸로 판단하고 관심을 끊어야겠군

옐런 장관의 방중 이후 관세나 무역 제재 같은 추가 발표가 나올 가능성이 남아 있습니다. 따라서 기자회견이 끝나더라도 해당 이슈에 대한 관심을 끊는 것은 시기상조입니다. 물론 일정이 종료돼 재료소멸로 주가는 조정받을 수 있지만 추가적으로 나올 수 있는 이벤트가 존재한다면 주가는 다시 반응할 수 있습니다. 따라서 관심을 끊기보다는 해당 뉴스와 관련주를 계속 모니터링 하는 것이 중요합니다.

〈3번 출제의도〉

세 번째 문제는 옐런 장관의 방중 일정과 후속 발언이 이어지는 상황을 통해 이벤트의 흐름과 주가 변동을 어떻게 판단해야 하는지를 생각해보도록 했습니다. 특히 이벤트가 종료된 이후에도 재료가 완전히 소멸되었다고 단정하기 어렵다는 점을 강조했습니다. 일정이 끝난 뒤에도 추가적인 이슈나 후속 조치가 나올 수가 있습니다. 따라서 이후에 발생할 수 있는 변수들을 염두에 두고, 관련 뉴스를 지속적으로 모니터링해야 한다는 것을 알려주려는 의도였습니다.

〈4번 정답〉

④ 혁신적 트렌드, 산업 전반에 파급력

자율주행차와 같은 혁신 기술은 단순한 산업 이슈를 넘어 미래 산업을 주도할 트렌드로 분류됩니다. 게다가 테슬라와 같은 글로벌 기업의 행보가 산업 전반에 강한 파급력을 전파해 지속적인 관심과 주가의 변동성을 유발합니다.

① 글로벌 이슈, 대중의 호기심
오답 이유: 자율주행차 소식은 전쟁이나 전염병 같은 글로벌 이슈로 보기 어렵습니다. 또한 단순히 대중의 호기심만으로는 변동성이 두 달 가까이 유지되기는 어렵습니다.

② 과학적 발견, 단기적인 유동성
오답 이유: 자율주행차 상용화는 새로운 물질 발견과 같은 과학적 발견이 아닙니다. 또한 단기적인 유동성은 문맥에 적합하지 않습니다.

③ 대중적 신드롬, 산업 내 신뢰도
오답 이유: 자율주행차가 대중의 주목을 받는 것은 사실이지만 사회적 열풍으로 확산된 사례로 보기는 어렵습니다. 더불어, 변동성을 유발한 주요 요인은 산업 내 신뢰도보다 혁신 기술에 대한 기대감입니다.

〈4번 출제의도〉

네 번째 문제는 재료의 일정이 명확하지 않더라도 혁신적인 트렌드가 시장에 큰 영향을 미칠 수 있으며, 테슬라 같은 글로벌 기업이 움직이면 산업 트렌드가 형성되어 주가 변동성에도 영향을 준다는 것을 알려주려는 의도였습니다.

⟨5번 정답⟩

② 1개월 ~ 2개월

대부분의 테마주나 특정 산업에서 이슈 발생 직후 큰 변동성을 보이다가 시간이 지나면 시장의 관심이 줄어들며 자연스럽게 변동성이 감소합니다. 처음에는 재료가 신선하여 주목받지만, 시간이 지나면 투자자들의 관심이 다른 곳으로 이동하기 때문입니다. 일반적으로 이런 큰 변동성은 약 1~2개월 동안 유지되는 것이 보통이며, 이후 재료의 소멸과 함께 거래량도 급감하는 양상을 보입니다. 다만, 재료의 특성에 따라 변동성이 예상보다 더 길게 유지되거나 반대로 빠르게 사그라들 수도 있습니다.

⟨5번 출제의도⟩

단기 및 스윙 매매에서 변동성에 집중한 전략은 주어진 기간 내에 투자해야 하므로, 변동성의 평균 지속기간을 파악하는 것이 중요합니다. 이를 알려주려는 의도로 출제되었습니다.

다음은 위 퀴즈에서 참고한 차트로 해당 이슈(가)와 (나)와 관련된 테마주들의 흐름입니다.

[그림88] (가)SDN 일봉차트

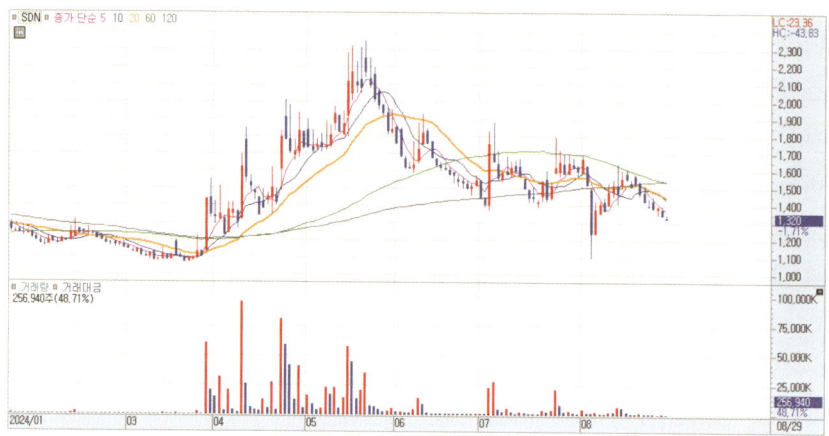

태양광 관련주인 SDN입니다. 주가는 3월 28일부터 약 2개월간 큰 변동성을 보이며 5월 중순까지 상승세를 이어갔습니다. 이후 거래량이 급감하면서 주가는 긴 조정을 겪었습니다.

[그림89] (나)모바일어플라이언스

　자율주행 관련주인 모바일어플라이언스입니다. 주가는 8월 30일 상한가 달성 후, 약 2개월 남짓 큰 변동성을 보이며 10월 중순까지 상승세를 이어갔습니다. 하지만 그 이후부터 주가는 긴 조정을 겪었습니다.

태양광 관련 뉴스 타임라인 (한국시간 기준)

3월 28일
옐런 장관이 조지아주의 태양광 제조업체 방문, 중국의 과잉생산이 국제가격과 생산질서를 왜곡한다며 적절한 조치를 취할 것이라 언급, 내달 중국 방문 예정

4월 3일
옐런 장관, 3~9일 중국 방문 발표. 방중 중 불공정 무역과 과잉생산 문제 논의 예정

4월 4일 ~ 4월 8일
옐런 장관, 4일부터 닷새간 중국 경제 인사들과 회담 시작

4월 9일
옐런 장관, 중국산 태양광 패널 저가 생산 문제에 대해 잠재적 관세 부과 가능성 언급

4월 10일
중국, 미국의 경고에도 불구하고 태양광 등 첨단기술 분야의 산업 장비 투자를 확대하겠다는 방안을 발표

4월 16일
미국 행정부, 중국산 태양광 패널에 대한 무역법 301조를 통한 관세 부과 가능성을 검토 중

4월 18일
미국 바이든 행정부, 양면형 태양광 패널에 대한 관세 부과 검토 중. 양면형 태양광 패널은 현재 관세 면제 대상이지만, 중국산 제품과의 경쟁을 보호하기 위해 관세 부과 가능성 언급

4월 22일
샘 올트먼, 태양광 스타트업 엑소와트에 2000만 달러 투자. AI 데이터센터 전력 수요 해결 목표

4월 25일
미국 태양광 업계가 중국산 제품에 대한 고율 관세를 요청, 미·중 무역 분쟁 확산 우려

5월 2일
마이크로소프트, 데이터센터 전력 확보를 위해 재생에너지에 14조 원 투자 발표

5월 4일
한미 양국, 중국산 태양광 제품 과잉 공급에 공동 대응하기로 합의

5월 10일
미국, 중국산 전기차, 배터리, 태양광 패널에 대한 관세 부과 계획 발표

5월 14일
미국, 중국산 태양광 패널 관세를 25%에서 50%로 인상 결정

5월 16일
미국, 양면형 태양광 패널 관세 면제 종료 및 동남아 4개국에서의 우회 수출 차단 조치 발표

5월 23일
미국, 중국산 수입품 관세 인상 8월 1일 발효 예정, 6월 28일까지 의견 수렴

6월 7일
미국 관세 유예 만료로 인해 중국의 태양광 업체들이 동남아 일부 생산 중단

6월 8일
미국 국제무역위원회(ITC), 동남아 4개국 태양광 패널에 대한 관세 조사 결정

7월 3일
한국 정부, 2030년까지 산업단지 태양광 6GW 보급계획 발표

자율주행 관련 뉴스 타임라인

8월 30일
현대차, 연말까지 시속 80km까지 가능한 레벨3 자율주행차 상용화 추진 소식에 상승. 테슬라의 슈퍼컴퓨터 플랫폼 개발소식도 함께 전해지며 관련주 상승

9월 5일
삼성전기, 미국 자동차 업체(테슬라 추정)와 카메라 모듈 공급계약 체결 소식에 상승. 이번 계약으로 삼성-테슬라의 미래차 협업 강화 평가

9월 7일
퀄컴과 AWS, 자율주행·소프트웨어 정의 자동차 부문 협력발표

9월 12일
모건스탠리, 테슬라 슈퍼컴퓨터 '도조'로 자율주행 사업 확장기대감에 테슬라 목표주가 상향

9월 27일
독일 BMW, 레벨3 자율주행 허가 획득 소식. 연내 BMW7시리즈에 도입될 예정

10월 5일
한국 정부, 모빌리티 규제 샌드박스 도입 계획 발표. 자율주행 심야 셔틀·택시 등의 상용화 추진 예정. 관련 근거법은 10월 19일부터 시행

10월 6일
현대차의 미국 자율주행 합작법인 모셔널, 완전 무인자율주행차 상용화 최종 테스트 완료 소식. 연말에 완전한 자율주행 로보택시 공개 예정

11월 1일
테슬라, 오토파일럿 관련 사망사고 소송에서 승소. 이는 자율주행 관련 첫 민사 소송이었으며, 이후 비슷한 소송에 영향을 미칠 것으로 예상됨

여기까지 문제를 풀고 답과 출제 의도, 차트와 뉴스의 타임라인을 확인했다면 몇 가지 의문이 생길 수 있습니다.

첫째, (가)처럼 대중적인 파급력이 낮아도 단기간 주가의 변동성이 이어질 수 있다는 점입니다. 앞서 언급했듯이 대중적인 파급력이 낮은 재료도 특정 산업의 중요한 변화가 있을 수 있다면 그것 자체로도 큰 변동성을 일으킬 수 있다고 하였습니다.

3월 28일 뉴스를 참고하자면 미국이 중국 태양광 업체들의 공급 과잉문제를 해결하겠다는 의지를 밝히면서 해당 산업에 변화를 예고했습니다. 실제로 옐런 장관의 방중 이후 약 두 달 내에 5월 14일 미국 정부는 중국산 태양전지에 대한 관세를 25%에서 50%로 두 배 인상했

습니다. 또한 중국 업체들이 태국, 베트남 등 동남아 국가를 통해 우회 수출하는 것을 차단하기 위해 동남아산 태양광 패널에 대한 관세 유예 조치도 종료하기로 했습니다.

하지만 미국이 이러한 조치를 취하기 전에 국내 태양광 관련주들은 이미 관세 인상에 대한 기대감으로 주가가 상당히 상승한 상태였고, 조치 후에는 재료소멸로 하락하기 시작했습니다.

이렇게 산업의 중요한 변화가 있을 것이란 기대감이 주가의 변동성을 일으키고 재료의 지속력에 따라 변동성의 유지 기간도 달라질 수 있습니다.

산업의 중요한 변화는 대표적으로 정부 정책 발표, 규제 완화, 기술 개발 및 신제품 출시, 산업 내 경쟁 구도 변화, 글로벌 공급망 변화, M&A, 승인 또는 인허가 결정, 금리 및 환율 변동, 무역 협상, 글로벌 기업의 사업확장 및 투자, 글로벌 기업의 실적발표, 신기술 트렌드, 외교 관계 변화 등이 있겠습니다.

특히 이런 이슈들은 개별 종목보다 특정 테마군에 속한 종목들이 더 큰 변동성을 보입니다. 같은 이슈나 소식에 여러 종목이 동시에 반응하기 때문에 투자자들의 관심이 몰리기 쉽고 거래가 활발해지며 주가의 변동폭이 커지게 됩니다. 이에 따라 스윙 매매에서 좋은 매수, 매도의 기회가 자주 나타날 수 있습니다.

따라서 대중적 관심을 끄는 재료뿐만 아니라 산업의 흐름도 매의 눈으로 빠르게 포착하고 분석해야 합니다. 기회를 놓치지 않으려면 작은 단서도 꼼꼼히 찾아내는 태도가 필요하며 동시에 주가의 흐름을 지속적으로 모니터링 하면서 최적의 매수 타이밍을 기다려야 합니다.

둘째, (가)의 3월 28일 뉴스에서 재닛 옐런은 "중국의 과잉생산이 국제 가격과 생산 질서를 왜곡하고 있다. 이에 적절한 조치를 취하도록 중국을 압박할 것"이라고 언급했습니다. 그러나 이 뉴스에서는 단지 '~할 것'이라는 표현만 있을 뿐, 구체적으로 언제 무엇을 할 것인지에 대한 일정은 명시되지 않았습니다.

재료의 관점에서 보면 이 뉴스만으로는 당장 주가가 지속력이 있다고 확신하기 어렵습니다. '~할 것'과 같은 구체적 일정이 포함되지 않은 막연한 내용일 경우, 직접 검색해서 추가 정보를 찾아야 합니다. 되도록 '언제 ~할 것'이라는 명확한 일정이 포함된 정보여야 합니다. 일정이 포함된 재료는 주가의 변동성 기간을 어느 정도 가늠하게 하며 매매 타이밍을 잡는 데 도움을 줍니다.

당시 (가)와 관련된 정보를 더 찾아보면 일정에 대한 구체적인 내용을 쉽게 파악할 수 있었는데요. 예를 들어, '옐런, 내달 중국 방문 예정'이라는 뉴스가 있었습니다. 이렇게 일정 정보를 찾아내면 재료의 지속력을 정확히 판단할 수 있습니다.

특히 일정이 가까워질수록 시장 참여자들의 관심이 집중되면서 단기적인 변동성이 커지는데, 이때 변동성을 이용해 박스권 매매를 활용하면 높은 수익을 기대할 수 있습니다. 다만, 일정이 임박한 시점에는 재료가 소멸되면서 급격한 조정이 발생할 수 있으므로 주의를 기울여야 합니다.

[그림90] 한미글로벌 일봉차트

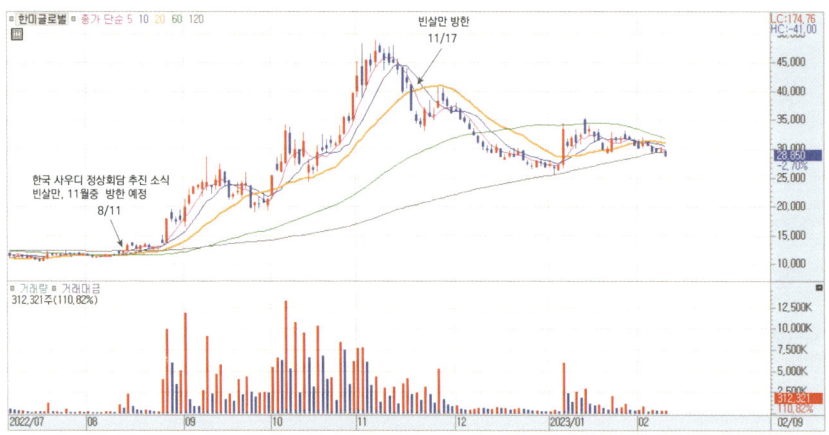

　　비슷한 예로 22년 8월 중순, 사우디아라비아는 초대형 프로젝트인 네옴시티 건설을 협력하기 위해 11월에 한국을 방문할 예정이라고 발표했습니다. 이 발표와 함께 한미글로벌이 네옴시티 테마주로 주목받으며 주가가 일정에 따라 상승하는 모습을 보였습니다.

　　통상적으로 일정이 명확하게 발표되면 해당 테마주는 일정이 다가올수록 매수세가 몰리며 큰 변동성을 동반해 상승하는 경우가 많습니다. 이후 일정이 임박하거나 종료되면 재료소멸로 인식돼 차익 실현 매물이 쏟아지게 됩니다.

　　그러니 예외적으로 일정이 끝나고 후속 이벤트가 남아있거나 해당 이벤트가 기업의 실적에 직접적인 영향을 줄 경우, 조정받더라도 주가의 상승 흐름이 유지될 수 있습니다. 즉, 일정 종료 후 후속 발표나 실적 개선 기대감으로 주가는 강세를 보일 수 있다는 것이죠.

정리하자면 단순한 "일정 종료 = 재료소멸 = 하락" 공식으로 움직이는 종목들도 있는 반면에 일정 이후의 기대감, 후속 이벤트에 따라 주가의 흐름은 언제든 달라질 수 있습니다.

셋째, 언제 ~할 것'이라는 구체적 정보가 없거나 재료의 일정이 멀리 있을 때도 주가는 단기간 변동성을 보일 수 있습니다. 예를 들어, [그림 89]의 모바일어플라이언스 사례가 이에 해당합니다. 이 테마는 일부 언론 보도를 통해 연말에 현대차의 자율주행 3단계 상용화가 추진될 가능성이 제기되면서 주목받기 시작했습니다.

보통 구체적인 일정이 없거나 재료의 일정이 멀리 있을 때는 주가가 한 번 반짝 상승한 후 빠르게 시장의 관심이 식으면서 이후에는 별다른 변동성 없이 서서히 하락하게 됩니다. 시장이 당장 지속 가능한 이벤트나 즉각적인 기대감을 선호하기 때문입니다.

그러나 자율주행 테마처럼 그 재료가 대중적으로 큰 관심을 끌거나 혁신적인 기술과 관련된 경우, 변동성이 더 오래 지속될 수 있습니다. 특히 테슬라 같은 글로벌 기업이 주도하는 혁신적인 기술이나 산업 트렌드와 관련된 뉴스는 산업에 큰 영향을 미칩니다. 이러한 뉴스는 대중과 투자자들의 지속적인 관심을 끌어모아 주가변동성이 예상보다 더 오래 유지될 수 있습니다.

다만, 이 변동성이 유지될 수 있는 기간은 한국 시장에서는 평균적으로 1~2개월, 길게는 3개월 정도입니다.

아쉽게도 우리네 한국 시장은 단기적인 매매 중심의 투자 성향이 강하기 때문입니다. 그래서 무엇보다 중요한 것은 변동성이 지속되지 않을 종목을 걸러내는 것입니다. 특정 재료로 인해 주가가 큰 변동성을 보이며 급등하더라도, 얼마 안 가 시장의 관심을 잃고 반등 없이 하락세로 전환되는 경우가 생각보다 많습니다.

2) 박스권 실패 사례

[그림91] 대명에너지 일봉차트

당시 9월 중순, 미국 대선 후보였던 해리스의 지지율 상승세로 신재생 에너지 관련주가 수혜를 받을 것이라는 기대감에 대명에너지가 단기간 급등했습니다. 이후 거래량이 급격히 줄어들며 주가는 반등 없이 하락세를 이어갔습니다. 적어도 미국 대선 일정까지는 주가가 조정받는 동안 큰 반등을 기대해 볼 수 있었지만, 위 차트에서는 그런 반등조차 없이 지속적인 하락세를 보였습니다. 11월 초에 반등이 나타났지만, 일시적인 기술적 반등에 그쳤습니다.

이처럼 변동성이 지속되지 않고 급격히 사라지는 패턴이 자주 발생하기 때문에 재료를 신중하게 판단해야 합니다. 만약 위와 같은 종목을 매수했다면, 박스권 하단을 이탈하거나 장기이평선(60일선 등)을 이탈하면 빠르게 손절로 대응해야 합니다.

[그림92] 파미셀 일봉차트

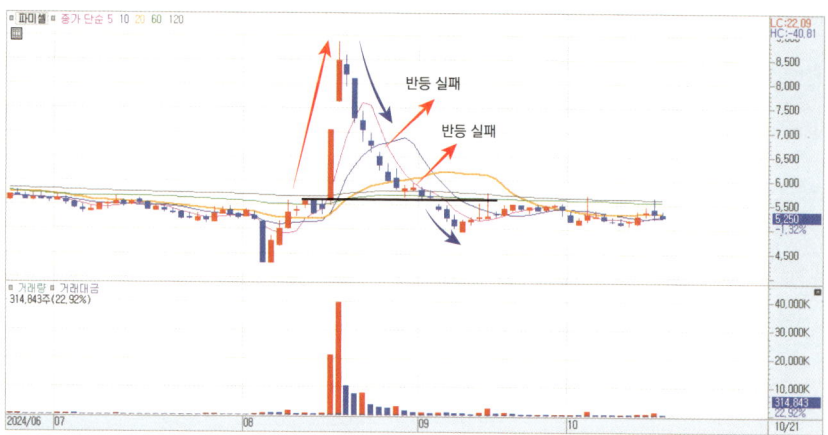

　8월 중순, 원숭이 두창으로 알려진 엠폭스가 아프리카를 중심으로 전 세계적으로 확산될 우려가 커지자 WHO가 공중보건 비상사태를 선포했고 이에 따라 관련주들이 급등했습니다. 그 중 파미셀의 주가는 단기간 급등한 후, 아무런 반등도 없이 상승폭을 그대로 반납해 버렸습니다. 보통 10일선이나 20일선 근방에서 한 차례쯤 반등이 있을 법하지만, 전혀 나타나지 않았습니다.

[그림93] 범한퓨얼셀 일봉차트

5월 중순, 현대차가 북미 지역에서 수소 물류 운송 공급망 사업을 본격화한다고 발표하면서 수소 관련주들이 급등했습니다. 당시 범한퓨얼셀 등 관련주들이 단기간 급등했지만, 주가는 뚜렷한 반등 없이 하락세를 이어갔습니다. 60일선 근방에서 일시적인 반등만 나타났을 뿐이었습니다.

[그림94] 플랜티넷 일봉차트

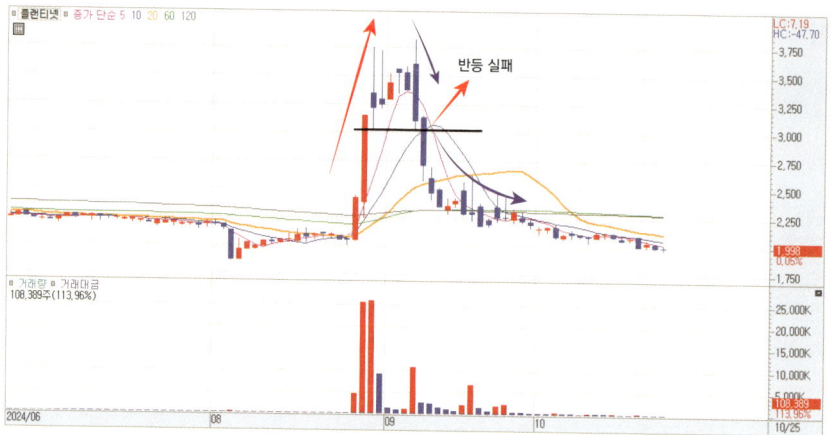

8월 말, 정부가 딥페이크 성범죄 대응에 나서자 인터넷 유해 콘텐츠 차단 기술 기업인 플랜티넷이 딥페이크 테마로 엮이며 단기 급등했습니다. 하지만 주가는 급격히 하락하며 반등 없이 상승폭을 빠르게 반납하였습니다.

[그림95] 인포뱅크 일봉차트

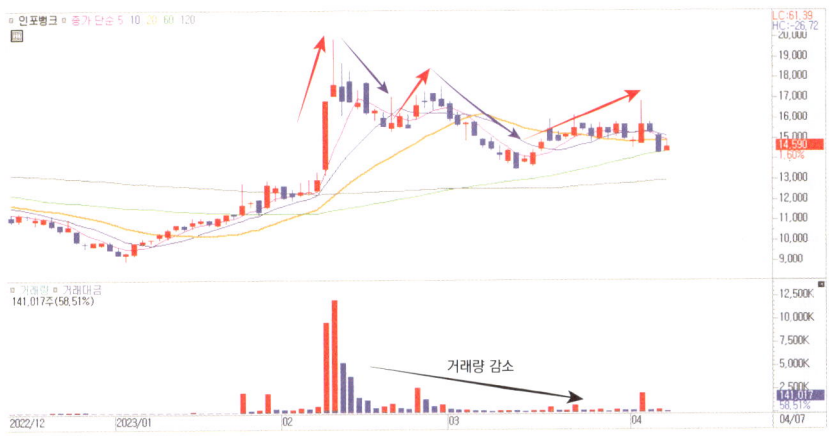

당시 2023년 초 마이크로소프트(MS)가 AI 챗봇 '챗GPT' 개발사인 오픈AI에 수년간 총 100억 달러(약 12조3,000억 원)를 투자한다고 발표하면서 챗봇 관련 기업들이 급등했고, 인포뱅크도 주목받았습니다. 그러나 주가는 한 차례 급등 후 소폭 반등했지만 이후 거래량이 줄어들며 지속적인 하락세를 보였습니다.

이외에도 주가가 급등한 후 반등이 전혀 없거나 소폭 반등에 그친 뒤 하락한 종목 사례는 수없이 많습니다.

①재료의 파급력과 지속력이 약한 테마나 ②파급력과 지속력이 확실한 테마라도 대장주가 아닌 후발주 종목일 경우, ③기술적 분석으로 저항대(큰 매물대)에 맞고 하락할 경우가 주로 해당됩니다. 따라서 변동성을 이용한 박스권 매매를 할 때는 신중하게 재료와 차트, 대장주와 후발주를 잘 파악하고 진입해야 합니다.

만약 재료의 지속력이 애매하거나 알 수 없을 때는 지지를 확인하고 진입합니다. 하지만 지지에 실패하면 빠르게 손절하여 손실을 최소화해야 합니다. 반대로 재료가 좋다고 판단해 주가 하락 시 계획에 맞춰 분할매수를 했지만 반등이 끝까지 안 나올 때가 있습니다. 그땐 사전에 설정한 10% 룰에 따라 손실 금액에 도달했을 때 매도하거나, 미리 정한 손절선에서 빠르게 손절하는 것이 최선의 대응법입니다. 물타기를 시도하다가 비중이 커져 손절하지 못하고 계좌가 묶이는 상황은 반드시 피해야 합니다.

[그림96] 아이큐어 일봉차트

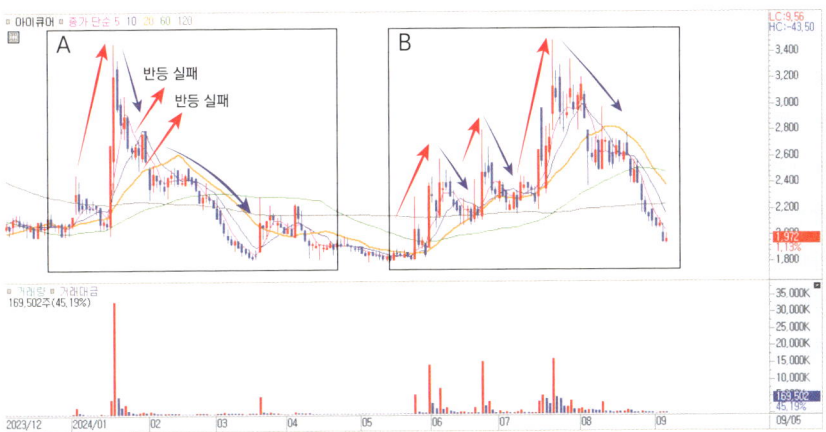

그 외 변동성이 지속되지 않을 가능성이 높은 차트를 구분하기 위해서는 단시간 내에 큰 폭으로 급등한 종목은 의심해야 합니다. 간혹 대장주처럼 큰 폭으로 상승하지만 실상 조정받을 때는 유의미한 반등 없이 하락하는 경우가 많습니다.

즉, 위 아이큐어의 A구간처럼 주가가 대량 거래량을 동반하여 큰 폭으로 빠르게 급등하였으나 이렇다 할 반등 없이 쭉 하락하였죠. 반면에 B구간은 비교적 완만하게 상승하고 조정받으며 저점과 고점을 높여가면서 변동성이 한동안 지속되었습니다.

거래량도 A구간에서는 한번 급증한 이후로 급감된 상태가 지속되었습니다. B구간은 거래량 급증 후 며칠 급감했지만, 재차 급증하는 패턴을 반복하며 변동성을 유지했습니다. 차이점이 보이죠. 따라서 B구간처럼 변동성이 지속될 것 같은 종목에서만 박스권 매매를 해야 승률이 높아집니다.

[그림97] 미래반도체 일봉차트

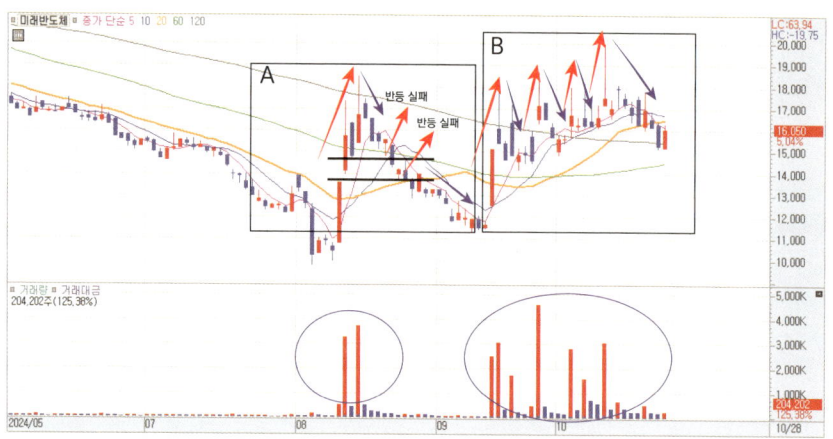

위 차트도 마찬가지입니다. A구간에서 주가는 대량 거래량을 동반하여 빠르게 급등하였으나 반등에는 실패하였습니다. B구간은 적절하게 상승하고 조정받으면서 변동성이 한동안 지속되었죠. 거래량도 급감된 후 다시 거래량이 급증하는 패턴을 반복하였습니다.

통상적으로 거래량이 급감이 시작된 후, 다시 거래량이 급증할 때까지 2주 이상을 크게 넘기지 않습니다. 그 기간 안에 유의미한 거래량이 유입되어서 주가가 반응하는 경향이 있습니다. 결론적으로 A구간처럼 빠르게 급등한 구간에서 박스권을 예상하고 매수하더라도 변동성이 사라질 수 있으므로 예상했던 박스권의 하단을 이탈하면 빠르게 **손절로** 대응해야 합니다.

[그림98] 알서포트 일봉차트

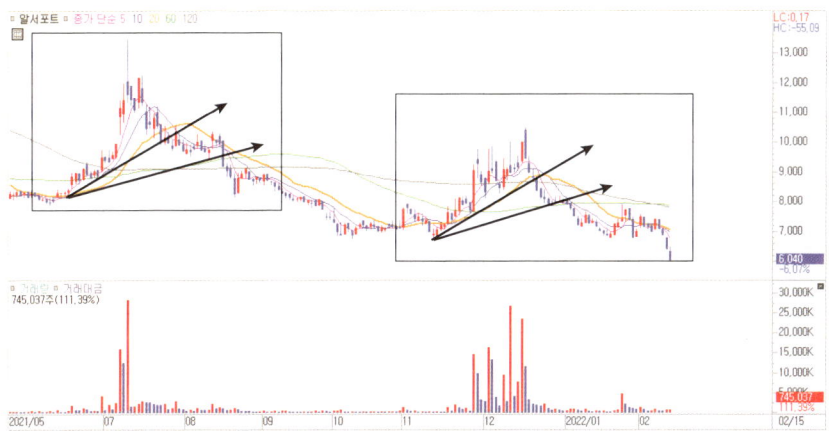

그리고 아무리 좋은 재료라 할지라도, 주가가 상승 추세선을 이탈한 상태라면 본격적인 하락 국면으로 전환될 가능성이 높습니다. 이 경우 반등 없이 하락세가 지속될 수 있으므로 주의를 기울여야 합니다. 위의 알서포트 차트를 보면, 박스친 구간의 주가가 20일선과 60일선을 이탈한 시점에서 주가는 하염없이 흘러내렸습니다.

[그림99] 알서포트 월봉차트

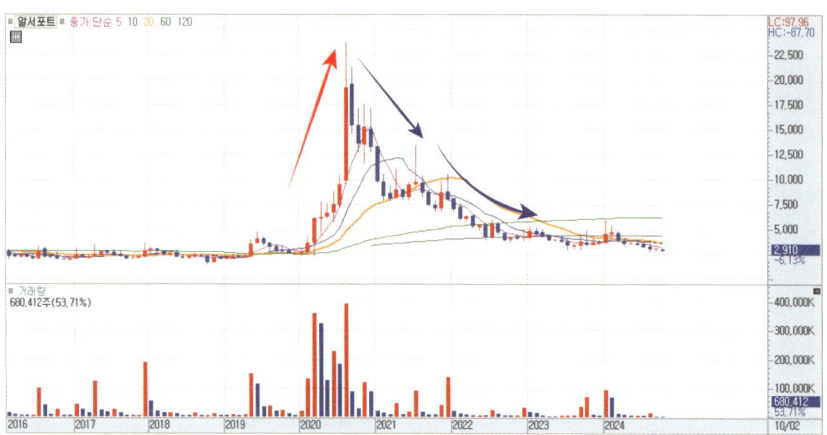

왜냐하면 차트를 주봉이나 월봉차트로 보았을 때 주가가 이미 한 차례 큰 폭으로 상승한 후, 하락하는 도중에 나타나는 일시적인 반등세였기 때문입니다.

그래서 [그림98]처럼 일봉 차트상 급등이 크게 발생했더라도 주가가 20일선의 추세나 장기이평선(60일선 등)의 상승추세선을 이탈하면 오랜 시간 흘러내릴 가능성이 높으므로 무턱대고 하락할 때마다 분할 매수하는 것은 위험할 수 있습니다. 하더라도 손절을 짧게 설정한 후, 박스권 하단부에서 지지를 확인하고 진입하는 것이 안정적입니다.

따라서 차트를 볼 때는 월봉이나 주봉 차트에서 하락이 멈추고 바닥권에서 상승으로 전환되는 구간을 주목해야 합니다. 이 경우, 변동성이 비교적 오래 지속될 가능성이 높아집니다.

그러나 이렇게 가려내도 변동성의 지속 여부를 80% 이상 예측하는 것은 불가능합니다. 이 책에 소개된 사례 외에도 실제로 많은 종목을 접하다 보면 '변동성이 한동안 지속될 것 같은데 왜 그러지 못했지?'라는 의문이 드는 경우가 한 트럭은 될 정도로 많습니다. 딱히 명확한 이유도, 해답도 모를 경우가 많습니다.

  이런 점을 감안할 때, 예상치 못한 상황에 대비하기 위해서 철저한 리스크 관리가 가장 중요하겠습니다.

제5부

박스권 전략 실전연습

이번 제5부에서는 박스권 매매를 직접 체험할 수 있도록 구성했습니다. 종목의 차트와 재료를 보며 박스권을 어떻게 설정할지, 비중은 어떻게 조절할지 스스로 고민해 보세요.

[그림100] S사 일봉차트1

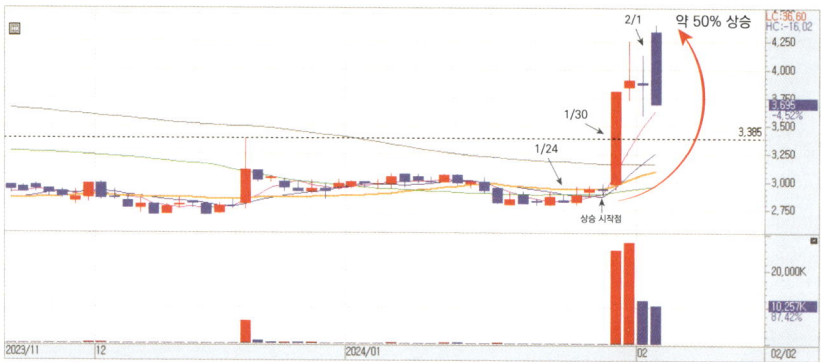

관련 뉴스 요약

1/24	금융위원장이 기업의 주주가치 제고를 위해 '기업밸류업 프로그램' 도입할 예정이라 발표함. 주요 내용은 상장사의 투자 지표 비교 공시, 기업가치 개선 계획 공표 권고, 우수기업 지수 개발 및 ETS 도입으로, 2월 중 발표 예정임.
1/30	S사, 기업 밸류업 프로그램 기대감 지속에 따른 저PBR 업종 수혜 전망 등에 상한가
2/1	최상목 부총리는 미국 금리 동결에 따른 불확실성에 대비하고, 이달 중 '기업 밸류업 프로그램'을 발표해 국내 자본시장 체질 개선을 위한 정책노력을 강화하겠다고 밝힘.

[그림101] 관련종목 : M사

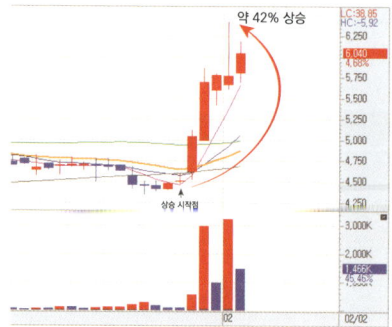

※ 박스권을 어떻게 그릴 것인지 ①~③에서 선택할 것(또는 관련종목 선택해 직접 박스권을 그려볼 것).

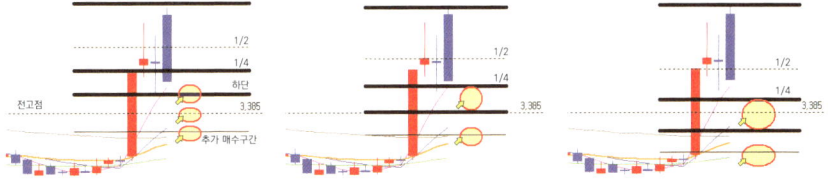

※ 매수 계획은 어떻게 할 것인지 ㄱ~ㄷ중 선택할 것(또는 직접 설정할 것). 손절 계획도 스스로 설정할 것.

ㄱ. 30% → 30% → 40% (3분할)   ㄴ. 15% → 35% → 50% (3분할)   ㄷ. 40% → 60% (2분할)

※ 다음은 각 선택지에 따른 결과

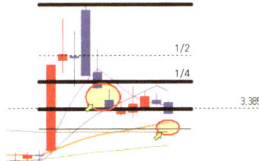 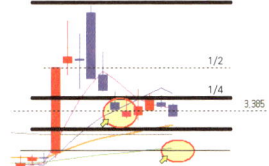

ㄱ. 30% → 30% → 40% [3분할]
경과: 1차, 2차 매수체결
매수비중/여유비중: 60%/40%

ㄴ. 15% → 35% → 50% [3분할]
경과: 1차, 2차 매수체결
매수비중/여유비중: 50%/50%

ㄷ. 40% → 60% [2분할]
경과: 1차 매수체결
매수비중/여유비중: 40%/60%

ㄷ. 40% → 60% [2분할]
경과: 1차 매수 일부만 체결
매수비중/여유비중: 40%내/
60%이상

[그림105] S사 일봉차트2

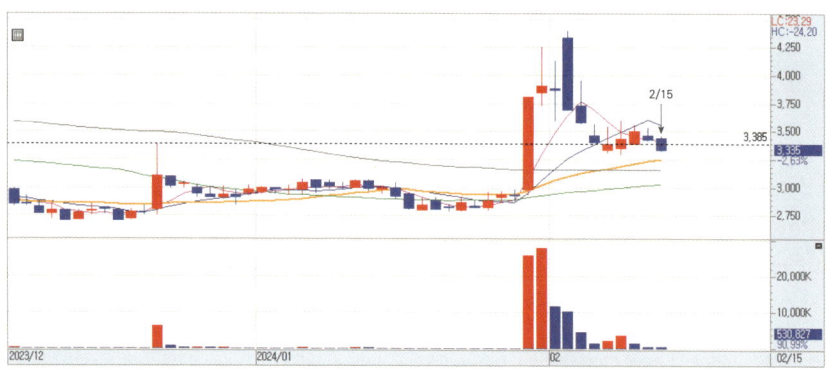

	관련 뉴스 요약
2/15	경제 부총리는 미국 금리 동결에 따른 불확실성에 대비하고 이달 중 '기업 밸류업 프로그램'을 발표해 국내 자본시장 체질 개선을 위한 정책 노력을 강화하겠다고 밝힘.

[그림106] 관련종목 : M사

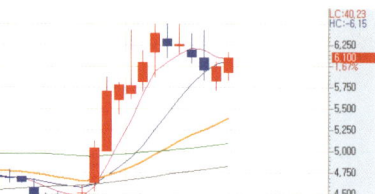

[그림105] 주가는 며칠간 반응이 없습니다. 직전 저점과 20일 이평선을 이탈하면 손절하고 M사를 공략하시겠습니까? 아니면 기존의 매수계획을 고수하며 진행하시겠습니까? 일단 기존의 매수계획을 고수한다고 가정해보겠습니다.

※ 다음은 각 선택지에 따른 결과

① 아래꼬리로 하단설정   ② 전고점, 장대양봉 중심 하단설정   ③ 장대양봉 1/4 하단설정

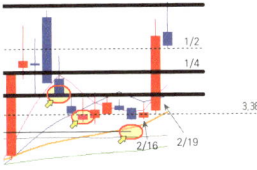 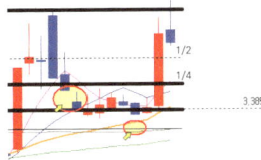 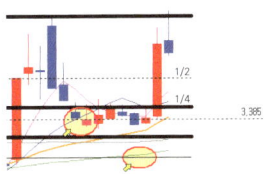

ㄱ. 30% → 30% → 40% [3분할]
최종경과: 1차, 2차 매수체결
매수비중/여유비중: 60%/40%

ㄴ. 15% → 35% → 50% [3분할]
경과: 1차, 2차 매수체결
매수비중/여유비중: 50%/50%

ㄷ. 40% → 60% [2분할]
최종경과: 1차 매수체결
매수비중/여유비중: 40%/60%

ㄷ. 40% → 60% [2분할]
최종경과: 1차 매수체결 or 일부체결
매수비중/여유비중: 40%내/60% 이상

관련 뉴스 요약

2/15	정부가 한국증시의 저평가 현상을 해소하겠다며 구상 중인 '기업 밸류업 프로그램'을 오는 26일 발표 예정.
2/19	코스피, 밸류업 기대감에 장중 2680선 터치…1년 8개월만
2/26	정부는 기업의 자발적 주주가치 제고를 위한 '기업 밸류업 프로그램'을 발표함. '코리아 밸류업 지수' 개발 및 관련 ETS 상장을 추진해 투자 유도를 도모하며 상반기 중 가이드라인을 확정해 하반기부터 기업들이 참여할 수 있도록 다양한 세정지원과 인센티브 제공 계획을 밝힘.

[그림107] 관련종목 : M사

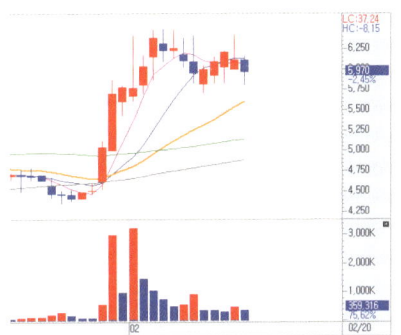

해설

1월 24일 정부가 한국증시 저평가를 위해 기업들의 밸류업 지원 프로그램을 도입할 예정이라는 뉴스가 처음 나왔습니다. 중요한 대목은

재료의 지속력인데 2월 중 발표 예정이라고 했기 때문에 그 기간 동안 관련주는 변동성을 보이며 움직일 가능성이 높다고 판단할 수 있겠습니다. 또한 국내 증시가 전체적으로 개선될 수 있다는 파급력 있는 재료였고, 관련 후속 보도들도 많이 나올 수 있었던 재료였습니다.

그래서 얼마 지나지 않아 1월 30일 S사와 M사 등 여러 관련주가 그 기대감으로 상승하였습니다. 여기서 M사를 공략할 수도 있지만 당시 S사보다 상승률이 적어 2등주로 분류합니다. 한편 대장주인 S사의 박스권 하단을 설정할 때 팁을 드린다면 아래꼬리(①)를 하단으로 설정하는 것은 장대양봉 다음 날부터 3일 이내 종가가 연속으로 큰 상승세를 보일 때 설정하는 것이 좋습니다. 예를 들면 23page [그림4]의 센즈랩 일봉차트처럼 말이죠. 즉 높게 올라가는 주식이 있다면 박스권 하단을 올려 잡습니다.

반면 장대양봉 다음 날부터 3일 이내 종가의 큰 상승세가 이어지지 않으면, 일반적으로 박스권을 낮춰 설정합니다. ②와 ③의 박스권 하단 설정은 개인차가 있을 수 있어 어느 것이 정답이라고 말할 수 없습니다.

개인의 판단과 성향이 모두 다르기 때문입니다. 차트와 재료가 확실하다고 판단되면, 박스권 하단을 장대양봉의 중간에 맞추거나 보다 더 안정적으로 하려면 장대양봉의 1/4 정도에 설정할 수 있습니다.

하지만 예외적으로 해당 재료가 너무 월등하고 주가가 크게 하락하지 않을 것 같다고 판단된다면 위 ①처럼 박스권을 공격적으로 높게 잡고 매수할 수도 있습니다. 분할매수 비중을 30%→30%→40%로 설정하거나 박스권을 높게 잡되 15%→35%→50%로 설정하여 더 안정적으로 매수할 수도 있습니다.

　매수는 당연히 삼각분할 비중 매수법으로, 첫 매수에는 적은 비중으로 시작해 점차 주가가 하락할 때마다 매수비중을 늘려가는 방식입니다. 이를 통해 주가 하락 시 평균단가를 효과적으로 낮춰 주가 반등 시 큰 수익금을 얻을 수 있으며, 욕심을 부리지 않고 적당한 수익률을 목표로 한다면 매매의 승률도 꽤 높일 수 있습니다.

　다만, 연습할 때는 안정적으로 첫 매수 시 비중을 최대한 작게 가져가고 박스권 설정도 보수적으로 낮춰 잡아나가는 방식이 좋습니다. 이렇게 하면 주가가 예상과 다르게 움직였을 때도 대응할 여유가 생기고, 현금을 남겨 추가 매수를 통해 평균단가를 효과적 낮출 수 있습니다.

　주식투자는 항상 예측할 수 없는 변수들이 존재합니다. 해당 종목의 악재가 터졌거나 시장이 급락할 수도 있기 때문에 초기 매수부터 비중을 작게 두어 리스크를 최소화하고 상황에 따라 추가 매수를 유연하게 조정하는 전략이 장기적으로 안정적인 수익을 만들어 내는 데 매우 큰 도움이 됩니다.

　그리고 재료의 파급력과 지속력이 확실하다면 계획대로 매수를 진행합니다. 특히 상승초기에 20일선이나 상승 추세가 일시적으로 붕괴되더라도, 재료가 유효하다면 매도하지 않고 매수 계획을 유지합니다. 반면 재료의 파급력과 지속력이 불확실할 경우 오히려 비중을 줄이거나 손절로 대응합니다.

S사는 재료의 파급력과 지속력이 있어 20일선을 이탈하더라도 계획대로 매수를 진행합니다. 손절하더라도 장기이동평균선(예: 60일선 등)이나 상승 추세선을 이탈할 때 또는 박스권 하단을 이탈할 때 합니다. 최종적으로는 손절 한도 금액을 넘어가지 않는 선에서 적은 손실로 마무리 짓는 것을 목표로 합니다.

재료의 파급력, 지속력이 좋고 대장주 급의 종목들이 예상외로 크게 하락하더라도 비중을 잘 지켜 매수한다면 손절보다는 대부분 본전이나 약손절로 탈출할 기회가 주어집니다.

하지만 계획대로 매수 중이라도 주가가 더 하락하게 되면 심리적으로 불안감이 커질 수 있습니다.

"비중은 계획대로 채우고 있지만, 위태로워 보이는데…, 정말 이 주식이 상승할까? 더 떨어질 것 같은데?"

이러한 생각으로 인해 추가 매수를 주저하게 되는 경우가 종종 발생할 수 있습니다.

이미 계획을 세웠다면 감정에 흔들리지 않고 원칙을 지켜야 합니다. 재료가 확실하고 대장주 급의 종목이라면 일시적인 추가 하락은 흔히 있을 수 있는 일입니다. 일희일비하지 않고 원칙에 따라 철저하게 준비한 전략을 따른다면 결국 장기적으로 안정적이면서도 꾸준한 수익금을 얻을 수 있을 것입니다.

[그림108] S사, M사 주가 비교

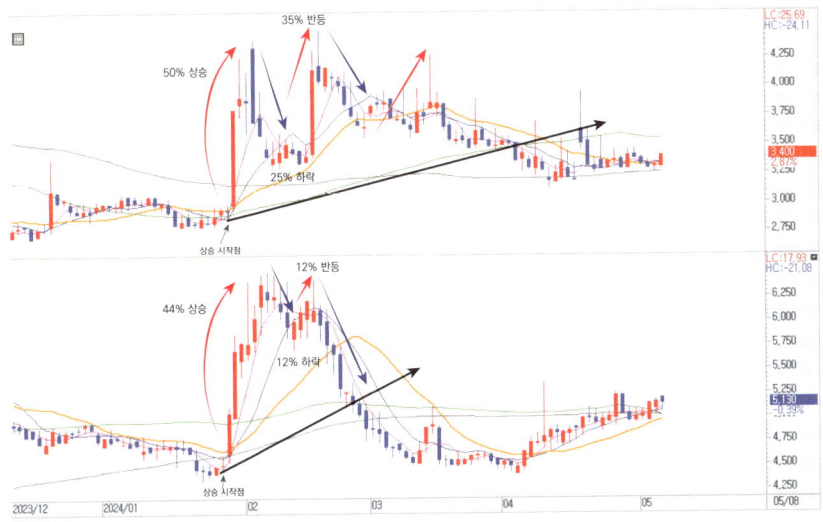

해당 종목의 주가를 비교해 보겠습니다. S사는 재료 발생 시 주가가 50% 상승했고, M사는 44% 상승했습니다. 따라서 S사가 M사보다 상승폭이 크기 때문에 대장주로 볼 수 있습니다. 그러나 주가 조정 시 M사가 12% 하락한 반면, S사는 25% 하락해 상대적으로 큰 폭으로 조정받았습니다. 이러면 어떤 종목을 선택해야 할까요? 실제로 매매할 때 이같이 애매한 상황이 자주 발생합니다. 대장주의 일반적인 특징은 후발주보다 상승폭이 크고 하락폭이 낮은 경향을 보인다고 했습니다. 다만, 상승폭이 제일 크면서도 어느 정도의 하락폭이 있는 종목이 큰 변동성을 보일 수 있기 때문에 급등락을 이용한 박스권 매매에서는 S사 같은 종목을 공략해야 합니다. 물론 M사도 공략할 수 있으나 이때는 첫 눌림목 구간의 반등을 목표로 하는 것이 좋고 그 이후에는 변동성이 큰 대장주 종목들에 집중하여 매매하는 것이 유리합니다.

따라서 위 [그림108]의 두 차트를 보면 S사는 큰 반등 이후 추가 반등을 시도하며 변동성 있는 흐름을 보였지만, M사는 반등 후 상승폭을 완전히 반납했습니다. 재료를 잘 파악했더라도 변동성이 낮은 후발주 종목에서는 큰 폭의 상승을 기대하기 어려우니 이 점을 염두에 두시길 바랍니다.

[그림109] E사(위), H사(아래)

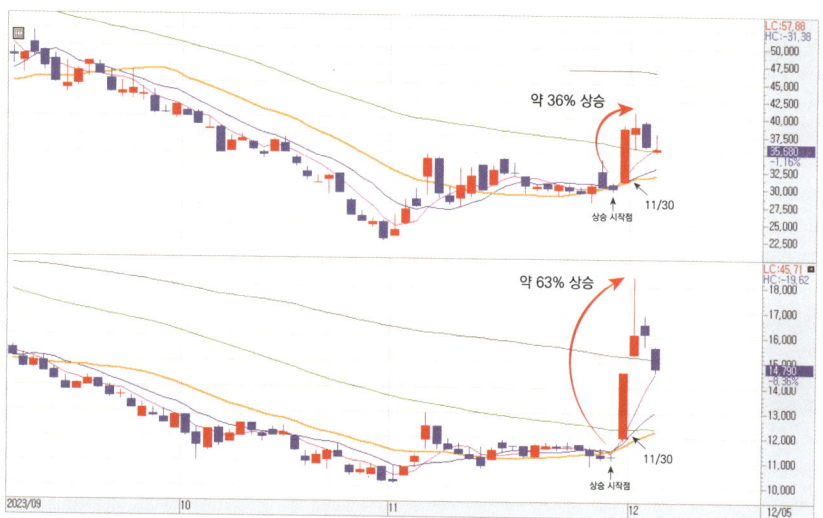

관련 뉴스 요약

11/30	'꿈의 배터리'로 불리는 전고체 배터리 등 차세대 배터리 기술 개발을 위해 1,172억3,000만 원(국비 820억 6,000만원) 규모의 예비타당성조사(예타)가 통과됨. 2024년부터 2028년까지 전기차용 황화물계 전고체 이차전지, 리튬메탈 이차전지, 도심 항공용 리튬황 이차전지가 개발될 예정, 2025년부터 2030년까지 여러 산업에 적용 가능한 15대 공통 핵심 뿌리 기술이 개발될 계획. 한편, 현대자동차가 가성비가 높은 '리튬인산철(LFP)' 배터리 개발을 삼성SDI, LG에너지솔루션과 협업해 2024년까지 완료할 계획으로 중저가 전기차 모델에 반영할 예정임. 이 같은 소식 속 E, H사 등 2차전지 및 전기차 테마가 동반상승.

※ 위의 E사와 H사는 전고체 테마 종목이다. 둘 중 어느 종목을 공략하며 박스권을 어떻게 그릴 지 선할 것
※ 1차 분할매수는 40%, 2차 분할매수는 60%로 매수한다고 가정

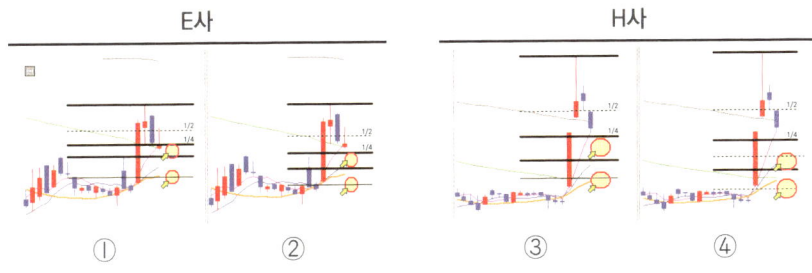

※ 다음은 각 선택지에 따른 결과

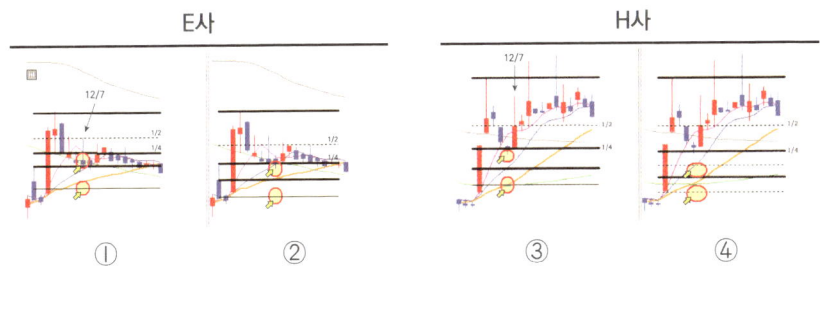

관련 뉴스 요약

12/7	삼성SDI는 중대형전지사업부 내 'ASB 사업화 추진팀'을 신설해 전고체 배터리 사업을 본격적으로 추진할 계획을 밝힘. 이 같은 소식 속, 일부 2차전지(전고체) 테마가 상승

 해설

　H사는 대장주, E사는 2등주로 볼 수 있습니다. H사는 E사에 비해 상승폭과 하락폭이 모두 컸는데요. 앞서 설명했듯이 대장주는 후발주에 비해 상승폭이 크고 하락폭이 낮은 경향이 있지만, 위 사례처럼 상승폭과 하락폭이 모두 큰 경우도 많습니다. 결국 중요한 것은 가장 큰 변동성을 동반하는 종목이냐는 것입니다.

2등주나 후발주는 상승과 하락의 폭이 적어 상대적으로 변동성이 낮을 수 있기 때문에 매매를 하더라도 변동성이 그나마 살아있는 첫 눌림목에서만 진입하는 것이 유리합니다. 시간이 지날수록 대장주든 후발주든 재료의 힘이 약해져 변동성은 점차 줄어들기 때문입니다.

그래서 종목 선택을 할 때 변동성이 큰 대장주인 H사를 고르며 박스권의 폭도 ④처럼 낮게 설정하기보다는 적당하게 ③처럼 설정해야 하겠습니다. 반면, 2등주인 E사도 공략할 수 있지만, 매매 시에는 첫 눌림목에서 반등을 목표로 하며 접근해야 합니다. 이때 박스권은 ①이나 ②처럼 그려도 무방합니다. 비중을 잘 지켜 매매한다면 2등주라도 안정적으로 반등 기회를 노릴 수 있습니다. 차트를 보면 최소한 박스권의 중간은 터치했습니다.

한편 재료의 특징상 전고체 개발을 위한 예비타당성 통과나 대기업의 전고체 투자, 사업화 시작 소식은 일반대중들에게 미치는 관심, 즉 대중적 파급력은 상대적으로 약할 수 있습니다. 하지만 정부의 지원, 대기업의 투자, 개발 등으로 인해 산업 내 패러다임의 전환이나 경쟁구도의 변화 등을 끌어낼 수 있는 재료라면, 이는 산업 내에서 산업적 파급력이 큰 재료로 간주할 수 있습니다.

해당 재료는 기존의 배터리 기술을 새로운 전고체 기술로 대체하게 되며, 관련 산업의 경쟁력과 시장 판도를 크게 바꿀 수 있다는 기대감이 존재합니다. 물론 일반 대중의 관심은 다소 낮더라도 이러한 재료는 변동성이 하루 이틀 반짝하는 것이 아닌 단기적으로도 최소 1~2개월간은 지속될 수가 있습니다.

세력들의 입장에서도 관련된 후속 보도나 추가뉴스가 자주 나올 수 있어 이러한 재료를 이용해 매집하거나 변동성을 유지하면서 주가를 끌어올릴 수 있습니다.

[그림112] E사(위), H사(아래)

주가 흐름을 보면 변동성이 일정 기간 지속된 것을 확인할 수 있습니다. 대장주인 H사가 조정받더라도 장기상승 추세선(60일선 등)을 지지선으로 삼아 상승세를 유지하며 움직였고, 반면 2등주인 E사는 박스권을 형성하며 횡보하는 모습을 보였습니다. 이처럼 산업 내 파급력이 큰 재료가 있는 경우, 대장주는 장기추세선에서 지지받으며 지속적인 상승 흐름을 보이는 경향이 있고 후발주는 일정한 박스권 내에서 횡보하는 모습이 나타날 수 있습니다. 매매 전략을 잘 세운다면 대장주를 장기 상승 추세선에서 꾸준히 모아갈 수 있을 것입니다.

관련 뉴스 요약

2/6	삼성SDI가 2023년 4분기 고객사에 전고체 배터리 샘플을 출하한 것으로 전해짐. 또한 프리미엄 배터리 제품인 'P6'는 2024년 1월부터 양산을 시작함. 이에 따른 증설도 차질 없이 준비 중으로 알려짐. 이 소식에 일부 전고체 배터리 관련주가 상승함. 전남대 연구팀이 전고체 배터리 성능과 양산 가능성을 높인 복합 고체 전해질을 개발

※ E사와 H사 둘 중, 어느 종목을 공략하며 박스권을 어떻게 그릴 지 선택할 것
※ 1차 분할매수는 40%, 2차 분할매수는 60%로 매수한다고 가정

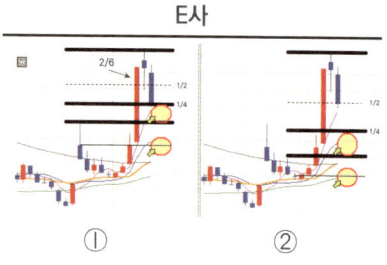
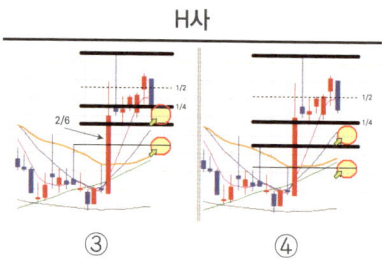

※ 다음은 각 선택지에 따른 결과

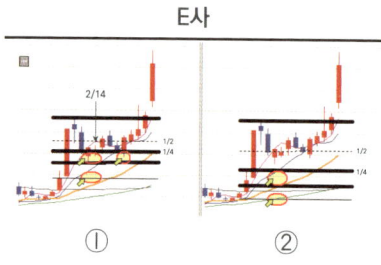
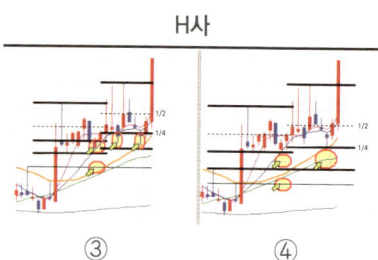

관련 뉴스 요약

2/14	E사, L사와 고체전해질 개발을 위한 포괄 업무협약(MOU)체결.
3/6	삼성SDI는 3월 6~8일 '인터배터리 2024'에서 전고체 배터리 양산 로드맵을 공개할 예정. 이 같은 소식에 H사, E사 등 일부 2차전지(전고체) 테마 상승.

해설

 2월 6일 상한가를 달성한 E사는 이번 상승에서 대장주로 판단할 수 있겠습니다. 이전과는 다르게 큰 폭으로 급등했으며, H사는 다소 늦게 상승세를 보였습니다. 보통 대장주는 상한가에 빠르게 도달한 종목으로 판단하기 때문에, 이번에는 E사를 중심으로 박스권을 설정하여 매매할 수 있습니다. 특히 대장주이므로 박스권 폭을 ②처럼 낮게 설정하기보다는 ①처럼 적당한 폭으로 설정하여 매수하는 것이 유리합니다.

 H사도 거래가 가능한 종목입니다. 다만 2등주라고 할지라도 주가가 고점과 저점을 높여간다면 박스권 폭을 ④처럼 낮게 설정하기보다 ③처럼 주가 흐름에 맞추어 박스권을 상향 조정하며 매매할 수 있습니다. 앞서 2등주는 변동성이 짧게 이어지는 경향이 있어 첫 눌림목에서만 반등을 노리는 접근이 유리하다고 언급했지만, 반드시 그렇지는 않습니다. 왜냐하면 종목의 특성에 따라 2등주도 대장주와 유사한 흐름을 보일 수 있기 때문입니다.

 종목의 특성이란 과거에 변동성이 크고 지속된 이력이 있는지를 의미합니다. 예를 들어, 특정 테마에 편입되어 주가가 큰 변동성을 보였거나 상승 추세를 이어간 경험이 있는 과거의 대장주였던 종목이라면 현재 2등주라 할지라도 현 대장주와 유사한 흐름을 보일 수 있습니다.

 물론 이러한 흐름이 지속되기 위해서는 위의 재료처럼 산업에 중요한 영향을 미칠 수 있는 의미 있는 재료가 있어야 합니다. 일반 대중에게는 파급력이 약하더라도 산업 내에서는 중요한 변화를 일으켜 기대감을 크게 높이는 재료가 있어야 시장에 지속적인 관심을 받으며 변동성을 유지할 수 있습니다.

[그림115] E사(위), H사(아래)

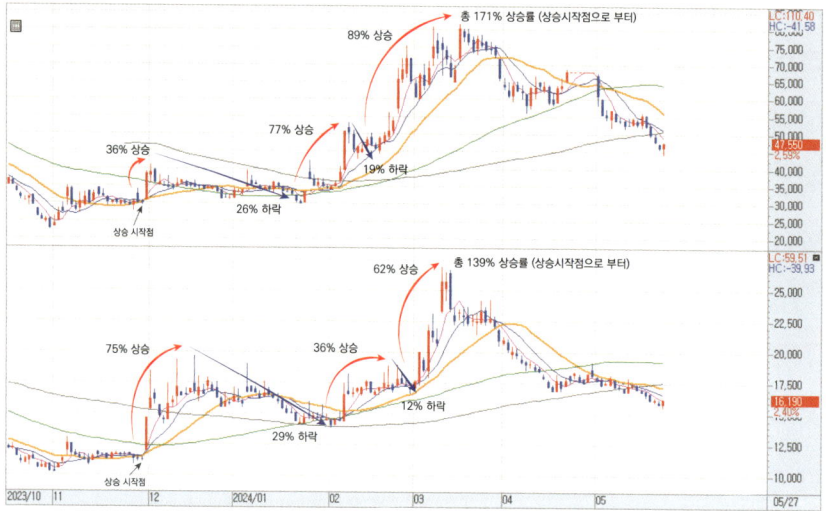

앞 구간인 12월부터 H사가 상승을 주도했지만, 2월부터는 E사가 상승을 이끌었습니다. 전체적인 상승률을 보면 E사가 크게 상승한 대장주였습니다. 이처럼 특정 종목이 이전에는 대장주였더라도 상황에 따라 다른 종목으로 대장주가 바뀔 수 있습니다. 그렇기에 과거가 아닌 현재 변동성이 크고 주도적인 흐름을 보이는 종목을 공략하는 것이 유리합니다.

[그림116] E사(좌), H사(우)

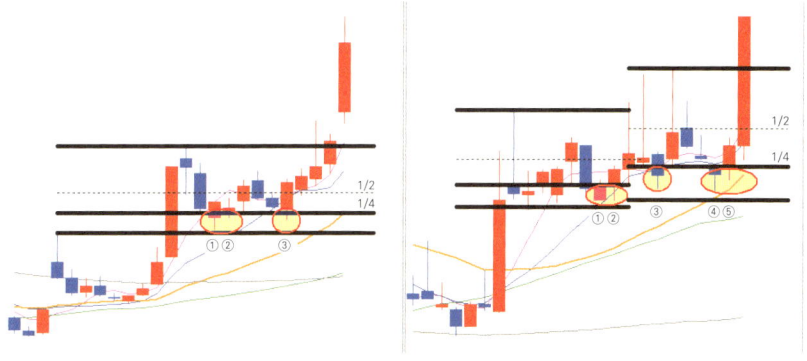

　매수는 삼각분할 비중 방식으로 하되 해당 종목이 박스권을 이탈하지 않고 지지하는 모습을 보일 때는 모아갈 수 있습니다. 예를 들어 E사처럼 박스권 중하단 ~ 하단 범위에서 첫 매수(①)로 30% 비중으로 진입했고 종가에 양봉캔들이 만들어지며 확실히 지지가 되는 모습을 보인다면, 이후 주가가 매수 구간에 또 왔을 때 하루에 5~10% 정도의 비중으로 추가 매수할 수 있습니다. E사의 차트에서는 두 번(②,③) 5~10%씩 모아갈 수가 있었겠죠.

　오른쪽의 H사도 마찬가지입니다. 주가가 박스권 중하단~하단 범위에서 지지(①,②)가 되었다고 판단되면 두세 번(③,④,⑤) 모아 나갈 수 있겠죠.

　여기서 주의할 점은, 절대로 한 종목에 100% 비중을 모두 채워서는 안 된다는 것입니다. 지지가 확인되었다고 해서 100% 비중으로 매수했다가 갑작스러운 하락이 발생할 경우 대응하기 어렵습니다. 즉 시장 급락이나 악재로 인해서 지지 구간이 붕괴될 수 있다는 것이죠. 따라서 전체 자금의 일정 비율을 남겨둔 채 여유 있는 비중으로 매수해야 합니다.

만약 100% 비중을 채운 상태에서 주가가 더 하락한다면, 추가 매수를 통해 평균단가를 낮출 수 없으며 손절할 때도 큰 손실을 볼 수 있습니다. 따라서 모아갈 때는 한 종목당 투자금의 40~50% 정도는 남겨두는 것을 권장합니다.

[그림117] J사(위), O사(아래)

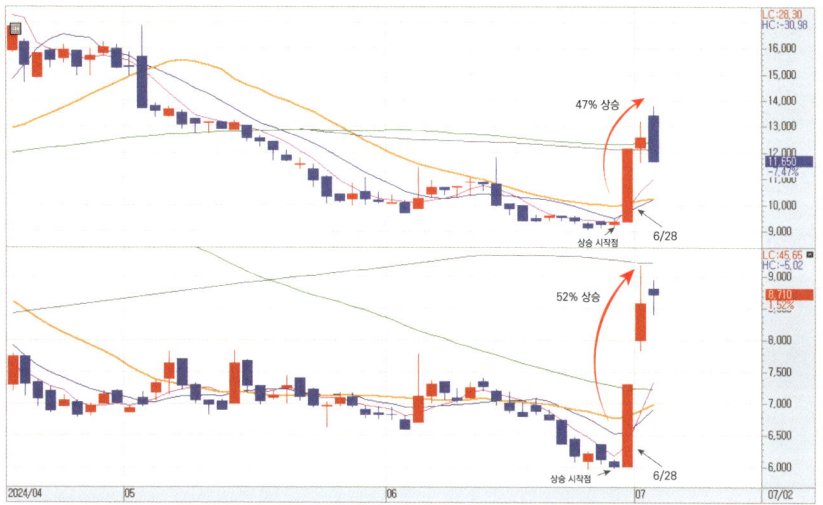

관련 뉴스 요약

6/28	삼성전자가 메모리 생산량을 적극 확대하려는 움직임을 보이고 있음. HBM과 최선단 제품으로의 공정 전환을 추진하면서 내년 레거시 메모리 생산능력이 감소할 수 있다는 긴장 때문으로 풀이 되고 있음. 업계 관계자는 "D램과 낸드 모두 최대 생산 기조로 가야 한다는 논의가 진행 중"이라며, 메모리 가격 변동과 관계 없이 생산량 확대에 집중한다고 밝혔음. 삼성전자는 이달 중순 메모리 생산라인에서 '정지 로스(Loss)'를 다시 관리하라는 지시를 내렸다고 전해짐. 이 같은 소식에 금일 J, I, N, O 등 일부 반도체 관련주가 상승.

※ 위의 J사와 O사는 반도체 관련 종목이다. 둘 중 어느 종목을 공략하며 박스권을 어떻게 그릴 지 선택할 것
※ 1차 분할매수는 40%, 2차 분할매수는 60%로 매수한다고 가정

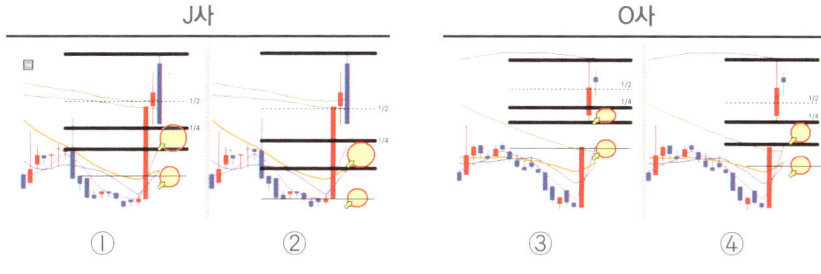

※ 다음은 각 선택지에 따른 결과

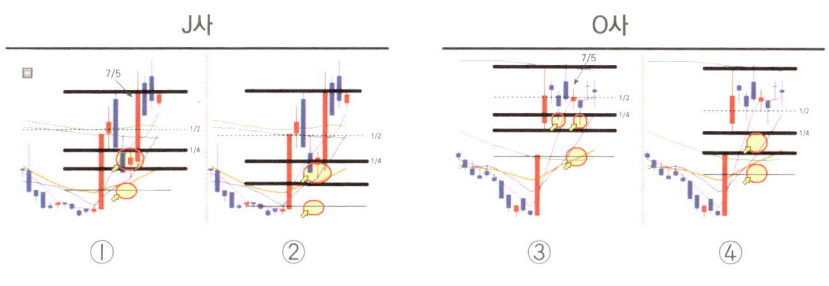

관련 뉴스 요약

7/5	J사 삼성전자 2분기 어닝 서프라이즈 및 5월 반도체 수출 호조 속 일부 반도체 관련주 상승 속 급등
	시장에서는 AI 시장 확대에 따른 메모리 반도체 수요 회복과 가격 상승으로 반도체 부문의 실적이 개선되며 전체 실적 상승을 견인한 것으로 분석됨. 특히, D램과 낸드의 평균 판매단가(ASP) 상승이 메모리 반도체 실적 개선에 주요한 역할을 한 것으로 전해짐

해설

우선 실제로 매매하기 전에는 해당 종목이 왜 상승했는지, 재료와 테마의 발생 여부를 확인해야 합니다. 위 재료는 반도체 관련 내용으로 대중적 파급력은 낮을 수 있습니다. 그렇다면 산업적으로 미치는 파급력이 큰지를 고려해야 합니다.

예를 들어 앞서 설명한 기존 리튬이온 배터리에서 안정성과 효율성이 뛰어난 전고체 배터리의 전환이나 폭증하는 AI 전력 수요를 감당하기 위해 빅테크 기업들이 기존 대형 원전보다 안전하고 경제적인 소형 모듈원전(SMR)에 투자하는 움직임, 또는 미국의 관세 인상으로 특정 산업이 수혜를 입어 경쟁 구도가 변화하는 상황 등 이러한 부류의 재료는 산업 내에 큰 영향을 미친다고 할 수 있습니다.

하지만 위의 재료는 기존 메모리 제품의 생산 기조나 수요 증가를 맞추기 위한 내용인데, 산업 내 파급력이 크다고 할 수가 있을까요? 그렇게 생각하면서 접근해야 합니다.

다시 차트로 돌아와 보면 J사와 O사 중 주가 상승폭이 가장 컸던 종목은 O사로 52%의 상승을 기록했지만, 6월 28일 뉴스 발표 당일 상한가에는 도달하지 못하고 종가 기준으로 21% 밖에 상승하지 못했습니다. 반면, J사는 상한가를 달성했습니다. 이처럼 상한가를 달성하지 못했지만 전체 상승폭이 큰 종목과 상한가를 달성했지만 전체 상승폭이 낮은 종목의 경우, 둘 중 대장주를 구분하기 애매할 수 있습니다. 이럴 때는 어느 종목을 공략해도 괜찮지만, 변동폭이 크게 나올 가능성이 높은 종목을 우선적으로 접근하는 것이 좋습니다.

J사는 상한가 이후 이틀 뒤에 장대 음봉이 발생하며 큰 변동폭을 보였습니다. 반면, O사는 아직 큰 변동성을 보여주지 못했습니다. 주가가 상승하기만 했죠. 따라서 큰 변동성을 먼저 보여준 J사를 매매하기 위해 박스권을 설정하자면 일반적으로 ①과 같은 방식으로 설정해도 되고, 보다 안정적으로 할 때 ②방식으로 설정해도 무방합니다. 다만

차트 흐름을 참고했을 때 장대음봉이 발생하여 다음날 추가 하락의 폭이 클 수 있으므로 박스권을 안정적으로 낮춘 ②방식으로 설정하는 것이 더 좋은 판단이 될 수 있겠죠?

O사는 장대양봉 발생 후, 갭을 띄우고 크게 상승했기 때문에 장대양봉 다음날 아래꼬리를 박스권 하단으로 설정할 수 있겠습니다. 즉, ③은 공격적인 박스권 설정이며 ④는 좀 더 보수적인 설정 방식입니다. O사를 선택해 ③처럼 박스권을 설정해 매매했다면 두 번의 매매 기회가 있었으나 해당 주식을 꾸준히 매집하기는 어려웠을 것입니다. 반면 J사를 선택해 매매했다면 3일간 충분히 모아가며 큰 수익을 기대할 수 있는 차트였을 것입니다.

이를 통해 급등 후 빠르게 급락하는 종목은 변동성이 커 반등 시 큰 폭의 상승을 기대할 수 있고, 급락 후 반등하는 과정에서 모아갈 수 있는 시간이 충분하다는 것을 알 수 있습니다.

그러나 지속적으로 상승하는 종목은 조정 국면에서 변동성이 작을 수 있어 박스권 매매 시 큰 수익률을 내기 어렵거나 매수할 시간도 충분하지 않을 수 있습니다.

따라서 매매 시에는 해당 종목의 주가 흐름을 주의 깊게 관찰하며 변동성이 크게 나타날 가능성이 있는 차트 패턴인지 아닌지를 잘 판단해야 하겠습니다. 이어서 더 보겠습니다.

[그림120] J사(위), O사(아래)

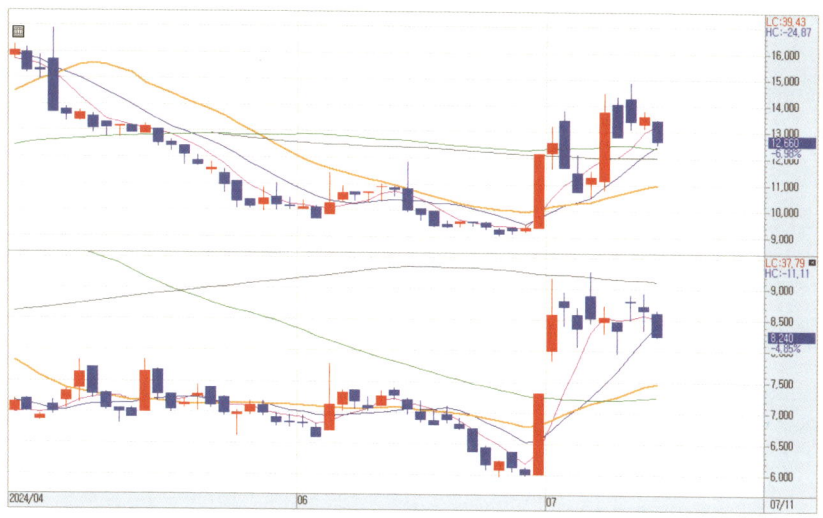

※ J사와 O사 둘 중 어느 종목을 공략하며, 박스권을 어떻게 그릴 지 선택할 것
※ 1차 분할매수는 40%, 2차 분할매수는 60%로 매수한다고 가정

J사
O사

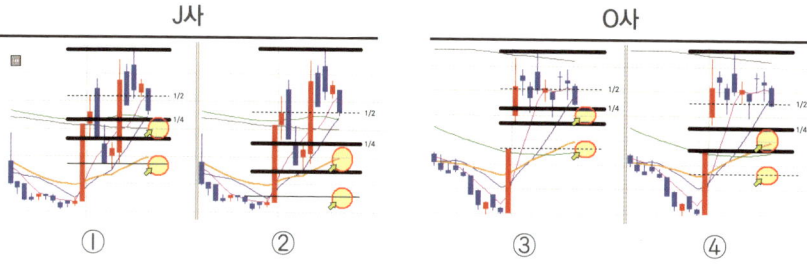

※ 다음은 각 선택지에 따른 결과

J사
O사

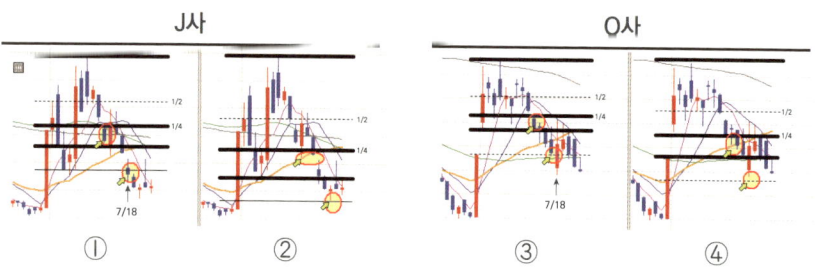

관련 뉴스 요약

7/18	미국의 대중국 반도체 수출 규제 강화로 필라델피아 반도체 지수가 지난밤 급락했음. 주요 반도체 기업인 엔비디아(-6.62%), AMD(-10.21%), ASML 홀딩(-12.74%) 등도 큰 폭의 하락을 기록함. 미국 정부는 동맹국 기업들이 중국에 첨단 반도체 기술을 계속 제공할 경우, 가장 엄격한 무역 제한 조치를 검토중임. 또한, 도널드 트럼프 전 대통령이 반도체 보조금 문제를 제기하며 2기 행정부에서 해당 이슈가 재논의될 가능성이 있다고 주장함. 이러한 소식에 국내 반도체 관련주들이 하락세를 보임.

해설

이번에 J사와 O사의 주가는 모두 박스권 하단부까지 다시 내려왔으나 일시적인 반등에 그친 후 오히려 하락했습니다. 미국의 대중국 반도체 수출 규제를 강화한다는 소식이 악재로 작용했기 때문인데 이처럼 예기치 않은 상황은 언제든 발생할 수 있으므로 늘 현금을 남겨두어야 합니다.

먼저 J사의 ①박스권 하단은 기존보다 상향 설정한 방식입니다. 하지만 주가는 하단을 이탈하며 2차 매수 구간까지 내려왔습니다. 이때 삼각분할 비중 방식으로 2차 매수를 진행하여 평균단가를 낮추고 반등 시 약손절 또는 본전을 목표로 탈출합니다. 그러나 주가가 계속 하락한다면, 손절 한도 금액이나 사전에 설정한 손절선을 이탈할 때 즉각 매도합니다. ②박스권은 일반적인 방식으로 설정한 것으로, 박스권 하단에 닿을 때 일부 매수하고 반등 시 수익 실현이 가능하겠습니다. 또한 주가가 추가 하락해 2차 분할매수 구간까지 내려올 때 한 번 더 매수하여 수익을 볼 수도 있겠습니다.

O사의 ③박스권에서는 하단을 지지하지 못하고 하락하였습니다. 2차 분할매수 구간에서 매수체결이 되었다면 일시적인 반등에 본전이

나 약수익권에 매도할 수 있었을 것입니다. ④박스권은 보수적으로 설정하여 유리한 상황이었습니다. 타점이 높지 않고 삼각분할 비중 방식을 잘 지켰다면, 주가 반등 시 약손절이나 본전 또는 약수익권에서 탈출할 수 있었을 것입니다. 그러나 필자의 관점에서는 이 두 종목을 매매해서는 안 됩니다. 첫 번째 급등 이후의 반등 구간을 노리는 것은 비교적 괜찮지만, 두 번째 반등 구간을 노릴 때는 재료의 파급력과 지속력이 확실하지 않다면 반등이 짧게 나오거나 하락할 가능성이 크기 때문입니다. 안 그래도 시간이 지날수록 변동성이 계속 줄어드는 데다가, 후속 보도나 추가뉴스가 없어 변동성이 지속되지 못하면 해당 종목은 단발성으로 한 번만 움직이고 끝나게 됩니다.

반도체 산업에서의 생산 기조 변화나 수요 증가 소식은 일회성으로 반응하는 경우가 많습니다. 특히 메모리 반도체와 같이 주기가 비교적 짧고 수급에 민감한 제품인 경우, 수요가 증가하거나 생산량을 조정한다는 소식이 파급력을 가지려면 그 변화가 구조적이거나 중대한 기술적 진보와 연결되어 있어야 합니다.

예를 들어 새로운 기술로 생산 효율이 획기적으로 개선되거나, 시장 전반에 걸친 큰 수요 변동이 예상될 때 파급력이 커질 수 있습니다. 그러나 위 사례의 경우엔 삼성전자가 메모리 생산량을 확대하려는 움직임은 긍정적인 신호로 볼 수 있지만 재료의 관점에서는 생산량 확대 자체가 시장 전체의 변화를 이끌어 내는 강력한 재료가 되기보다는 특정 시점의 수급 상황에 대응하는 일시적인 조치로 해석됩니다. 즉, 일회성으로 끝날 가능성이 크다는 거죠. 만약 그러한 상황에서 굳이 매매를 하더라도 박스권 하단에서 지지를 확인한 후 진입하고, 지지 실패 시에는 짧게 손절하여 리스크를 관리해야 하겠습니다.

[그림123] J사(위), O사(아래)

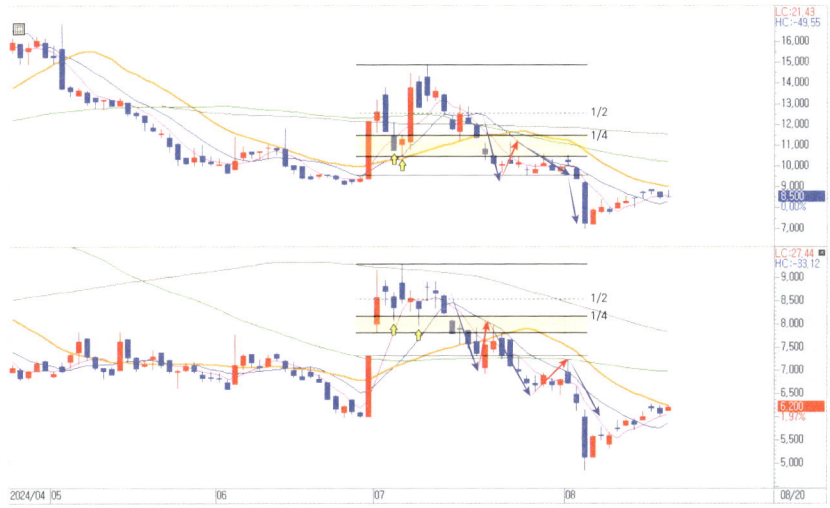

위 차트를 통해 세 가지 통찰을 얻을 수 있습니다. 첫째, 주가 변동폭이 큰 종목일수록 큰 반등이 나타날 가능성이 크다는 점입니다. 즉, 급등락을 보이는 종목들은 반등 역시 크게 나오는 경향이 있다는 것이죠. 따라서 급락이 나오면 두려워하지 않고 적극적인 매수의 기회로 여겨야 합니다. 둘째, 재료의 파급력과 지속력이 뒷받침되지 않는다면 첫 번째 반등 이후 두 번째부터는 반등이 약해지거나 실패할 우려가 크다는 점입니다. 따라서 재료가 좋지 않은 종목은 애초에 첫 반등만을 공략하거나 매매를 아예 피하는 것이 좋습니다. 선택과 집중을 통해 확실한 재료를 갖춘 종목만 공략하는 것이 더 좋은 결과를 가져올 수 있습니다. 셋째, 박스권을 이탈하더라도 주가는 기술적 반등을 보이며 움직이기 때문에 삼각분할 비중 방식으로 잘 매수해 두면 손절 시에도 큰 손실을 보지 않고 기술적 반등을 통해 약손절이나 본전에서 빠져나올 수 있습니다.

[그림124] A사

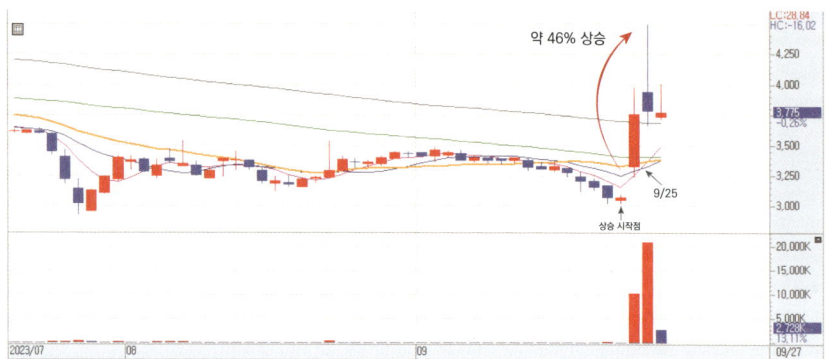

관련 뉴스 요약

9/25	A사, 커뮤니케이션 플랫폼 'ㅇㅇㅇ' 기대감 등에 급등함. A사 대표는 3년간 준비한 커뮤니케이션 플랫폼 'ㅇㅇㅇ'을 내년 초 글로벌 출시할 예정으로 영상·음성 통화, 채팅, AI 비서, 원격지원 기능을 제공하며 일본 대형 통신사와 협업을 검토 중이라고 밝힘. 또한, 화상회의 소프트웨어(온라인 회의 지원)과 원격지원 소프트웨어가 흥행하며 올해 매출 500억 원 달성을 기대하고 있음. 주가 안정을 위해 추가 장내 매수와 내년 자사주 매입·소각을 검토 중임.

※ 위의 A사는 개별 종목이다. 박스권을 어떻게 그릴 지 선택할 것.
※ 1차 분할매수는 40%, 2차 분할매수는 60%로 매수한다고 가정

A사

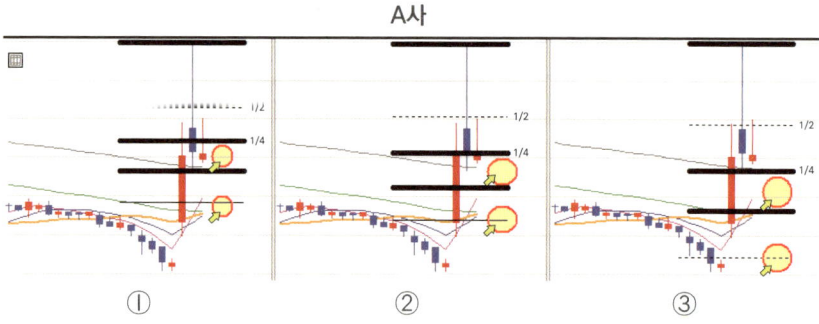

①   ②   ③

※ 다음은 각 선택지에 따른 결과

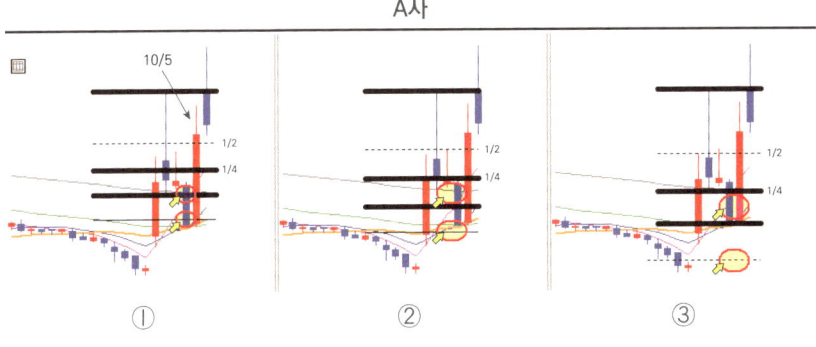

A사

① ② ③

	관련 뉴스 요약
10/5	엔비디아가 일본 NTT도코모와 협력해 GPU 가속 5G 네트워크를 구축할 예정이라고 함. 이 같은 소식에 S사, F사, I사 등 일부 5G(5세대 이동통신)/통신장비 테마가 상승. 아울러 NTT도코모가 2대 주주인 A사도 시장에서 부각됨.

 해설

A사는 9월 25일 커뮤니케이션 플랫폼 출시 기대감으로 주가가 급등했습니다. 이외에도 A사는 추가 장내 매수, 내년 자사주 매입과 소각을 검토 중이라 밝혔습니다. 투자자들한테는 꽤 괜찮은 내용이라고 할 수 있겠죠. 그리고 10월 5일에는 엔비디아가 NTT도코모와 협력한다는 내용으로 급등했습니다.

우선 해당 종목을 매매하기 위해 박스권을 설정해 보면 ①은 공격적인 박스권 설정 방식입니다. 박스권의 하단이 장대양봉 다음 날의 아래꼬리에 맞춰져 있죠. 재료가 좋다고 판단되면 박스권 하단을 ①처럼 공격적으로 상향 설정할 수 있습니다만, 매수 후 주가가 추가로 급락할 경우 2차 매수를 진행해야 합니다. 위 ①에서는 비중이 100% 정도 채워진 상태에서 주가가 크게 급등한 모습입니다.

②와 ③의 박스권 설정 방식은 각각 박스권 하단을 장대양봉의 중간과 1/4 구간에 맞춰 두는 방식입니다. 만약 필자가 이 종목을 매매한다면 ③처럼 박스권을 설정하여 매매할 것입니다. 일반적으로 변동성이 큰 급등주는 비교적 높은 가격, 특히 주가가 5일선 위에 있을 때 매수를 시작하면 주가 하락 시, 평균단가를 크게 낮추기 어려워지기 때문입니다.

예를 들어 ①처럼 박스권을 설정했을 때는 100% 비중이 다 채워진 상태로 급등했지만, 반대로 10% 더 급락하게 될 경우를 상상해 보세요. 매수할 돈을 모두 소진해 추가 매수가 불가능한 상황에서 손실이 커지기만 할 뿐입니다. 물론 다른 종목에 투입할 여유 자금이 있다면 이를 활용할 수도 있겠지만, 그마저도 실패한다면 더 큰 손실을 감당해야 하거나 몇 달 이상 그 종목에 묶여있어 기회비용을 날리게 될 수도 있습니다. 이런 이유로 연속 하락 가능성을 염두에 두고, 주가가 5일선을 이탈하여 박스권 하단부에 도달하면 그때부터 매수하는 것을 기본 원칙으로 삼습니다. 이렇게 하면 추가 하락이 발생하더라도 평균단가를 낮추는 데 매우 유리해집니다. 또한, 여유 자금이 남아있는 상태에서 반등이 나오게 될 때 심리적 여유를 가지고 주식을 편하게 보유할 수 있습니다. 100% 비중을 꽉 채우는 상황이 오게 될 경우에는 해당 종목에서 큰 수익을 기대하기보다는 평균단가를 크게 낮춰 반등 시 손실을 최소화하면서 비중을 줄이거나 탈출하는 전략으로 접근하는 편이 좋습니다

[그림127] A사

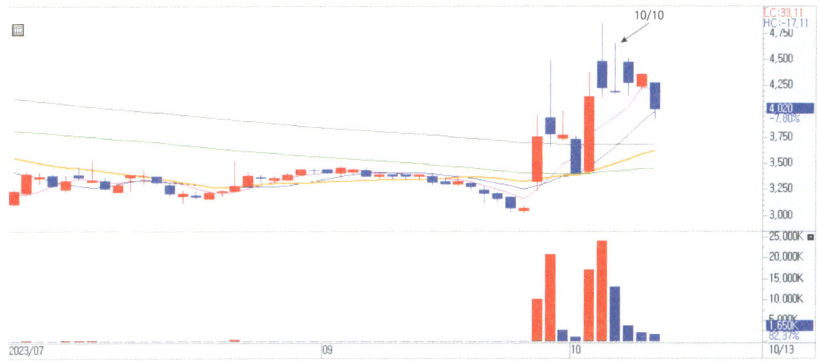

첫 번째 눌림목 반등 이후 주가가 다시 조정받고 있는 상황입니다. 이 시점에서 매매를 한 번 더 시도해 볼 수 있을까요?

관련 뉴스 요약

10/10	A사는 10일 서초구 AT센터에서 개발자 세미나를 개최해 자사 개발자 역량 강화를 위한 지식공유와 소통·협업 중심의 세미나를 열었음. 160여 명이 참석한 가운데 ICT 기술 트렌드, 표준 기획 프로세스, 테스트 자동화 등 다양한 발표와 세미나, e-스포츠 대회 등의 이벤트가 진행됨.

지금껏 나온 뉴스의 내용을 참고하여 재료의 지속력이 있다고 판단되면 매수를 고려해 볼 수 있겠고, 그렇지 않다고 판단되면 매수하기보다는 관망합니다.

※ A사를 매매한다고 가정한다면 박스권을 어떻게 그릴 지 선택할 것.
※ 1차 분할매수는 40%, 2차 분할매수는 60%로 매수한다고 가정.

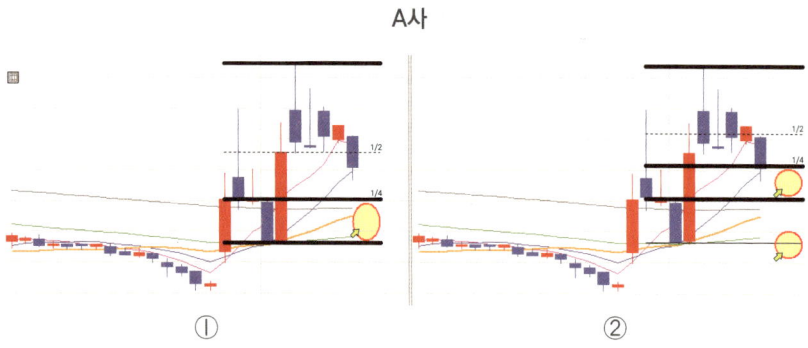

※ 다음은 각 선택지에 따른 결과

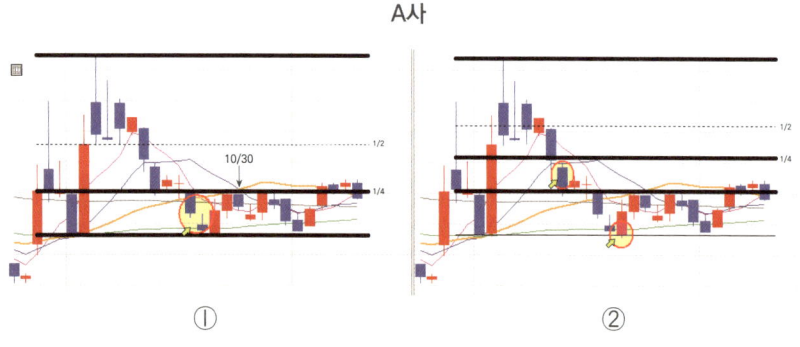

관련 뉴스 요약

10/30	A사는 일본 최대 IT 전시회 '재팬 IT위크'에 참가해 원격제어 및 비대면 솔루션을 선보임. 특히 일본 NTT 도코모가 도입한 원격제어 솔루션 등이 전시됨. A사는 일본 디지털 전환 시장 선점을 목표로 일본 내 대기업 및 금융기관과 협력 중이라 밝힘.

 해설

박스권 하단을 비교적 안정적으로 설정한 ①에서는 주가가 하단을

이탈하지 않았지만, 단기간 큰 폭의 반등이 나타나지 않았습니다. 반면, 박스권 하단을 공격적으로 상향 조정한 ②에서는 2차 매수까지 체결이 되었거나 또는 박스권 하단을 이탈하는 구간에서 손절로 대응할 수밖에 없었던 차트였습니다. 관련 뉴스가 나오더라도 주가는 즉각적으로 반응하지 않았습니다.

[그림130] A사

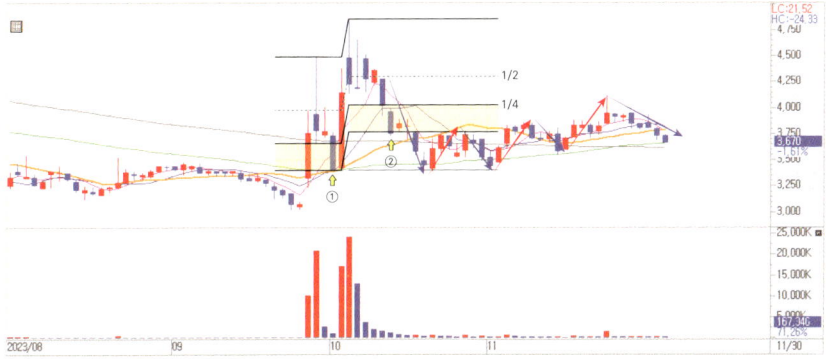

전체적으로 차트를 봤을 때, ①구간에서 반응이 크게 나타났습니다. 당시 뉴스 흐름은 "커뮤니케이션 플랫폼 출시 기대감"에서 "엔비디아와 NTT도코모 협력" 소식으로 이어졌습니다. 그런데, 엔비디아와 NTT도코모 협력 같은 예상치 못한 호재를 사전에 예측할 수 있었을까요? 이런 소식을 예상하고 큰 반응을 노리는 것은 현실적으로 어렵습니다. 그럼에도 ①구간에서 크게 급반등이 나온 이유는 기술적 분석에서 과도하게 하락한 주가가 낙폭 과대로 평가되었기 때문일 것입니다. 특히 초기 상승 구간에서는 이러한 급격한 변동성은 세력들이 매집을 이어가면서 반등 시 수익을 실현하기에 매우 유리한 조건이 됩니다.

그러나 ②번째 박스권의 중하단부터 하단 범위 내에서 주가는 큰 반등을 보이지 않았고 결국 시세의 원점까지 하락한 후, 횡보를 이어갔습니다. 결국 한 번의 급격한 반등을 제외하고는 거래량이 계속 줄어든 상태입니다. 이처럼 관련 재료가 계속 뉴스에 보도되거나 새로운 재료가 발생하여 시장의 주목을 끌지 않는 이상, 주가는 큰 폭의 움직임 없이 지루한 횡보를 이어가게 됩니다.

물론 관련된 뉴스가 나오더라도 주가에 반응하지 않을 수 있는데 10월 10일과 10월 30일에 나온 뉴스는 투자자 입장에서 새로운 재료로 받아들여지기 어려웠을 것입니다. A사의 개발자 세미나나 IT 전시회 참가 소식은 기업의 일상적 활동이나 지속적인 홍보 활동에 가깝고 당장 실질적으로 주가에 영향을 미칠 만한 매출 증가나 계약 체결 등의 확실한 호재가 아니기 때문입니다. 괜히 '첫 눌림목만 노려라'라는 말이 생긴 게 아닙니다. 첫 눌림목에서는 재료에 대한 기대감이 여전히 강하게 작용해 반등이 크게 나올 가능성이 높지만 그 이후로는 관련 추가뉴스, 후속보도가 없거나 새로운 호재가 없는 이상 주가가 횡보하거나 변동성이 줄어드는 경우가 대부분입니다.

따라서 초기 눌림목에서는 큰 폭의 변동성이 발생하면 적극적으로 매매하는 것이 중요하며 이후 구간에서는 재료의 파급력과 지속력을 면밀하게 분석하며 신중하게 접근해야 합니다. 만약 재료의 지속력과 파급력이 불확실하다면, 아예 해당 종목을 피하거나 지지를 확인한 후 짧은 손절선을 설정하여 대응하는 것이 최선의 방법일 것입니다.

[그림131] I사(위), S사(아래)

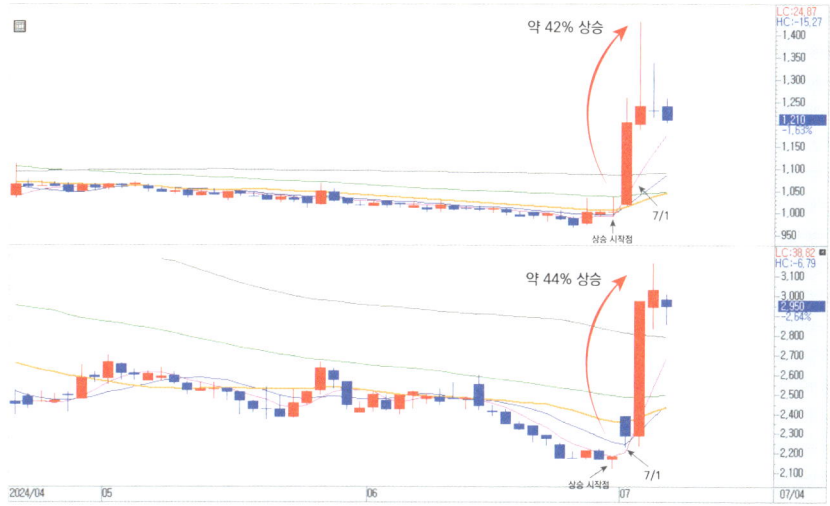

관련 뉴스 요약

| 7/1 | 한국 기업들이 우크라이나 재건 사업 참여에 유리할 것이라는 분석이 나옴. 현대건설은 키이우 보리스필 국제공항재건을, 삼성물산은 리비우에 스마트시티 건설을 위한 양해각서를 체결했으며, 네이버는 3D 매핑 기술로 키이우의 '디지털 트윈'을 개발 중임. 프랑스 특사는 한국이 G7 주도 우크라이나 지원 협의체에 가입한 점을 언급하며, 우크라이나와 한국 간의 협력 증진 가능성을 강조했음. |

※ 위의 I사와 S사는 각각 남북경협, 우크라 재건 관련 종목이다. 둘 중 어느 종목을 공략하며 박스권을 어떻게 그릴 지 선택할 것
※ 1차 분할매수는 40%, 2차 분할매수는 60%로 매수한다고 가정

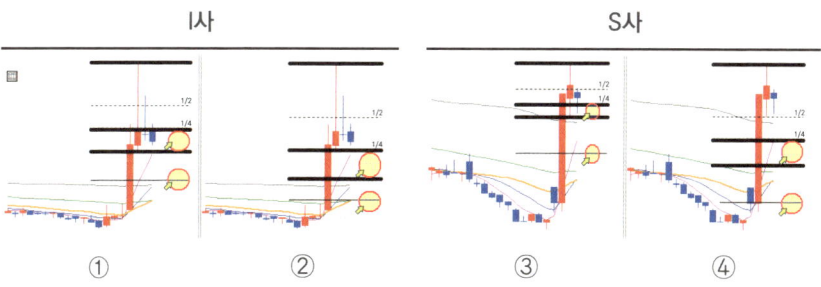

I사   S사

① ② ③ ④

※ 다음은 각 선택지에 따른 결과

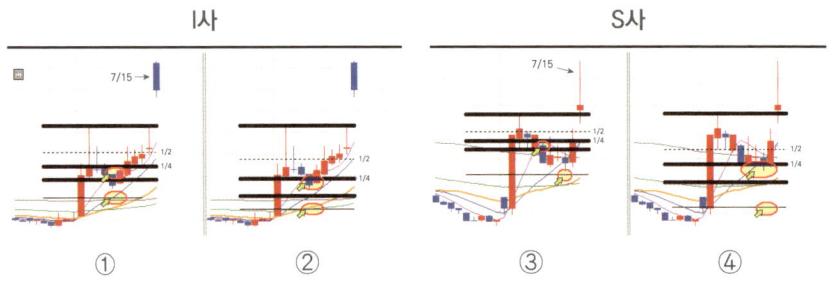

관련 뉴스 요약

7/15	미국 대선을 3개월 앞둔 13일, 도널드 트럼프 전 대통령의 유세 도중 총격 사건이 발생했으나 생명에는 지장이 없었음. 사건 후 트럼프 대선 승리 가능성은 70%로 상승했으며, 이에 따라 우크라이나 재건 테마, 남북경협 테마 상승

해설

해당 종목들은 7월경 미국 대선과 관련해 트럼프 테마주로 편입되었습니다. 각 우크라이나 재건주와 남북경협주로 비슷한 시기에 상승을 시작했는데, 두 테마 모두 트럼프의 정책과 관련이 있으나 서로 다른 테마이기 때문에 어느 종목을 선택해도 괜찮은 상황이었습니다. 이런 정치 관련주는 대중에게 미치는 파급력이 크고, 관련 추가뉴스나 후속 보도가 계속해서 나올 가능성이 높습니다. 특히 선거일까지 주가의 변동성이 이어질 가능성이 크기 때문에 재료의 지속력 측면에서도 좋은 재료라고 할 수 있습니다.

이렇게 확실한 재료가 있는 종목에서만 스윙 매매를 하면 승률을 높이고 안정적으로 큰 수익을 얻을 수 있습니다.

다만, 좋은 재료라고 판단되더라도 매수 구간을 잘 설정해야 합니다. 먼저, I사와 S사의 각 ①,③박스권 설정법은 공격적인 방식입니다. 재료의 힘이 강하다고 판단되면 박스권을 높게 설정하여 매수할 수 있지만, 예상과 달리 주가가 추가 하락하거나 급락할 가능성도 염두에 두어야 합니다. 따라서 첫 매수 시에는 비중을 최대한 줄여 10%에서 많아도 30% 이내로만 투입하는 것이 좋습니다. 이후 2차 매수 구간은 장대양봉의 중간 또는 1/4 구간에서 삼각분할 방식으로 매수합니다. 또는 3차~4차로 여러 차례 매수해도 상관없습니다.

그러나 위 ①, ③처럼 첫 매수 후 추가 하락하여 2차 매수 구간을 기다릴 때 매수가 되지 않고 주가가 반등하거나, 체결되더라도 일부만 체결된 상태에서 주가가 상승할 수 있습니다. 이런 경우에는 체결된 물량만 가지고 반등 시 수익 실현하면 됩니다. **체결되지 않은 물량에 대한 아쉬움으로 매수 구간이 아닌 더 높은 구간에서 추가 매수하여 평균단가를 크게 올리지 마시길 바랍니다.**

이 매매법의 특징상, 100% 비중을 모두 채우기보다는 예상된 주가 변동폭 범위 내에서 계획적인 비중으로 매수하는 것이기 때문에 대체로 전체 비중의 40~60%를 채운 상태에서 반등을 노리는 것이 정석입니다.

이렇게 하면 주가가 예상과 달리 추가 하락하더라도 남은 자금으로 분할매수를 통해 평균단가를 낮출 수 있으며, 반등 시에는 비중을 일부 줄이거나 원하는 시점에서 손쉽게 탈출할 수 있습니다. 또한, 모든 자금을 한 번에 투입하지 않음으로써 주가 변동에 따른 심리적 압박을 덜 수 있습니다.

②, ④는 일반적인 박스권 설정 방법입니다. 장대양봉의 중간 또는 1/4의 지점에서 장기이평선(60일선, 120일선)을 참고하여 박스권 하단으로 설정하고 매수할 수 있겠습니다. ②, ④의 경우에도 주가는 일부만 체결되고 상승한 상태지만, [그림116]처럼 주가가 박스권 하단부 구간까지 여러 차례 내려오게 될 때 하루에 5~10% 비중씩 모아갈 수 있겠습니다.

[그림134] I사(위), S사(아래)

두 종목 모두 눌림목에서 급등했습니다. 이때 재료의 파급력과 지속력이 월등하다면 매매를 지속할 수 있습니다. 다만 2차 상승이 발생했으므로 큰 폭의 변동성이 예상되기에 박스권의 폭을 좁게 설정하기보다는 넓게 설정하는 것이 좋습니다.

※ 위의 I사와 S사 중 어느 종목을 공략하며 박스권을 어떻게 그릴 지 선택할 것
※ 1차 분할매수는 40%, 2차 분할매수는 60%로 매수한다고 가정

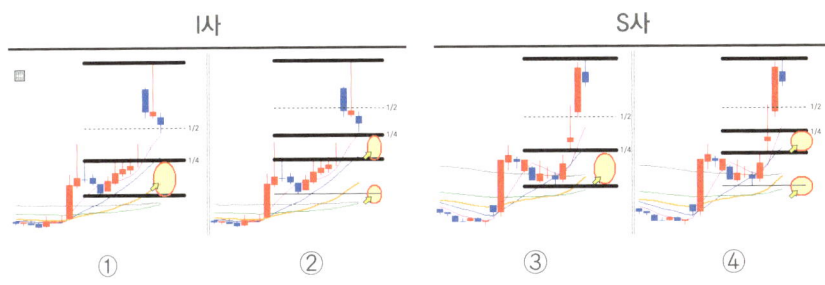

※ 다음은 각 선택지에 따른 결과

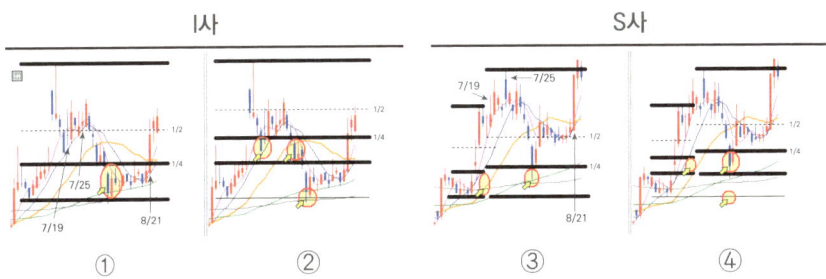

관련 뉴스 요약

7/19	도널드 트럼프 전 대통령이 피습 후 대선 여론조사에서 조 바이든 대통령을 더 큰 격차로 앞서면서 관련주가 상승했음. CBS방송과 유고브의 여론조사에 따르면, 트럼프 전 대통령의 지지율은 52%로 바이든 대통령(47%)을 5% 앞섰으며, 대체 주자인 해리스 부통령과의 가상 대결에서도 우세했음. 또한, 트럼프 전 대통령은 공화당 전당대회 연설에서 북한 김정은과의 관계를 언급했음. 이 같은 소식으로 일부 남북경협 테마가 상승함.
7/25	중국을 방문 중인 드미트로 쿨레바 우크라이나 외무장관이 러시아와 직접 대화 및 협상에 나설 준비가 되어 있다고 밝힘. 쿨레바 장관은 광둥성 광저우에서 왕이 중국 외교부장과 회담을 가지며 "공정하고 지속적인 평화를 실현하기 위해 실질적 의미가 있는 협상을 원한다"고 강조했음. 이에 러시아 크렘린궁은 우크라이나의 입장을 원론적으로 지지하며 협상에 열린 자세를 보였고, 자세한 내용을 더 파악해야 한다고 밝힘. 이 같은 소식 우크라이나 재건/일부 건설기계 테마가 상승.
8/21	미 대선 제3 후보로 출마 예정인 로버트 케네디 주니어가 출마를 포기하고 트럼프 전 대통령 진영에 합류할 가능성이 제기되면서 관련주가 상승했음. 케네디의 결정이 대선의 중요한 변수로 작용할 것으로 예상되는 가운데, 트럼프 수혜주로 다산네트웍스, 삼부토건, 일신석재 등 우크라이나 재건/건설기계 및 남북경협 테마가 상승함.

관련 뉴스가 나오면서 주가는 전체적으로 큰 폭의 변동성을 보였습니다. I사와 S사의 박스권 ①, ③은 반등이 시작된 지점을 박스권 하단으로 설정하는 일반적인 안정적 방식입니다. 이렇게 하면 박스권의 폭이 커지며 매수 범위가 넓어집니다. 큰 폭의 매수 범위에서 매수할 때는 3~5%씩 간격으로 삼각분할 비중 방식으로 주가가 하락할 때마다 비중을 늘려가면 되겠습니다. 시장이 불안하거나 안정적으로 매매할 때 이렇게 박스권의 폭을 넓게 잡으면서 보수적으로 매매해야 합니다. 박스권 매매이기 때문에 어느 구간까지 정확히 하락할지 알 수가 없습니다.

반면에 ②, ④은 기존 박스권의 중하단을 박스권 하단으로 설정한 공격인 방식입니다. 박스권의 폭이 너무 크다면 현실적으로 박스권을 상향해 매매할 수 있습니다. ②의 경우에는 첫 구간에서 반등이 있었으나 두 번째 구간에서는 추가 하락하여 2차 매수 구간까지 도달한 후 반등했습니다. 박스권의 폭을 올려잡은 공격적인 방식이기 때문에 첫 비중을 10% 또는 최대 30% 이내로 설정한 후, 추가 하락 시 그 아래 박스권에서 두 배 이상의 비중을 투입해 평균단가를 낮추는 방식으로 큰 수익을 기대할 수 있는 모습입니다. ④는 2차 매수 범위까지는 내려오지 않았지만 1차 매수 후 급반등한 모습입니다.

이처럼 주가가 급격한 변동이 있을 것이다 예상하여 박스권의 폭을 적절히 설정하고 추가 하락에 대비하여 삼각비중 방식으로 잘 매수한다면 큰 손실 없이 안정적으로 수익을 낼 수 있을 것입니다.

[그림137] I사(위), S사(아래)

　관련 주가는 4개월 이상 변동성을 보이며 장기 이동평균선(60일선, 120일선)을 타고 가는 모습을 보이고 있습니다. 이처럼 재료의 파급력과 지속력이 우수한 종목들은 장기이평선을 타고 가는 경향이 있으며, 이 장기이평선을 박스권 하단으로 설정하여 중하단 ~ 하단 범위에서 주식을 모아갈 수 있습니다. 다만, 주가가 박스권 저점을 이탈하거나 장기이평선의 추세가 무너지는 흐름이 나타난다면 신속하게 대응해야 하겠습니다.

下편 신고가 추세매매

신고가 추세매매는 주가가 신고가를 경신하는 흐름을 이용해 수익을 추구하는 전략입니다. 개별 종목보다는 산업군에서 움직이는 종목을 대상으로 하며 해당 산업의 상승 추세에 편승해 높은 수익률을 기대하는 전략입니다.

신고가 추세매매 종목 선정법

1) 신고가 예시 사례

　신고가 추세매매는 말 그대로 신고가를 경신한 종목에서 매수하여 긴 상승의 추세를 노리는 매매 방법입니다. 신고가는 과거의 저항선을 모두 돌파한 상황이기 때문에 매물의 부담이 적어 빠른 속도로 상승세가 나오거나 장기적인 상승 추세가 만들어지게 됩니다.

　그러나 국내 시장에서는 대부분 급격한 상승으로 신고가를 경신했지만, 곧바로 하락하거나 채 두 달도 버티지 못하고 횡보 혹은 하락으로 전환되는 종목들이 많습니다. 특히 역사적 전고점을 돌파해 추가 상승이 기대되는 종목조차 상승세를 지속하지 못하는 경우가 빈번합니다. 오히려 단기 차익을 노린 매수세가 유입되면서 변동성이 커진 후 주가는 얼마 안 가 줄줄 흘러내리기가 부지기수입니다.

　반면, 미국 시장에서는 기술주와 같은 성장주의 비중이 높아서 신고가를 경신하며 계속 상승하는 종목들이 많습니다. 미국은 전 세계 자금이 집중되는 시장으로 안정적인 수급이 뒷받침될 뿐만 아니라 기업의 투명성과 주주가치를 중시하는 경영자의 마인드로 자사주 매입이나 배당 증대 같은 주주환원 정책이 활발합니다.

　이외에도 증시에 친화적인 다양한 요소 덕분에 미국 시장은 추세매매를 하는 데 적합한 시장이라고 할 수 있겠습니다. 즉, 장기적인 상승세를 유지하는 데 유리한 환경을 갖추고 있죠.

아쉽게도 우리네 시장은 주가가 조금만 상승하려고 하면 단기로 차익을 실현하려는 매물이 많고 외국인들에 의한 수급 변동이 커서 추세를 추종하기가 어렵습니다. 그래서 짧은 주기의 단타나 변동성을 활용한 단기 및 스윙 매매가 효과적입니다. 上 편에 소개한 박스권 매매법이 국내 시장에 맞춘 매매법이라 할 수 있겠습니다.

그럼 "신고가 추세매매는 미국 시장에서만 하라!"는 말일까요? 꼭 그렇지는 않습니다. 우리나라 시장에서도 신고가 추세매매를 통해 충분히 수익 낼 수 있는 경우가 많이 있습니다.

[그림138] HD현대일렉트릭 주봉차트

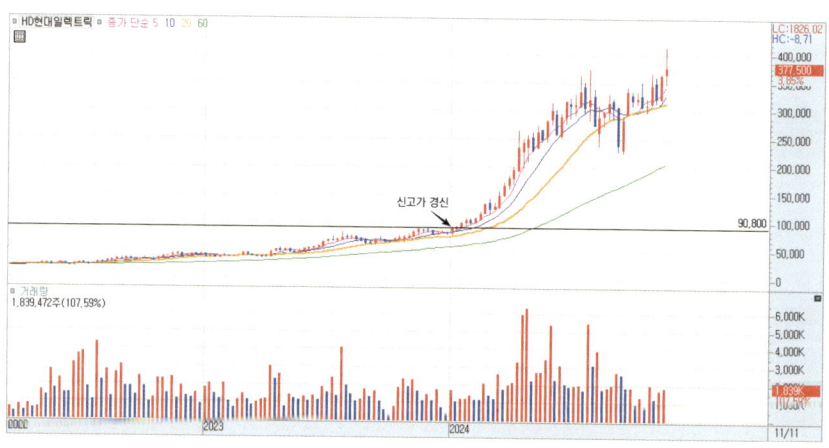

해당 종목의 재료를 떠나서 일단 차트적으로만 보겠습니다. HD현대일렉트릭의 주가는 2024년 초 신고가를 경신하며 10만 원을 돌파해

30만 원대까지 상승했습니다. 갑작스러운 급등이 아니라 서서히 상승세를 이어갔고, 2024년 중반에 조정받았지만, 다시 40만 원대까지 추가 상승을 시도했습니다. 이처럼 꾸준한 상승 흐름을 보이는 종목들은 의외로 많습니다.

[그림139] 한화에어로스페이스 주봉차트

한화에어로스페이스의 주가는 2024년 초에 전고점을 돌파하며 신고가를 경신하고 약 2배 이상 상승한 모습입니다. 특히 신고가를 경신하는 구간에서부터 주가는 큰 등락 없이 우상향 추세를 이어갔습니다.

[그림140] 알테오젠 주봉차트

알테오젠은 2024년 초 전고점을 돌파하며 신고가를 경신한 후 단숨에 상승하고 이내 조정받았지만, 다시 상승세를 이어가며 10만 원대에서 40만 원대까지, 4배 이상 오르는 모습을 보였습니다. 이렇게 국내 주식시장에서도 꾸준히 상승 추세를 이어가는 종목들은 분명히 존재합니다.

[그림141] 지수 비교 VS 신고가 종목(주봉차트)

　2024년 말까지 코스피와 코스닥의 양 지수와 신고가 종목들을 비교해 보면 흥미로운 차이가 있습니다. 양지수가 지지부진하며 급락하는 상황에서도 신고가 종목들은 쉽게 꺾이지 않았습니다. 특히 지수가 급락했던 구간에서 신고가 종목들도 일시적으로 하락했지만, 빠르게 회복하는 모습을 보였습니다. 흔히들 "지수를 이기는 종목은 없다"라고 하지만 이와 같은 사례처럼 지수가 급락해도 오히려 상승하는 종목들은 분명히 존재합니다.

[그림142] 주봉차트 지수 비교 VS 신고가 종목

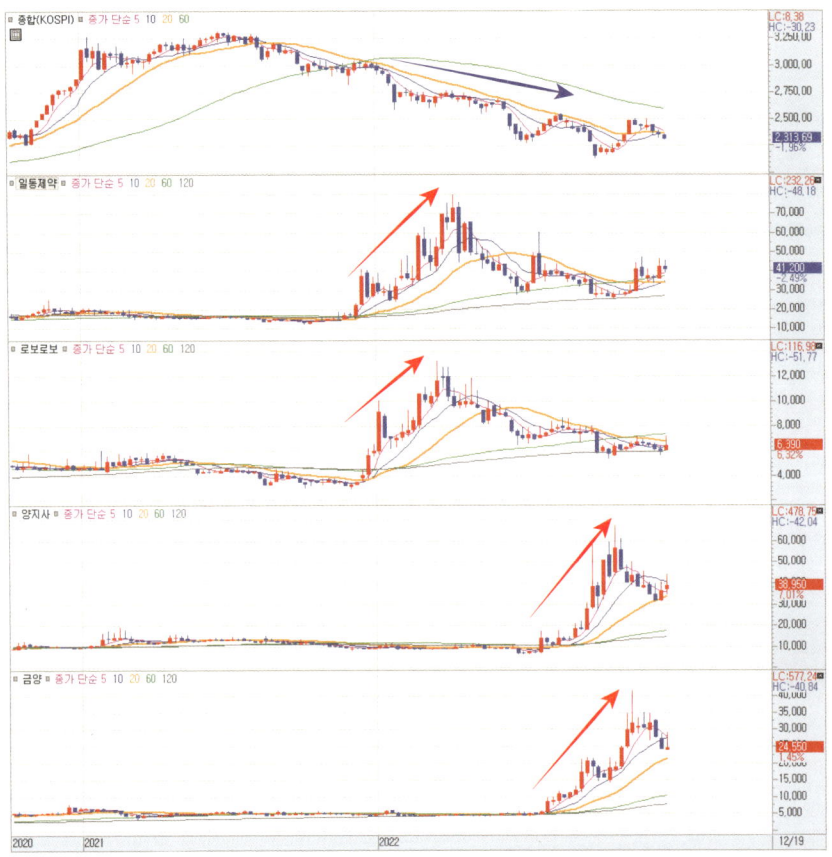

대표적인 하락장이었던 2022년에도 신고가를 기록한 종목들이 있었습니다. 1년 내내 하락세가 이어졌기 때문에 장기간 상승한 종목은 많지 않았지만, 상반기나 하반기에 크게 오른 신고가 종목들이 존재했습니다. 대표적으로 일동제약과 로보로보는 상반기에 신고가를 기록한 종목들이며, 양지사와 금양은 하반기에 신고가를 기록한 종목들입니다. 이들 종목은 지수가 하락할 때도 빠르게 회복하여 상승세를 이어갔습니다.

이렇듯 국내 시장이 부진한 상황에서도 신고가를 경신하며 상승하는 종목들은 언제든지 나타납니다. 특히 지수가 급락할 때 신고가 종목들도 일시적으로 하락하지만 대부분 다른 종목보다 빠르게 회복하며 다시 큰 폭의 상승세를 이어가는 경향이 있습니다. 따라서 약세장에서 신고가 종목을 공략하는 것이 다른 종목을 노리는 것보다 유리할 수 있습니다. 다만, 모든 신고가 종목이 그렇지 않다는 점이 문제입니다.

그러므로 신고가에도 기준이 필요합니다. 대표적으로 1년 기간을 나타내는 52주 신고가가 있습니다. 하지만 필자의 생각에는 52주 신고가보다 더 긴 기간을 기준으로 최소 3년 또는 5년 이상 전고점을 돌파하여 신고가를 기록한 종목이 더 의미가 있다고 봅니다. 특히 역사적 신고가를 달성한 종목이 더욱 좋은 기준점이 될 수 있습니다.

최소 3년 이상 장기간에 걸쳐 전고점을 돌파한 종목은 52주 신고가 종목보다 확실한 실적의 기대, 성장이나 산업적 변화와 같은 강력한 재료가 뒷받침되는 경우가 많아 추세를 추종하는데 신뢰도가 높습니다.

[그림143] 신고가 설정

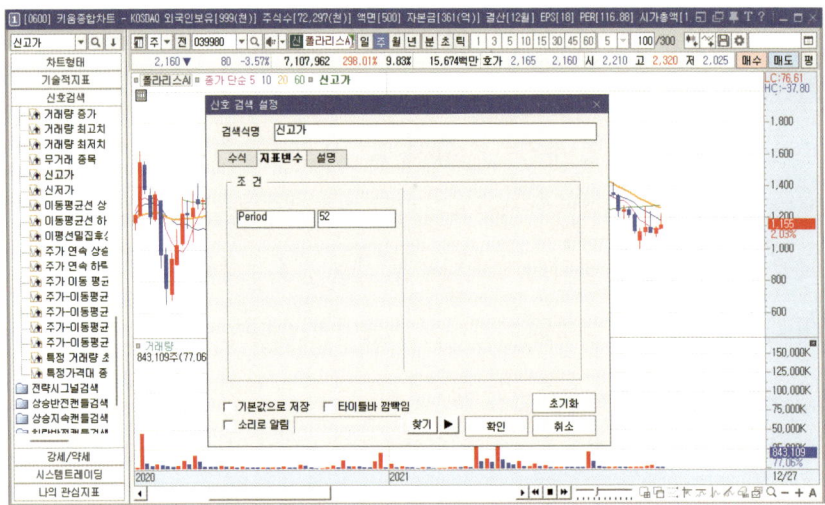

예를 들어 설명해 보겠습니다. 먼저 주봉 차트 화면에서 왼쪽의 [신호검색]을 클릭한 후, 아래로 스크롤하여 [신고가] 항목을 선택합니다. 그러면 차트 화면에 초록색 화살표가 나타납니다. 이 화살표를 더블클릭한 뒤 Period 값을 52로 수정합니다. 이렇게 하면 주봉 차트 화면에서 52주 신고가로 표시된 부분을 확인할 수 있습니다.

이 책을 보고 있는 독자분들도 주봉 차트에서 위의 설정을 직접 따라 해보시길 권합니다. 52주 신고가 이후 주가의 흐름을 직접 확인해 보면 실제 움직임을 이해하는 데 도움이 될 것입니다.

[그림144] 폴라리스AI 주봉차트

　폴라리스AI 주가는 2021년 4월경에 처음으로 52주 신고가를 달성한 뒤, 몇 주간 상승세를 이어갔지만 결국 장기적인 상승에 실패하고 시세의 원점까지 하락했습니다. 이렇게 오랜 바닥권에서 탈출하는 종목에서 52주 신고가가 주로 발생하는데 이때 주가는 바닥권에서 매물 소화가 충분히 이루어지지 않았거나 단순한 이슈로 인해 급등한 경우, 상승세가 오래 지속되지 못하고 결국 주가는 상승폭을 모두 반납하게 됩니다.

[그림145] HD현대 주봉차트

　차트에서 큰 박스권이 형성된 구간에서도 52주 신고가가 나타나는 경우가 있습니다. 그러나 이때 주가는 추세적으로 서서히 상승하기보다는 계속 박스권을 보이며 움직였고, 오히려 52주 신고가가 단기 고점으로 작용했습니다. 52주 신고가 이후 주가가 반 개월 이상 긴 상승세를 유지한 적이 없었습니다. 이처럼 주가가 52주 신고가를 달성했더라도 주가의 위치가 박스권 내에 갇혀 있거나, 바닥을 탈출할 때 나타난 신고가는 상승 추세가 길게 이어지지 않을 가능성이 있습니다.

　물론 예외적으로 바닥권에서 오랜 시간 동안 매집이 이루어지거나 강력한 재료가 있는 경우에는 주가의 상승추세가 길게 이어질 수도 있습니다.

[그림146] 하나투어 주봉차트

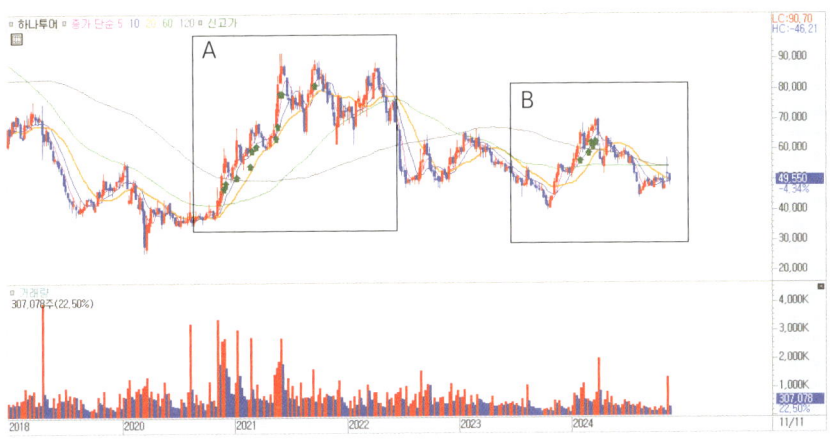

　A구간은 바닥권에서 52주 신고가가 처음 나온 후 상승 추세가 비교적 길게 유지가 되었지만 B구간에서는 그렇지 않았습니다. 왜 이러한 차이가 발생했을까요? 한번 추측해 보시길 바랍니다.

　A구간의 경우, 바닥권에서 충분한 매집이 이루어졌거나 강력한 재료가 뒷받침되었을 수 있겠죠? 이럴 때 주가는 상승 추세를 길게 이어갈 수 있습니다. 반면에 B 구간에서는 매물대 저항에 막혔거나 상승을 지속할 만한 확실한 재료가 부족했을 수도 있습니다.

[그림147] 하나투어 월봉차트 - 52주 신고가

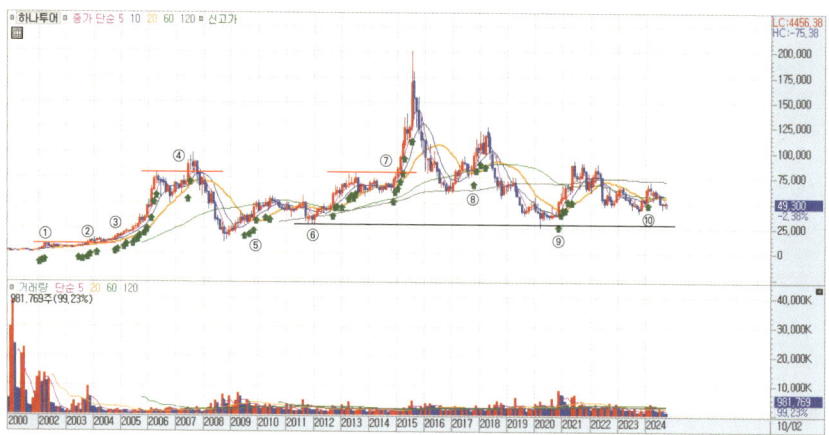

하지만 무엇보다도 신고가 추세매매에서 중요한 것은 신고가가 나왔을 때 전체적인 주가 흐름 속에서 주가가 어느 국면에 위치해 있는지 직접 확인하는 것입니다. 이를 위해 가급적 월봉 차트를 참고하는 것이 좋습니다.

위의 차트를 살펴보면 장기간 상승 추세가 유지되는 국면은 주로 역사적 신고가를 달성하는 구간이었습니다. ①, ②, ③, ⑦ 구간이 이에 해당합니다. 반면 ④ 구간은 실패하고 ⑤, ⑥, ⑧, ⑨, ⑩ 구간은 대부분 기술적 반등의 자리로 전저점이나 이평선 부근에서 발생한 신고가입니다. 대체로 역배열 구간에서 52주 신고가가 발생했더라도 상승의 지속 시간이 짧거나, 상승폭이 제한적인 경우가 많습니다.

[그림148] 하나투어 월봉차트(156주 신고가 = 3년 신고가)

이번에는 신고가 신호를 3년, 즉 156주로 변경해 보았습니다. 역배열 자리에서는 초록색 신고가 신호가 나타나지 않는 것을 볼 수 있습니다. 바닥권에서 상승이 지속되더라도 매매 원칙상 관심을 두지 않고, 위 차트처럼 신고가를 더 긴 기준으로 설정하면 종목의 수를 줄이면서 상승세가 장기간 이어질 가능성이 높은 종목을 찾을 수 있을 것입니다. 즉, 최소 3년 이상 또는 역사적 신고가를 달성한 종목에만 관심을 갖는다는 원칙을 세우는 것이죠.

그런데 여기서 또 하나의 문제는 그렇게 원칙을 세우고 종목을 찾아도 7할 이상의 종목이 상승 추세를 유지하지 못합니다. 상승폭을 그대로 반납하거나 최고점을 찍은 후 횡보하며 오랜 시간 박스권 움직임을 보이는 경우가 매우 많다는 점입니다. 정말로 그렇습니다.

아마 차트보다 더 근본적인 이유가 있어서겠죠?

2) 재료의 조건

지난 上편의 박스권 매매에서는 재료를 주로 단기적인 관점에서 평가했습니다. 그러나 신고가 추세매매에서는 재료를 더 긴 흐름으로 중장기적인 관점에서 살펴볼 필요가 있습니다. 물론 단기적인 변동성을 만들어 내는 재료도 중요하지만, 신고가를 지속적으로 경신하기 위해서는 중장기적으로 영향을 미칠 수 있는 재료가 필요합니다.

특정 기업의 실적이 아닌, 그 기업이 속한 산업이 성장할 수 있다는 기대감이 지속되어야 합니다. 즉, 산업 트렌드와 연관된 재료여야 합니다.

산업 트렌드란 중장기적으로 산업의 성장과 변화를 이끄는 구조적인 흐름을 말합니다. 기술 혁신, 규제 변화, 공급 및 수요의 변화, 산업 내 경쟁 구도 변화 등이 해당합니다. 이러한 산업 트렌드를 갖는 재료의 특징은 많은 종목에 영향을 미칩니다.

대표적인 예로 미국의 생물보안법을 들 수 있습니다. 이 법안의 핵심은 미국에서 활동하는 외국 바이오 기업이 미국 국민의 유전자 데이터를 활용하거나 이를 자국으로 유출하는 것을 금지하는 데 있습니다. 이 법은 표면적으로 생물학적 위협과 데이터 보안 강화라는 명분을 내세우고 있지만, 실제로는 중국을 견제하는데 있습니다. 즉, 규제를 통해 경쟁 구도를 변화시키려는 움직임도 산업 트렌드의 일환으로 볼 수 있습니다.

이 법은 2024년 1월 25일 미국 상·하원에서 공동으로 발의되었습니다. 발의 후 상원 상임위, 하원 상임위를 거쳐 각각의 본회의에서 통과되면 대통령이 서명하여 최종적으로 법률로 확정됩니다.

여기서 잠깐 미국의 양원제 입법과정을 살펴보면

상원 발의 → 상원 상임위원회 → 상원 본회의 → 하원 상임위원회 → 하원 본회의 → 대통령 서명

하원 발의 → 하원 상임위원회 → 하원 본회의 → 상원 상임위원회 → 상원 본회의 → 대통령 서명

*상·하원에서 통과된 법안 내용이 다를 경우, 조정위원회를 통해 합의된 법안이 마련됩니다. 이러한 일반적인 절차를 통해 법안이 법률로 제정됩니다.

그런데 이러한 절차를 거치지 않고 생물보안법처럼 국가 안보와 직결된 긴급한 사항들은 초당적 지지하에 상·하원이 동시에 법안을 논의할 경우, 입법 절차가 빠르게 진행됩니다.

일반적으로 입법 절차는 한쪽 의회(상원 또는 하원)에서 법안이 통과되는 데 3~6개월이 소요되며, 이후 반대쪽 의회로 넘어가 논의될 때에도 비슷한 시간이 걸립니다. 여기서 상·하원에서 통과된 법안 내용이 다를 경우, 조정위원회를 통해 합의하는 데 추가로 1~2개월이 소요될 수 있습니다. 이런 과정을 거치면 평균적으로 6개월에서 1년 정도의 시간이 소요되곤 합니다. 그러나 상·하원에서 동시에 논의가 이

루어질 때에는 입법 절차가 상대적으로 빨라져, 평균적으로 3~6개월 내에 완료되는 경우가 많습니다. 물론, 꼭 그렇다는 것은 아니고 대략적인 기준일 뿐이며 법안의 중요성이나 정치적 상황에 따라 소요 기간은 유동적일 수 있습니다. 중요한 것은 발의된 법안이 산업 구조와 규제에 중대한 변화가 생길 경우, 해당 산업에 속한 기업들은 수혜를 받아 산업 트렌드로 자리 잡게 될 수가 있습니다.

실제로 2022년 8월, 미국은 반도체 산업 지원을 목적으로 칩스법을 통과시켰고 이후 한국에서도 2023년 3월 말 K칩스법을 통과시키며 반도체 산업 트렌드가 형성되었습니다. 이러한 흐름 속에서 당시 많은 반도체 관련 종목들이 신고가를 기록했습니다. 같은 달 미국의 인플레이션 감축법(IRA)도 통과시켜 친환경 에너지 수혜로 전기차 산업도 트렌드가 형성되면서 국내에도 2차전지 관련주를 비롯한 여러 종목들이 신고가를 기록하며 시장의 주목을 받았습니다.

[그림149] 관련 섹터의 뉴스 제목

날짜	시간	제목
2024/09/11	12:55:28	美 생물보안법 직격탄 우시앱텍, "비합리적" 강한 반발
2024/09/11	12:38:27	[특징주]랩지노믹스, 美생물보안법 상원 통과 가능성↑…국내 유전체 분
2024/09/11	11:22:00	美 생물보안법 수혜 기대되는 국내 제약바이오…비중확대를 고려 중이
2024/09/11	11:20:00	美 생물보안법 하원 통과…국내 제약바이오업계 '함박웃음'
2024/09/11	10:49:35	하나證 "에이프로젠, 10종의 바이오시밀러 파이프라인업 긍정적…美생
2024/09/11	10:23:09	생물보안법 '미국 하원' 통과… 수혜주 에스티팜 주가 향방은
2024/09/11	09:47:02	IBK證 "美 생물보안법 하원 통과… 국내 바이오 기업 반사 수혜 기대
2024/09/11	09:30:23	[매매의 기술] 반도체 유리기판 핵심소재 양산 공급 시작 '와이씨켐' VS
2024/09/11	09:30:03	[특징주] 삼성바이오로직스, 美 생물보안법 통과에 1년 내 최고가
2024/09/11	09:10:17	[특징주] 삼성바이오로직스, 신고가…美 생물보안법 하원 통과 영향
2024/09/11	08:32:25	[리포트 브리핑]바이넥스, 'cGMP 인증과 생물보안법 수혜 전망' Not Rat
2024/09/11	08:03:09	美 생물보안법 통과…국내 바이오 기업 수혜 전망
2024/09/11	05:00:00	생물보안법, 美하원 통과…삼바 등 국내 CDMO 기업 수혜 기대
2024/09/11	01:19:15	美생물보안법 'K바이오'엔 기회…中 대신 글로벌 파트너 꿰찬다
2024/09/10	18:18:52	美 '생물보안법' 통과…K바이오 기회 왔다
2024/09/10	17:53:25	中 견제 고삐 바짝 죄는 美… 하원, 생물보안법 등 무더기 처리
2024/09/10	17:48:30	美생물보안법 'K바이오'엔 기회…中 대신 글로벌 파트너 꿰찬다
2024/09/10	17:36:42	생물보안법, 美 하원 통과…국내 CDMO '기대만발'
2024/09/10	17:13:50	생물보안법 美 하원 통과 K바이오 반사이익 기대
2024/09/10	16:52:22	생물보안법 美 하원 통과…삼성바이오로직스 3% 마감 [특징주]
2024/09/10	14:18:23	[특징주] 삼성바이오로직스, 美 생물보안법 수혜 기대감에 100만 원 재
2024/09/10	14:01:10	[특징주]소마젠, 美생물보안법 통과…국립보건원 유전체 분석 서비스 공
2024/09/10	13:36:03	[오후의 쟁점] 美 생물보안법 통과 '제약·바이오' / 바닥이 보인다?

2024/06/06	17:34:04	"美생물보안법, K바이오 점유율 높일 기회"
2024/06/05	15:32:00	마티카 바이오테크놀로지, 美 생물보안법 수혜
2024/06/05	15:00:00	"美 생물보안법이 기회 될 것" 차바이오그룹, 세포유전자치료제 시장
2024/06/05	15:00:00	"中견제 '생물보안법' 수혜 기대" 차바이오텍 美 자회사, CGT CDMO 강화
2024/06/05	13:32:30	[바이오 USA] [2024] 대통령실, 바이오USA 참관…생물보안법 동참하나
2024/06/04	15:45:29	"美 생물보안법 日도 수혜 커…후지필름 공세 만만치 않아"
2024/06/04	13:54:04	[바이오 USA] [2024] 美 생물보안법, 한국에 유리?…후지필름 경계해야
2024/05/28	17:50:11	[수익 내비게이터] 미용 제품·의료기기 제조 '바이오플러스' vs 생물보
2024/05/28	00:42:38	에스티팜 "美 생물보안법 兆단위 수혜 기대"
2024/05/27	18:24:12	에스티팜 "美 생물보안법 兆단위 수혜 기대"
2024/05/27	05:00:00	韓?日, 미국생물보안법에 CDMO 고객 유치전
2024/05/22	02:03:00	[투데이 窓]美생물보안법에 K바이오산업 '미소' 지으려면
2024/05/20	15:02:15	[IRFOCUS] 프레스티지바이오로직스, 잠재고객사 공장 실사 미팅 성료…
2024/05/20	10:41:08	프레스티지바이오로직스, 美 생물보안법 물량 수주 가능성 '한걸음 더'
2024/05/17	16:57:00	美 생물보안법 입법 속도…삼성바이오로직스 수혜 누릴 전략은?
2024/05/15	10:00:00	美 생물보안법 입법화에 속도, 국내기업 수혜 기대감↑
2024/05/15	10:00:00	中기업 떼내는 美 생물보안법… K제약바이오 진격 기회
2024/04/08	11:05:53	[SEN]에이프로젠, 美 생물보안법 수혜 기대 … "세계 최고 수준 퍼퓨
2024/04/08	10:01:33	에이프로젠, 美 생물보안법 수혜 기대 "세계 최고 수준 퍼퓨전 기술 부
2024/03/27	11:36:10	바이넥스 에스티젠 에스티팜 등 美생물보안법 수혜 예상
2024/03/24	13:53:41	美 생물보안법, 의약품 시장 공급망 혼란 부메랑 되나
2024/03/20	13:50:04	'4년간 6600개 수주했는데 갑자기 8만개 계약'…소마젠, 美생물보안법
2024/03/19	18:41:45	프레스티지바이오로직스, '美 생물보안법 대응 TFT' 신설

생물 보안법은 2024년 1월 25일 상·하원에서 공동 발의되었으며 3월 초와 5월 중순에 각 상원, 하원상임위원회를 통과했습니다. 이후 9월 초에는 하원 본회의를 통과했는데요. 위 뉴스를 보면 생물보안법이 각 단계에서 통과될 때마다 국내 바이오·제약 종목들에 수혜가 된다는 뉴스들이 계속 나오고 있죠? 법안 통과에 대한 기대감과 통과 후 실질적인 수혜 업종에 대한 기대감은 해당 업종에 장기적인 상승 추세를 형성할 수 있습니다.

이렇게 하나의 재료가 산업 전반에 미치는 영향도가 크다면 많은 종목에 영향을 끼칠 뿐만 아니라, 단기적인 변동성을 넘어 특정 종목에서 신고가 추세를 이어가는 중장기적인 상승세를 만들어 낼 수 있습니다.

[그림150] 제약바이오 종목(주봉차트)

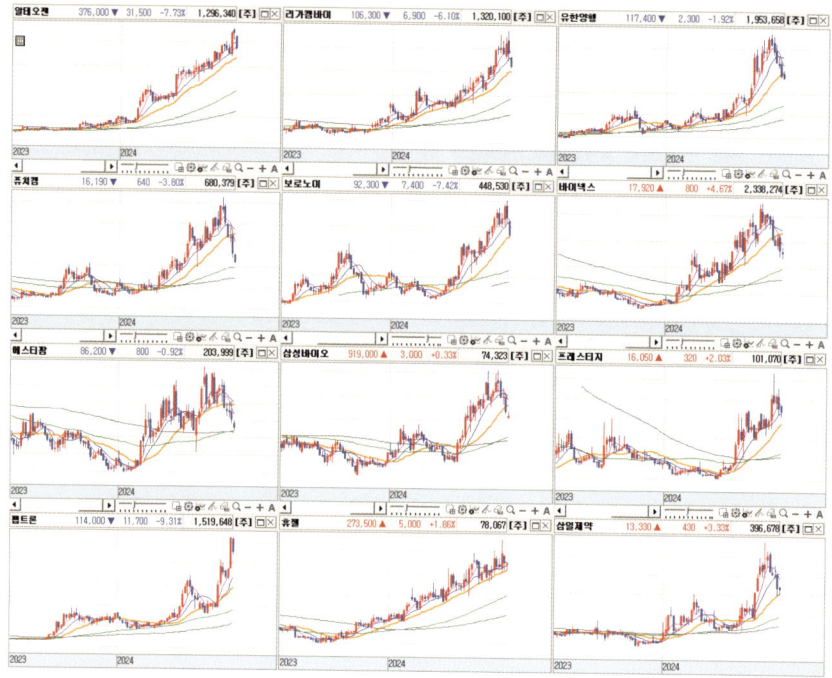

　당시 많은 바이오·제약 관련 종목들이 생물보안법의 수혜에 대한 기대감으로 산업적 트렌드를 탔으며, 그중에서도 개별 재료를 보유하거나 실적이 뛰어난 종목들은 신고가를 계속 경신하며 장기간 상승했습니다. 신고가 추세매매에서는 이러한 종목들을 선별하여 투자하는 것을 기본 원칙으로 삼습니다. 즉, 산업적 변화의 큰 흐름에서 재료가 있거나 실적이 기대, 개선되는 종목을 찾아야 합니다.

　한편 공급 및 수요의 변화도 산업적 트렌드가 될 수 있습니다. 대표적인 예로 미국의 전력망 수요 급증입니다.

　당시 미국의 전력 설비는 상당수가 1960~1970년대에 건설된 노후

설비로, 교체 수요가 급격히 증가하고 있었습니다. 이에 따라 2023년 10월 중순, 미국 정부는 노후화된 전력망을 현대화하기 위해 35억 달러 규모의 대규모 투자 계획을 발표했습니다. 미국 정부의 사상 최대 규모의 직접 투자라 평가되었고 전력 설비와 기기관련 제조업체들에게 큰 영향을 미쳤습니다.

실제로 미국의 전력망 투자가 공급이나 수요에 변화를 일으켰는지 확인하려면, 관련 품목의 수출입 데이터를 분석해야 합니다. 예를 들어 변압기, 전선, 전력 설비 같은 관련 산업 품목의 수출입 금액과 물량 변화 추이를 살펴봐야 한다는 것이죠. 이를 직접 확인하기 위해서는 관세청 수출입 무역통계 사이트나 한국무역협회(KITA)사이트에 접속해 해당 품목의 데이터를 조회[2]하고 분석해야 합니다.

---

2) HS코드(국제 표준 품목 분류 코드)를 입력해 직접 조회할 수 있습니다.

[그림151] 초고용량 변압기 수출액 추이(단위 : 천 달러)

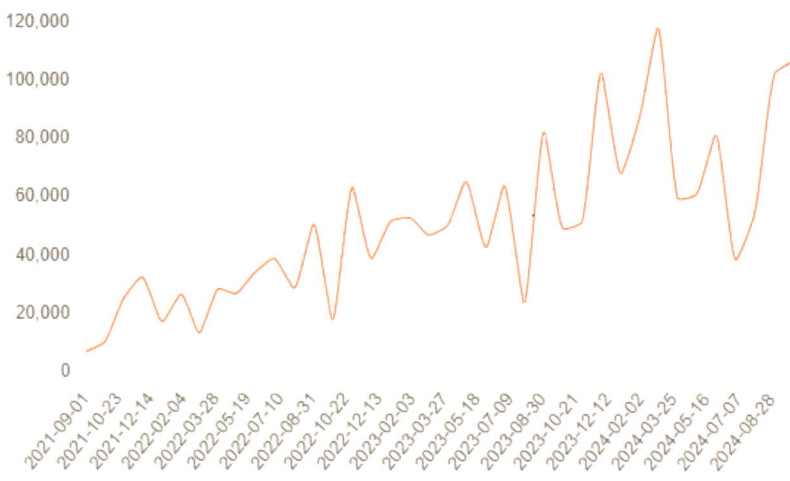

자료: 월별 관세청 수출입 무역 / 초고용량 변압기 1만킬로볼트암페어(kVA)

　　관련된 데이터가 지속적으로 증가하는 추이가 발견된다면 해당 산업에서 트렌드가 형성되고 있다는 신호로 해석할 수 있겠습니다. 위 초고용량 변압기 수출액 데이터를 보면 2023년 하반기 들어 수출액이 크게 증가하고 있는 추세로 해당 산업에 영향을 미쳤다고 해석할 수 있겠죠? 단, 이 책에서는 설명을 위해 위 데이터 하나만 다루고 있지만, 실제 분석에서는 여러 관련 품목의 추이도 함께 확인해야 합니다. 또한, 해당 국가로 수출이 증가하고 있는지 다각도로 분석하고 이와 관련된 종목들도 관련 품목을 다루는지 확인해야 합니다. 의외로 확인해야 할 요소가 많아 과정이 번거롭게 느껴질 수 있습니다. 시간을 절약하기 위해 여러 증권사의 산업 리포트와 관련 뉴스를 참고하여 데이터를 확인하는 것을 추천합니다.

[그림152] 관련 섹터의 뉴스 제목

날짜	시간	뉴스 제목
2024/07/10	11:22:07	조석 "전력시장 수요, 빅데이터·AI가 이끌 것"
2024/07/10	08:13:28	"효성중공업, 미국에 이어 유럽도 전력기기 수혜 증가"
2024/07/10	01:27:05	"AI로 전력수요 폭증"…전력인프라 ETF '상장 러시'
2024/07/09	18:37:05	"AI로 전력수요 폭증"…전력인프라 ETF '상장 러시'
2024/07/09	17:00:09	"AI·데이터센터 전력 수요, 이제부터 본격화" 조석 HD현대일렉트릭 대
2024/07/08	12:51:21	[리포트 브리핑]LS, '주주환원 확대 및 전력수요 증가로 밸류 레벨업'
2024/07/07	08:00:00	AI 발전에 폭발하는 전력 수요…핵심만 담은 ETF 온다
2024/07/04	18:00:07	[글로벌 핫스톡] 넥스트에라에너지, 시흥 전력수요·탄소재로 수혜
2024/07/02	19:30:55	장마에 전력수요 감소세…이번주 수급 안정 전망
2024/07/02	16:41:59	요약-레데리아: 스페인의 6월 전력 수요, 전년 동월 대비 0.9% 증가
2024/07/01	04:34:18	번스타인 "AI 데이터센터 전력 수요 증가 따른 수혜주 주목"
2024/07/01	10:41:59	AI·전기차에 美 전력 수요 폭증…"발전량 못늘리면 국가 안보 악영향"
2024/06/28	16:52:55	BUZZ-GS, 테르나, 포럼 등급 하향 조정했지만 유럽 전력 코스에 대한 수
2024/06/28	00:30:53	텍사스 전력 수요, 폭염으로 6월, 7월 기록 경신, 그리드 운영자는 말
2024/06/27	17:16:18	한난, 양산 열병합발전소 준공…"양산시 전력수요 25% 감당"
2024/06/27	01:46:31	텍사스 전력 수요, 폭염으로 6월, 7월 기록 경신, 그리드 운영자는 말
2024/06/22	03:48:50	폭염으로 뉴 잉글랜드 전력 수요가 급증한다고 EIA는 말합니다.
2024/06/21	17:34:16	[오늘의 테마] 여름철 전력 수요 급증 수혜 '전력설비'
2024/06/21	17:07:51	여름철 최대 전력수요 97.2㎿…공급능력 104.2㎿ 확보
2024/06/21	13:48:03	시발 전력 수요 급증에 전력설비 및 전선주 상승세, 핵심관련주는?
2024/06/20	03:40:00	"전력수요 감당 못한다" 산유국인데도 단전하는 '이 나라' 얼마나 덥기
2024/06/20	11:45:23	"8월 2주차 최대 전력수요 92.3㎿, 원전 21기 가동"
2024/06/20	11:18:28	8월 둘째주 저녁에 돌아올 최대 전력 수요…전력수급 안정적
2024/03/08	06:01:00	LS·대한전선, 전력 수요 호황 타고 해외 수주 행진
2024/03/06	14:44:49	대한전선, 글로벌 전력망 성장 가속화
2024/02/29	08:57:32	"HD현대일렉트릭, 전력기기 호황 당분간 이어진다…목표가↑"-NH
2024/02/29	07:55:41	HD현대일렉트릭, 전력기기 수요 확대로 호황기 계속…목표가↑-NH
2024/02/27	08:04:30	효성重, 전력 산업 호황에 건설 리스크 감소…목표가↑-신한
2024/02/27	07:48:21	효성중공업, 전력산업 호황…실적 성장 기대-신한투자
2024/02/13	16:47:24	'슈퍼 호황' 전력기기 3社…"해외 공략 국가 더 늘릴 것"
2024/02/05	08:11:20	HD현대일렉트릭, 전력기기 시장 호황으로 성장세…목표가↑-다올
2024/02/02	16:55:10	HD현대일렉, 역대 최대 실적 달성…"전력기기 호황 효과"
2024/02/02	13:59:03	HD현대일렉, 최대 실적 경신…전력기기 호황에 날개
2024/02/01	15:49:12	북미·중동 시장 호황…전력기기 3사, 그룹사 실적 견인
2024/01/04	11:30:00	전력기기 호황 계속된다…美·유럽 수주 전망 '파란불'
2023/12/23	06:00:00	조석 HD현대일렉트릭 사장, 전력 기기 호황 수혜 '한 몸에'
2023/12/15	13:53:18	대한전선, 전력망 인프라 호황기 대비 생산능력 증대 중…"미터로 생산
2023/11/24	13:45:27	[오후의 쟁점] 호황 사이클 지속 '전력기기' / 100조 시장이 온다 '비만
2023/07/27	15:30:10	현대엘, 2분기 매출 15조…'조선·건설기계·전력기기 '호황' 지
2023/07/12	18:08:07	[김기수's 돌직구 타임] 슈퍼 호황기 맞은 전력기기 / 건설장비株
2023/06/29	09:00:00	전력 인프라 호황에 HD현대·LS, 실적도 수주도 '짜릿'
2023/06/09	07:50:54	LS ELECTRIC, 전력인프라 호황에 2분기도 역대 최고 실적…목표가↑-키
2023/05/03	08:05:13	"효성중공업, 전력기기 부문 호황과 성장이 핵심"-신한鬪
2023/04/25	08:51:05	"현대일렉트릭, 전력기기 산업 초호황을 제대로 보여주는 서프라이즈" -
2023/04/05	08:01:24	"현대일렉트릭, 북미發 전력기기 호황…목표가 상향"
2023/04/05	07:41:37	현대일렉트릭, 전력기기 전세계적 호황…목표가↑-신한

관련 뉴스를 참고한다면 실제로 2023년부터 전력기기가 전 세계적 호황이라는 소식이 자주 나왔죠. 게다가 2024년 중반부터는 노후화된 전력 설비 교체 외에도 AI, 데이터센터, 전기차 충전 인프라 등의 신규 전력 수요 증가 소식으로 관련 섹터가 시장에서 계속 관심을 받았습니다.

[그림153] 전력 설비 관련주(주봉차트)

당시 전력 설비 관련주들은 실제로 큰 폭으로 상승한 것을 확인할 수 있습니다. 이렇게 특정한 산업군에서 공급 및 수요가 크게 변하고 장기간 지속될 수 있다면 산업 트렌드가 되어 관련 종목에 영향을 미치게 된다는 것입니다. 결론적으로 공급과 수요의 구조적 변화는 산업적 트렌드의 주요 재료가 되며 이에 부합하는 종목 중 실적이 좋거나 재료가 있는 종목은 장기간 상승 추세가 지속될 수 있습니다.

기간 종목	22(1Q)	22(2Q)	22(3Q)	22(4Q)	23(1Q)	23(2Q)	23(3Q)	23(4Q)	24(1Q)	24(2Q)	24(3Q)
HD현대일렉트릭	3518	5401	5351	6775	5686	6425	6944	7973	8010	9169	7887
매출액(위)/영업익(아래)	167	272	378	512	463	588	854	1246	1288	2101	1638
효성중공업	5995	9268	7863	11975	8465	11227	10394	12920	9845	11938	11452
매출액(위)/영업익(아래)	-48	421	561	498	141	857	946	634	562	627	1141
일진전기	2870	3067	2621	3089	3007	3040	2855	3565	3413	4338	3314
매출액(위)/영업익(아래)	98	37	85	95	171	130	158	148	183	245	147
LS ELECRIC	7297	8788	8389	9296	9758	12018	10226	10304	10386	11324	10212
매출액(위)/영업익(아래)	406	601	607	261	818	1049	701	681	937	1096	665
대한전선	5894	6384	5688	6539	7039	7544	6300	7556	7885	8643	8044
매출액(위)/영업익(아래)	118	140	28	196	177	240	174	207	288	374	272
서전기전	112	60	88	248	44	81	78	230	53	96	155
매출액(위)/영업익(아래)	-9	-20	-16	16	-33	-14	-29	43	-39	-37	-32

위 표를 보면 주가가 장기간 상승 추세를 보인 종목은 매출액과 영업이익이 꾸준히 증가한 HD현대일렉트릭, 효성중공업 등의 종목이었습니다. 하지만 단기적인 변동성을 보인 후 다시 원래 주가 수준으로 회귀하는 모습을 보여준 서전기전은 매출액과 영업익이 정체된 모습입니다. 이렇게 실적의 증가가 뒷받침되지 않는 종목들은 단기적인 변동성에 그칠 가능성이 높기 때문에 실적 추이가 꾸준히 증가하는 종목에 주목해야 합니다.

그리고 정치적, 지정학적 요인이 산업 트렌드를 만들기도 합니다. 방산 관련주가 그 예입니다. 보통 전쟁 위협, 테러 같은 사건이 발생하면 방산 관련주들은 단기적인 변동성을 보이지만, 우크라이나-러시아, 중동 전쟁처럼 몇년간 지속된다면 세계 각국의 국방 예산이 증가하고 무기 수요 증가로 이어집니다. 이런 상황에서 방산산업은 단기적인 변동성이 아닌 장기적인 산업적 트렌드로 자리 잡게 될 수 있습니다.

[그림154] 관련 섹터의 뉴스 제목

날짜	시간	제목
2024/11/19	18:04:33	'트럼프 후광' 바이오·방산株 주목... K증시 향방 삼성 HBM대응에 달려
2024/11/19	11:22:00	변동성 장세에서도 힘내는 방산株...투자자들 레버리지 카드 '만지작'
2024/11/18	11:22:00	트럼프 정책 불확실성 속에서도 방산주는 '방긋'...모처럼의 기회 제대
2024/11/16	08:00:00	[ETF언박싱]미국·유럽 대표 방산주 5:5 투자
2024/11/15	11:22:00	방산주, 해외 시장 진입 기회 더 확대되나? 비중확대를 고려 중이었다면
2024/11/15	08:52:28	러·우 전쟁 끝나면 방산주 끝?..."군비경쟁 속도 붙는다" [인터뷰+]
2024/11/15	00:39:14	전 세계가 각자도생...글로벌 방산주, 일제히 진격
2024/11/14	17:23:41	전 세계가 각자도생...글로벌 방산주, 일제히 진격
2024/11/14	16:15:37	조선·전력기기·방산株 오른 세가지 이유 [한국주식 원포인트 레슨]
2024/11/13	09:39:04	엠앤씨솔루션, 트럼프發 방산주 랠리에 연내 상장 '속도전'
2024/11/12	11:25:07	트럼프 재선 소식에 방산株 '방긋'...외인들이 서둘러 줍는 이유는
2024/11/12	11:20:00	외인들 방산주로 장바구니 가득...트럼프 트레이드 핵심은 방산株
2024/11/11	11:25:04	외인들 '셀코리아' 지만 방산주는 다르다... 트럼프 재선 소식에 방산
2024/11/11	11:20:00	트럼프 당선 소식에 외인들 방산주로 장바구니 가득...만약 투자금이 부
2024/11/11	11:20:00	트럼프 당선 소식에 외인들 방산주로 장바구니 가득...만약 투자금이 부
2024/11/11	11:20:00	트럼프 당선 소식에 외인들 방산주로 장바구니 가득...만약 투자금이 부
2024/11/09	06:32:48	"트럼프 수혜주? 미국은 방산주, 한국에선"...검증된 고수 4인방의 추
2024/11/08	17:06:30	"미국을 다시 강력하게" 美방산주 위력 커지고 한국은 조선주 입밭네
2024/11/08	11:25:02	'트럼프 시대' 방산주 담은 外人...차·배터리 보단 방산株
2024/11/08	11:20:00	'트럼프 시대' 돌아오니 차·배터리 보단 방산株... 방산주 담는 外人
2024/11/07	20:20:12	트럼프 "이건 한국이 최고"...올들어 장중 신고가 쓴 조선·방산株 [
2024/11/07	10:08:00	[특징주] 트럼프 승리에 방산주 '훨훨'...한화시스템 6% ↑
2024/11/07	10:05:00	한국 증시 이탈하는 외국인...방산주와 조선주는 담는 이유가?
2023/12/05	17:00:17	유망하다는 K-방산株, 투자 전 따져봐야 할 '3가지' [투자360]
2023/12/04	11:35:06	2024년 골드만삭스는 '바이코리아', 방산주의 선택지는 K-방산
2023/12/04	11:24:16	골드만삭스 추천 K-방산주 "수주 확대로 내년 더 기대"
2023/12/02	08:00:00	진격의 K-방산株...왜 내년 성장세가 더 유망하다고 할까? [투자360]
2023/12/02	01:21:22	방산주 폭풍매수...한화에어로·현대로템 껑충
2023/12/01	18:03:38	방산주 폭풍매수...한화에어로·현대로템 껑충
2023/12/01	17:14:12	[오늘 장 필수요소] 골드만삭스, "韓 방산주 전망 긍정적"···산타랠리 선
2023/12/01	15:59:16	코스피, 외인·기관 '찰자'에 2500선으로 밀려... 방산주 상승
2023/12/01	15:39:38	[특징주] 방산주, 골드만삭스 추천 속 일제히 상승 마감(종합)
2023/12/01	14:19:49	[STOCK] "유망한 투자처" 방산株, 골드만삭스 전망에 강세... LIG넥스원
2023/12/01	11:35:02	골드만삭스 "2024년부터 '바이코리아'... 최선호주가 선택한 방산株
2023/12/01	10:09:50	한화에어로스페이스 등 방산주, 골드만삭스 추천에 강세
2023/12/01	09:52:05	[특징주] 방산주, 골드만삭스 추천에 일제히 강세
2023/12/01	09:48:06	[특징주] 방산주, 골드만삭스 추천 속 장 초반 강세
2023/12/01	09:38:27	[특징주] 방산주, 골드만삭스 추천 속 일제히 강세
2023/12/01	09:37:28	"한국 증시에서 가장 기대"...골드만삭스 찜한 방산주 급등
2023/12/01	09:19:12	[특징주]골드만삭스가 꼽은 방산주 일제히 강세
2023/11/30	14:06:21	보잉 등 방산주, 지정학적 리스크 고조로 수혜 예상 - AllianceB
2023/11/29	16:49:02	골드만삭스 "코스피, 내년 아태 지역 최고 이익 증가 전망...방산주 주
2023/11/29	16:28:49	골드만삭스 "내년부터 바이 코리아"...방산주 유망
2023/11/29	16:17:35	"내년 아시아 증시 최고 투자처는 한국"...방산주 사라
2023/11/29	15:18:35	골드만삭스 "한국 내년에 매력 투자처 부상"...방산주 추천
2023/11/29	14:32:16	골드만삭스 "내년 한국 증시 54% 성장"...방산주 추천

　해당 산업이 트렌드가 되는 뉴스는 주로 외국인이 어느 섹터에 대규모로 자금을 투자했다거니, 관련 산업 ETF에 뭉칫돈이 유입되었다는 내용으로 나오게 됩니다. 또한 주요 기업의 실적 개선, 정부 정책 지원, 혹은 산업전반의 수요 증가 등의 긍정적 뉴스가 계속 보도되면서 시장의 관심을 끌게 됩니다.

[그림155] 방산 관련주(주봉차트)

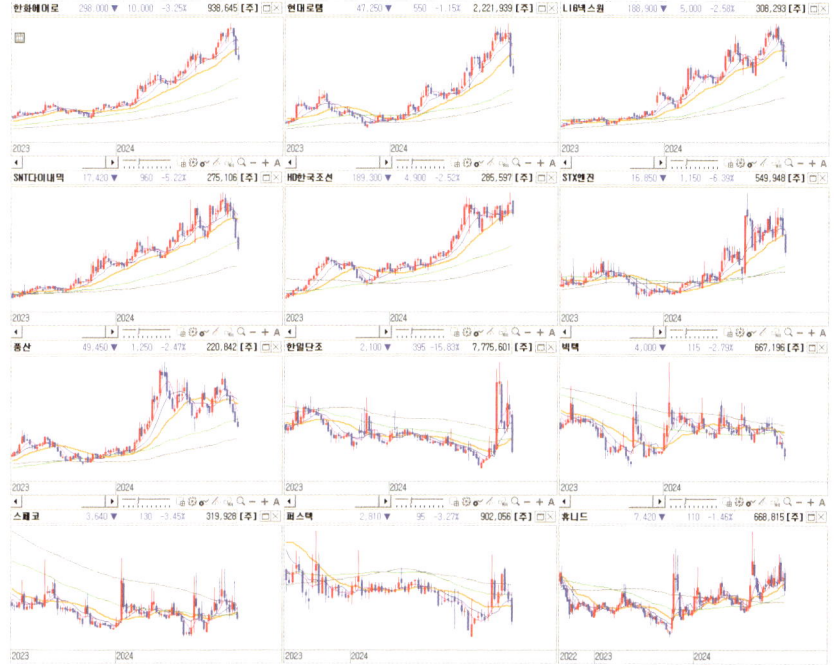

관련 종목들의 흐름입니다. 아래 표를 보면 한화에어로스페이스, 현대로템, LIG넥스원 등은 꾸준한 실적을 기반으로 24년 하반기까지 주가의 상승세가 장기간 유지되었던 반면, 실적 증가가 뒷받침되지 않는 종목들은 단기적인 변동성에 그치는 경우가 많았습니다.

기간 종목	22(1Q)	22(2Q)	22(3Q)	22(4Q)	23(1Q)	23(2Q)	23(3Q)	23(4Q)	24(1Q)	24(2Q)	24(3Q)
한화에어로스페이스	11666	14574	15116	29248	20379	19079	19815	34717	18483	27860	26312
매출액(위)/영업익(아래)	471	872	634	2026	2221	786	1147	2758	374	3588	4722
현대로템	6774	7858	7825	9176	6844	9868	9270	9892	7478	10945	10935
매출액(위)/영업익(아래)	236	314	318	607	319	672	411	698	447	1128	1374
LIG넥스원	4272	4903	6955	6078	5468	5458	5360	6800	7635	6047	7403
매출액(위)/영업익(아래)	505	472	583	231	682	402	411	369	670	491	519
한일단조	430	438	466	439	461	470	422	429	408	371	325
매출액(위)/영업익(아래)	8	19	39	80	48	52	31	22	31	35	10
빅텍	211	181	176	177	127	106	127	190	165	132	155
매출액(위)/영업익(아래)	14	5	1	-3	-14	-13	-7	-10	-3	-3	2
스페코	89	33	85	104	48	51	73	58	18	81	78
매출액(위)/영업익(아래)	-7	-18	-11	-1	-13	-6	-16	-7	-20	-10	-13

정리하자면 신고가 추세매매를 할 때는 단기적인 이슈보다 중장기적인 산업 트렌드를 가진 재료를 기반으로 실적이 증가하는 종목을 선별해야 합니다. 그리고 특정 산업에 돈이 몰리는 신호인 외국인 수급과 관련 ETF 자금의 유입도 체크를 하면서 시장의 돈이 어느 산업으로 몰리는지 그 흐름도 잘 파악할 수 있어야 하겠습니다.

3) 기술적 특징

신고가를 경신하는 종목들에서는 차트적인 공통점들이 있습니다. 전고점을 돌파하기 위해서 매물 소화의 과정을 거친다는 것입니다. 물론 매물 소화를 거치지 않고 상승하는 종목들도 더러 있지만 대부분 전고점 부근에서 매도세와 매수세가 격돌하는 과정을 통해 매물을 해소한 뒤 상승세를 이어갑니다. 그런데 이 매물을 해소하는 모습이 각 종목마다 다르기 때문에 한 가지 특정한 패턴으로 정의할 수가 없습니다. 즉 전고점 아래에서 매물을 해소하거나 전고점을 돌파한 구간에서 매물을 해소 또는 전고점을 크게 넘어선 상태에서 매물을 해소하고 상승하기 마련입니다.

[그림156] 전고점 아래에서 매물 소화

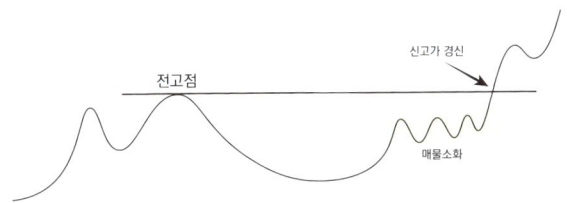

우선 위 그림처럼 주가가 전고점을 터치하지 못하고 그 아래에서 매물 소화를 하고 상승하는 경우가 있습니다. 이런 경우는 대체로 과거 한 차례 상승 후 몇 달간 조정을 거친 뒤 두 번째 상승을 이어가는 패턴에서 관찰됩니다. 특히 주가가 전고점에 근접했을 때, 조정 기간은 일반적으로 3개월을 넘지 않는 경우가 많습니다.

[그림157] 실리콘투 주봉차트

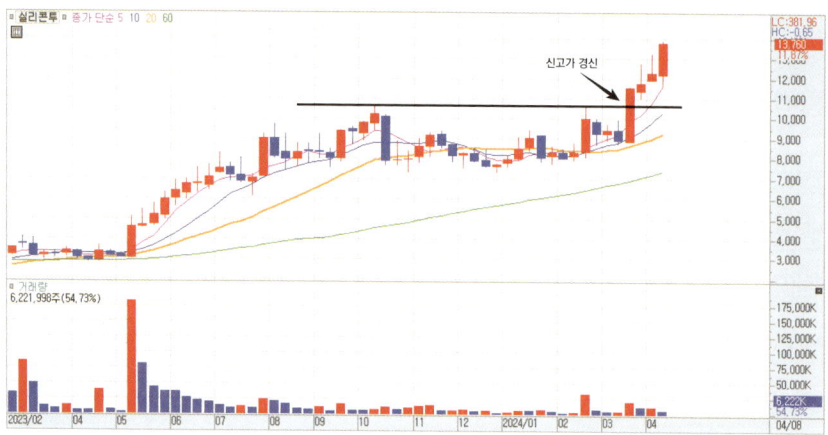

　　주봉차트입니다. 주가는 5월부터 10월 초까지 상승 후, 5개월 정도 기간 조정을 거쳤습니다. 이후 주가는 2월에 전고점을 향해 상승했지만 돌파하지 못하고, 3주간 조정받은 뒤 전고점을 돌파하며 다시 상승세를 이어갔습니다. 대체로 전고점에 근접해 있을 때 이런 형태로 움직인다고 보면 되겠습니다.

[그림158] 실리콘투 일봉차트

　일봉 형태로 자세히 살펴보겠습니다. 보통 전고점 턱밑까지 상승할 때는 대량의 거래량이 발생한 후 주가는 조정받습니다. 그러나 이 조정이 언제까지 지속될지, 어떤 방향으로 움직일지는 정확히 예측하기 어렵습니다. 다만 공통적으로 최대 장기이평선(60일선 등)을 타고 상승하는 특징을 보입니다. 위 일봉차트에서도 주가는 조정받는 동안 장기이평선인 60일선, 120일선 근처에서 확실히 지지받은 후 거래량이 본격적으로 증가하면서 전고점을 확실히 돌파하는 모습을 보였습니다.

[그림159] 한화에어로스페이스 주봉차트

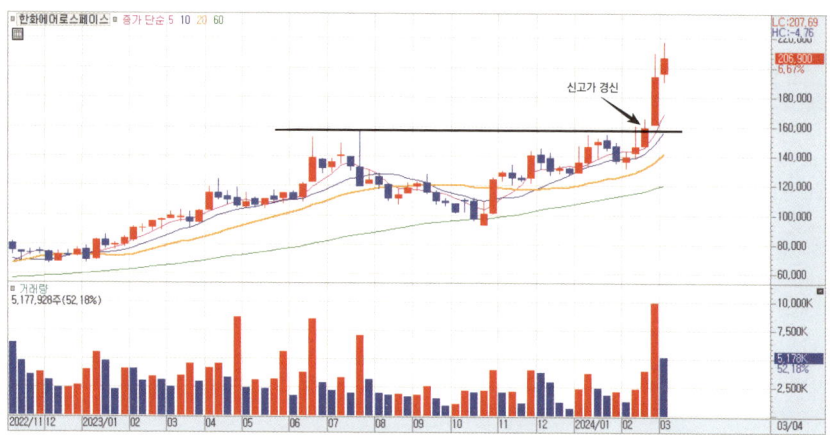

　이 종목도 2023년부터 주가가 추세적으로 한 차례 길게 상승한 후, 7월 중순부터 조정 국면에 들어갔습니다. 이후 주가는 60주선에서 반등하며 서서히 회복세를 보였고 2024년 1월에 전고점 부근까지 상승을 시도했습니다. 상승 후 약 3주간 조정을 거친 뒤 전고점을 확실히 돌파하며, 큰 폭의 상승세를 기록했습니다.

[그림160] 한화에어로스페이스 일봉차트

일봉차트로 보면 1월 중순부터 주가는 전고점 턱밑까지 상승한 뒤 조정받을 때, 장기이평선(60일선 등)에서 지지받고 다시 상승하는 모습을 보였습니다. 이렇게 중장기적으로 상승하는 종목들의 차트적 특징은 조정 시 장기이평선을 터치하거나, 근접한 후 상승세가 이어진다는 것입니다.

[그림161] 전고점을 돌파한 후 곧바로 매물소화

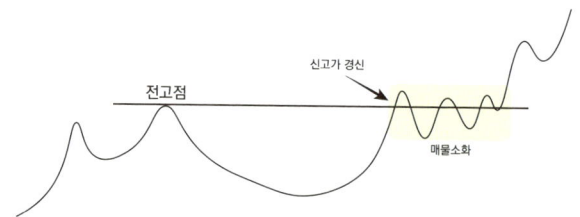

이번에는 주가가 전고점을 돌파한 후 곧바로 조정받은 뒤 상승하는 유형입니다. 많은 종목에서 발견되는 흔한 패턴으로 전형적인 돌파 후 조정 과정이라고 볼 수 있습니다. 물론 실패하는 사례도 적지 않지만, 매물 소화가 원활히 이루어진 경우에는 다시 강한 상승세로 이어질 가능성이 높습니다.

[그림162] 한미반도체 주봉차트

2023년 주가는 전고점을 돌파한 뒤 약 7~8주간 조정을 거치며 다시 상승세를 이어갔습니다. 일반적으로 주가가 신고가를 경신하면 즉시 상승세가 지속될 것처럼 보이지만, 실제로는 위 차트처럼 몇 주 이상의 조정을 거친 뒤 재차 상승하는 경우가 흔히 관찰됩니다.

[그림163] 한미반도체 일봉차트

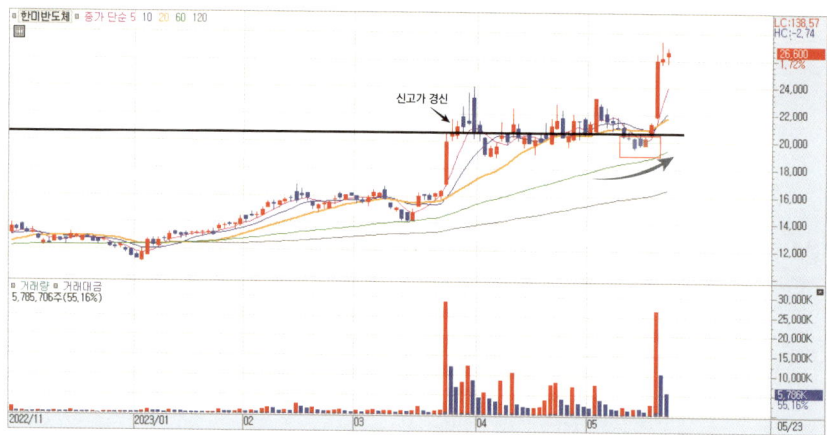

　일봉차트에서 주가는 장기이평선(60일선 등)을 타고 가는 흐름을 보였습니다. 이런 흐름은 주가가 60일선이나 120일선을 정확히 터치하는 것이 아니라, 주가와 장기이평선 간의 이격이 좁혀지는 과정을 의미합니다. 이런 과정을 거친 종목은 추세적인 긴 상승세를 이어갈 가능성이 있습니다.

[그림164] 현대로템 주봉차트

　현대로템의 주가는 2024년 4월경 전고점 돌파를 시도한 뒤 약 3~4개월간 조정을 거쳐 다시 상승세를 이어갔습니다. 전고점 돌파 후 조정받는 기간은 종목마다 다르며 빠르면 몇 주 내에 조정을 마치고 상승하는 경우도 있고, 일반적으로는 2~4개월 정도의 조정을 거치는 경우가 많습니다. 물론 조정 기간이 더 길어지는 종목들도 존재합니다.

　지수가 상승 추세에 있거나 강한 모멘텀을 유지하는 경우, 조정 기간이 짧아질 가능성이 크고 반대로 시장이 약세이거나 재료가 일시적인 경우 조정이 길어질 수 있습니다. 결국 전고점 돌파 이후 조정받는 기간은 단순한 일정 공식이 있는 것이 아니라 해당 시점의 시장 흐름과 종목의 재료을 함께 고려해야 합니다.

[그림165] 현대로템 일봉차트

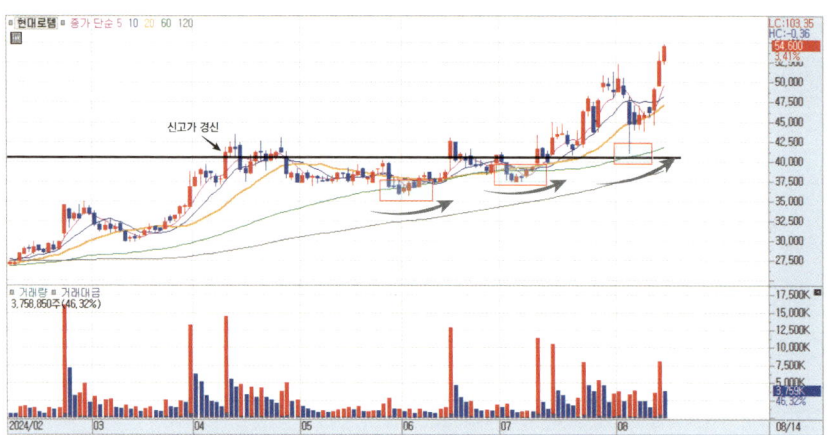

　　일봉차트로 확대해서 보면 주가는 장기이평선인 60일선을 터치한 후, 그 아래에 있는 120일선과의 이격을 천천히 좁히면서 상승세를 이어갔습니다. 한때 60일선을 살짝 이탈하기도 했지만, 큰 문제가 되지 않습니다. 중요한 점은 장기이평선의 추세를 따라 꾸준히 상승했다는 사실입니다. 그리고 여기서 주목해야 할 것이 있는데 주가가 6월 중순경 상승을 시도했으나 곧바로 조정받았다는 것입니다. 신고가 구간에서는 이렇게 가짜 돌파가 빈번하게 발생하기 때문에 함부로 상승을 예단해서는 안 됩니다.

[그림166] 전고점 위에서 매물소화

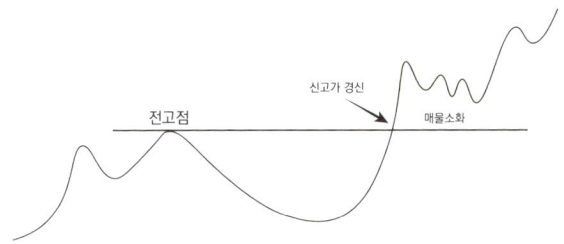

　다음으로는 주가가 전고점을 넘어서고 그 위에서 조정받는 경우입니다. 마찬가지로 흔히 관찰되는 패턴 중 하나로 특히 전고점 돌파 시 큰 호재가 발생할 때 자주 나타납니다. 이런 상황에서는 주가가 전고점 근처에서 매물 소화 과정을 거치지 않고 전고점 위에서 차익 실현 물량을 소화하면서 상승세를 이어가는 모습을 보입니다. 이때 주가의 조정 기간은 대체로 짧고 조정폭도 크지 않는 경우가 많습니다.

[그림167] 알테오젠 월봉차트

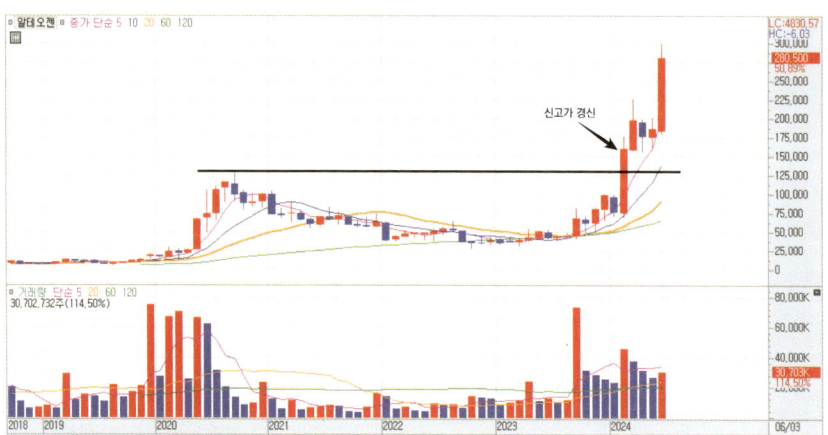

　이번에는 좀 더 큰 흐름을 보기 위해 월봉차트를 살펴보겠습니다. 주가는 2020년 말에 형성된 전고점을 2024년 초에 단번에 돌파한 뒤 약 2개월간 조정을 거쳤고, 이후 더 큰 폭의 상승세를 기록했습니다. 특히, 2023년 중후반부터 주가는 전고점을 돌파한 이래로 400%의 상승을 보였지만 이에 비해 조정받을 땐 약 30%밖에 하락하지 않았습니다.

[그림168] 알테오젠 주봉차트

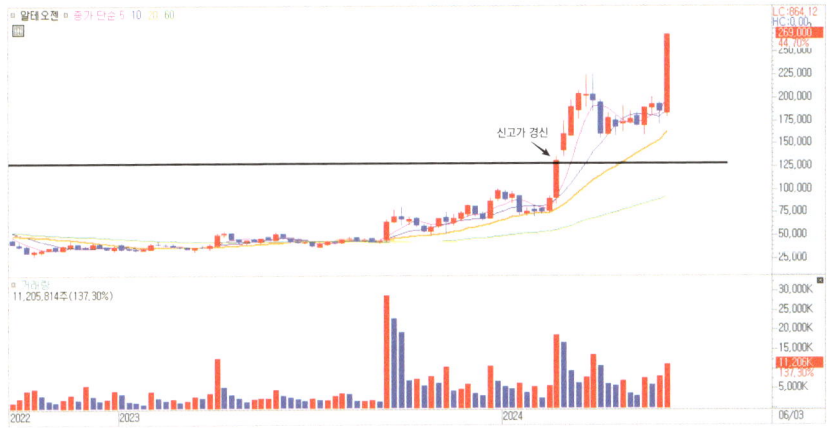

　해당 종목의 주봉차트입니다. 주가는 전고점을 돌파하며 별다른 조정 없이 급등한 뒤, 전고점 위에서 약 10주간 조정을 거친 후 다시 상승세를 이어갔습니다. 이렇게 매물 소화 과정이 전고점 아래가 아닌 위에서 이루어질 때는 전고점 돌파 당시 강력한 호재가 뒷받침되었기 때문입니다.

[그림169] 알테오젠 일봉차트

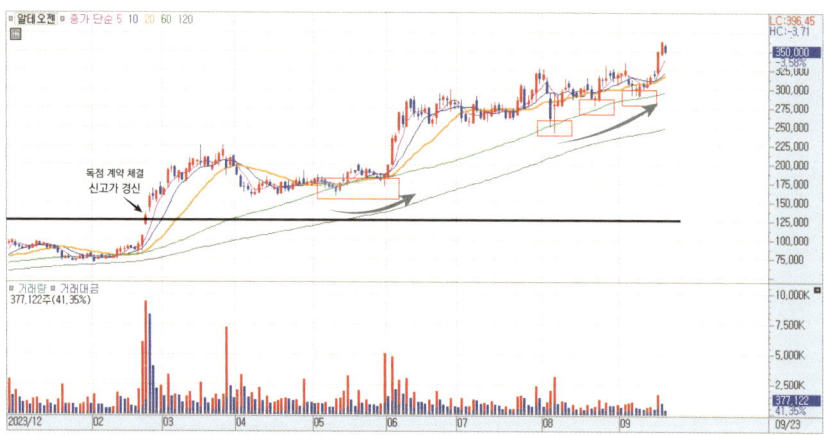

　일봉차트로 확대해 보겠습니다. 알테오젠은 바이오 종목으로 전고점을 돌파할 당시 특정 기술에 대한 독점계약 소식이 전해졌습니다. 그러면서 주가는 갭 상승으로 전고점을 강하게 돌파한 후 얼마 안 가 조정받았지만, 금리인하 단행과 미국 생물보안법 통과 기대라는 산업적 트렌드가 뒷받침되면서 크게 하락하지 않고 60일선을 타고 움직였습니다. 여기서 주가는 추가적인 개별 재료(임상 연구 결과 발표 등)에 대한 기대감과 함께 신고가를 또 한 번 경신했습니다.

　여기까지 주가의 기술적 특징에 대해 간단히 살펴봤습니다. 주가가 신고가를 경신한 후 조정받을 때 전고점 아래, 전고점, 전고점 위에서 조정받을 수 있다고 분류했지만 단순히 주가 움직임에 따른 분류일 뿐 크게 의미를 부여할 필요는 없습니다.

　다만, 위 사례들로부터 알 수 있는 중요한 통찰은 주가의 상승 추세가 길게 유지되기 위해서는 장기이동평균선(60일선, 120일선 등)과의 이격이 좁혀지는 과정을 거친다는 점입니다. 이 사실 하나만으로도 신고가 추세매매에서 장기이평선을 활용해 매수와 매도 시점을 판단하는 데 중요한 기준을 제공한다고 볼 수 있겠습니다.

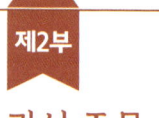

제2부
관심 종목 포착법

1) 신고가 검색기 활용

앞서 신고가의 기술적 특징에 대해 살펴보았습니다. 그러면 이 기술적 특징을 바탕으로 신고가 검색기를 만들어 보겠습니다. 즉, 주가가 신고가를 경신하거나 경신하기 전 60일선 또는 120일선에 위치한 종목이 검색되도록 만들어 볼 수 있겠는데요.

그러나 이런 방식보다는 월봉차트를 기준으로 역사적 신고가를 즉시 경신한 종목이 검색되도록 만드는 것이 더 효과적일 것입니다. 과거 최고점을 역사적으로 처음 돌파하는 시점에서 주가는 역사적 신고가로 진입하게 됩니다. 이때 주가는 악성 매물이 거의 없는 상태로 매도 압력이 줄어들게 되고 저항을 덜 받으며 상승세를 크게 이어갈 가능성이 높아집니다. 예를 들어 앞서 설명한 [그림148]의 하나투어 월봉차트가 대표적인 예시라 할 수 있습니다.

[그림170] 검색기 조건식

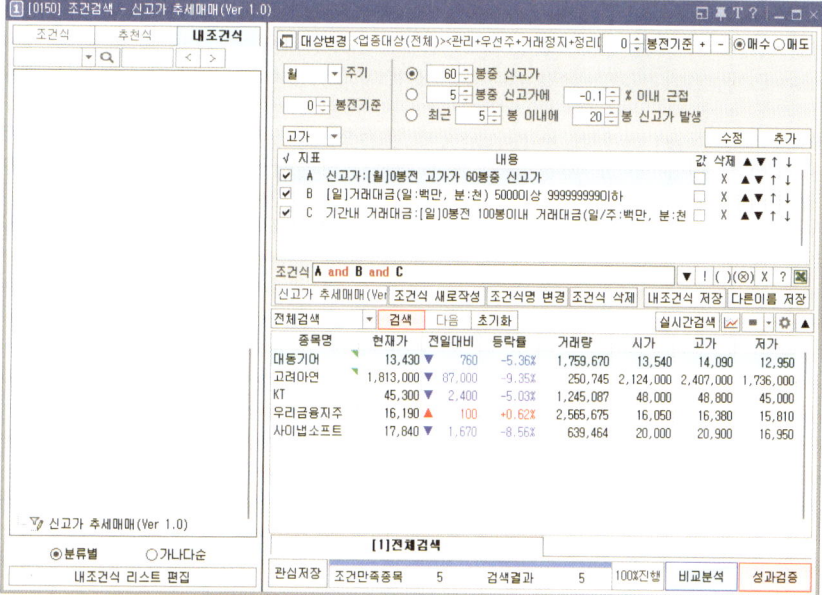

[그림171]

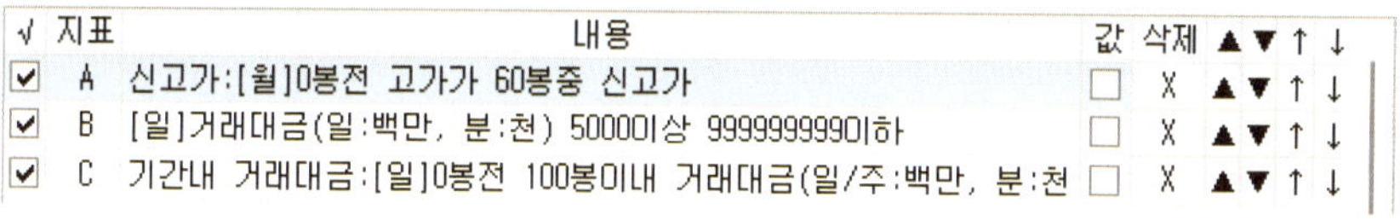

조건식 A and B and C

A. 신고가:[월]0봉전 고가가 60봉중 신고가

B. [일]거래대금(일:백만, 분:천) 5,000이상 9999999999이하

C. 기간 내 거래대금:[일]0봉전 100봉이내 거래대금
(일/주:백만, 분:천원) 100,000이상 1회 이상

*위 조건들의 수치를 일부 수정해서 더 많은 종목이 검색되도록 설정해도 괜찮습니다.

이렇게 설정할 수 있습니다.

각 조건을 만든 이유를 설명하자면

A 월봉 기준으로 최근 60봉(5년간) 중에서 신고가를 경신한 종목을 찾는 조건입니다. 되도록 역사적 신고가 종목이 포착되도록 기간을 길게 설정하였습니다.

B 하루 거래대금이 50억 원 이상인 종목은 유동성이 확보된 종목입니다. 하루 거래대금이 너무 낮으면 소외된 종목이거나 급격한 변동성이 나타날 수 있습니다.

C 과거 100봉(약 3개월 이내) 동안 거래대금이 1,000억 원 이상 터진 종목을 필터링합니다. 단기적으로 시장의 주목을 받은 종목을 찾아내기 위한 조건입니다. 1,000억 원 이상의 큰 거래대금의 발생은 어떠한 재료 또는 실적 개선 등의 요인이 있을 가능성이 있습니다.

이렇게 검색기 설정이 단순하지만, 유동성과 재료를 갖춘 역사적 신고가 종목을 찾는 데 최적화되어 있습니다. 필요에 따라 조건을 유연하게 조정하여 많은 종목이 검색되도록 수정해도 괜찮습니다.

[그림172] 제이앤티씨 월봉차트

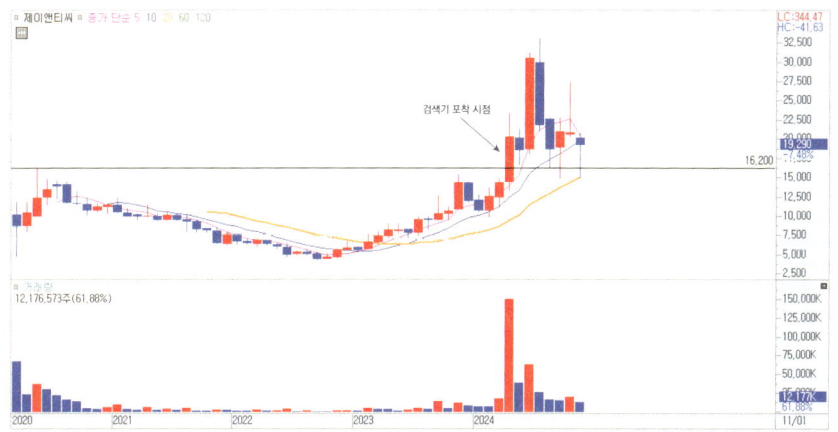

위 검색기를 통해 4월에 포착된 종목입니다. 월봉차트를 보면 주가는 2020년 전고점인 16,200원을 돌파한 양봉캔들에서 포착된 것을 확인할 수 있습니다. 검색기를 사용할 때, 위 차트처럼 되도록 역사적 신고가를 돌파한 종목에 우선순위를 두시길 바랍니다. 매물 부담이 적어 상대적으로 큰 폭의 빠른 상승을 기대해 볼 수 있기 때문입니다.

[그림173] 제이앤티씨 주봉차트

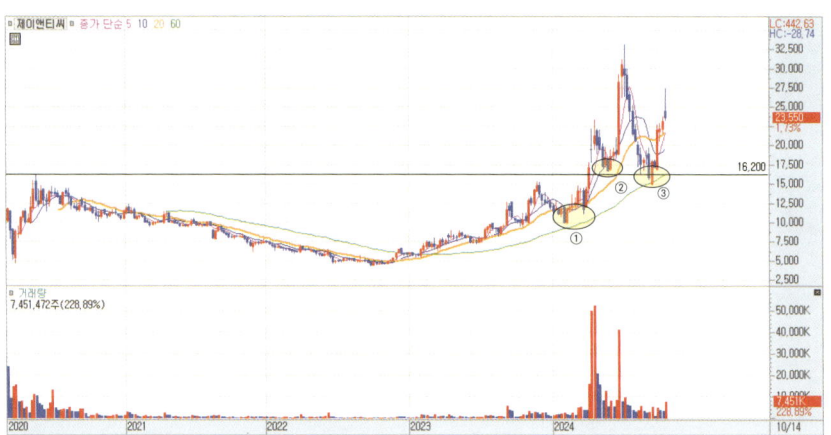

주봉차트를 살펴보겠습니다. 신고가 추세매매를 할 때 진입하기에 최적의 구간은 초입 구간인 신고가 돌파하기 직전의 눌림목(①)과 돌파한 이후의 첫 눌림목(②)입니다. 그러나 그 이후의 눌림목 구간(③)은 종목마다 다른 흐름을 보이기 때문에 신중히 진입해야 합니다.

[그림174] 제이앤티씨 일봉차트

　[그림173]의 ②구간을 일봉차트로 살펴보겠습니다. 우선 검색기에 해당 종목이 포착된 상태에서 곧바로 매수하기보다는 주가가 장기이평선(60일선, 120일선 등)과 이격을 좁힐 때까지 기다리는 것이 좋습니다. 그런 다음, 주가가 장기이평선 부근에서 지지받는지 확인하고 진입하는 것이 비교적 안정적일 것입니다.

　매수 시점에 대한 구체적인 내용은 이후에 다루겠습니다. 중요한 것은 주가는 장기이평선의 추세를 타고 상승하는 경향이 있다는 것이죠. 위 종목의 경우, 60일선에서 지지받은 후 단기간에 60% 이상 빠르게 상승했습니다.

　물론 차트만 보고 매수하기보다는 **해당 종목의 산업적 트렌드에 기반하여 움직였는지, 개별 재료나 실적이 뒷받침되거나 기대되는지, 외국인과 기관의 매수세가 활발한지 반드시 확인해야 합니다.**

　당시 제이엔티씨는 4월 초 반도체 유리 기판 사업에 진출한다는 소식으로 신고가를 경신하였습니다. 당시 AI붐으로 인해 AI 반도체 수요가 급증하면서 덩달아 유리 기판이 시장에서 크게 주목받았습니다. 유리 기판은 기존 반도체 플라스틱 기판보다 전기 신호 손실이 적고 열과 휘어짐에 강하다는 장점이 있습니다. 특히 기하급수적으로 증가하는 AI 데이터 처리량을 지원할 수 있는 기술로 인텔, 엔비디아, AMD 등 글로벌 빅테크 기업들이 유리 기판 채택을 적극적으로 검토 중이었다는 소식이 전해졌습니다.

국내에서도 SKC, 삼성전기, LG이노텍 등이 유리 기판 사업에 본격적으로 뛰어들어 기술 개발 및 사업 준비를 한다는 소식이 함께 들려왔습니다. 이러한 소식들은 단순히 일회성 재료에 그치지 않고, 향후 유리 기판이 반도체 패키징 시장에서 산업적 트렌드로 자리 잡을 가능성이 있다고 평가할 수 있습니다. 즉, 신기술 개발의 산업적 트렌드라 볼 수 있겠는데요.

단, 아직 해당 기술이 상용화되어 관련 기업들의 실적이 꾸준히 증가하지 않는 단계이기 때문에 몇 년 이상을 바라보는 장기적인 관점보다는 1~3개월 정도의 단기적인 관점으로 접근해야 하겠습니다.

당시 제이엔티씨의 주가는 신고가 경신 후 조정 국면에 있던 5월 13일, 전년 동기 대비 매출액 2배, 영업이익 14배라는 호실적을 발표했습니다. 신기술로 인한 매출이 아니었지만, 발표 이후 주가는 장기이평선인 60일선 지지받으며 움직이다가 유리기판 뉴스가 지속적으로 보도되면서 큰 폭으로 상승했습니다.

[그림175] 관련 섹터의 뉴스 제목

날짜	시간	제목		매체
2024/05/29	15:45:13	韓에 남은 마지막 첨단 유리 제조 업체 美 코닝… "유리기판 사업 본격		조선비즈
2024/05/29	15:36:16	'삼성의 50년 절친' 코닝, 韓서 반도체 유리기판 생산 추진		파이낸셜
2024/05/29	15:14:18	코닝 "향후 50년 韓사업 더 확대…반도체용 유리기판 진출"		이데일리
2024/05/29	14:30:00	반 홀 코닝 한국 사장 "반도체 유리기판 韓 생산…고성능 칩 패키징 구	삼성전기	아시아경
2024/05/29	14:07:38	코닝 한국 총괄사장 "유리기판 분야 진출 준비…성장 기대"		연합뉴스
2024/05/27	18:28:03	[오늘의 테마] '원자력 발전' VS '유리기판'	일진파워	머니투데
2024/05/27	17:06:46	[0527섹터분석] 원자력발전, 유리기판, 해운 테마 강세 등	에너토크	인포스탁
2024/05/27	15:32:19	[GAM]AI 반도체 시대, '유리기판' 경쟁② 중국 기술력&주목할 테마주		뉴스핌
2024/05/27	15:32:01	[GAM]AI 반도체 시대, '유리기판' 경쟁① 중국 기술력&주목할 테마주		뉴스핌
2024/05/27	09:30:53	[강세 토픽] 유리기판 테마, SKC +13.49%, 제이앤티씨 +4.25%	SKC	조선비즈
2024/05/24	10:04:43	[특징주]아이씨디, SKC 소재·부품 최초 美보조금…꿈의 '유리기판' 양	아이씨디	아시아경
2024/05/24	09:06:37	[강세 토픽] 유리기판 테마, 필옵틱스 +10.44%, 와이씨켐 +7.10%	필옵틱스	조선비즈
2024/05/23	18:03:03	[단독] 반도체 유리기판 내년 양산…"데이터 속도 높일 게임체인저"		매일경제
2024/05/22	14:22:12	'꿈의 기판'이라지만, 갈길 먼 유리기판		뉴스토마
2024/05/22	07:58:02	"삼성전기, 하반기 AI 매출↑…유리기판 사업도 확대"-대신	삼성전기	한국경제
2024/05/17	06:06:44	[리턴즈 고래 삼총사] 화장품, 유리기판 등 강세…시장 주도 테마 분석!	한국화장품	머니투데
2024/05/16	17:55:58	[오늘의 테마] '화장품' VS '유리기판'	한국화장품	머니투데
2024/05/16	16:12:21	[김도현의 내일장 홀인원] 유리기판 진출로 홀인원! LG이노텍	이수페타시	머니투데
2024/05/16	13:25:01	[오후의 쟁점] 속도 내는 대기업 '유리기판' / 팔 걷어붙인 애플 'OLED'	필옵틱스	머니투데
2024/05/16	09:09:36	[강세 토픽] 유리기판 테마, 켐트로닉스 +5.61%, SKC +3.21%	켐트로닉스	조선비즈
2024/05/13	10:16:49	[특징주]제이앤티씨, 매출 2배·영업익 14배↑…유리기판 '퀀텀점프' 청	제이앤티씨	아시아경
2024/05/12	17:48:43	AI 등에 업은 유리기판株 SKC, 올들어 26% 뛰어		매일경제
2024/05/10	17:18:34	LG이노텍, 유리기판 사업 본격 착수···11조 시장 도전	삼성전기	서울경제

즉, 이 종목은 신고가 초입 구간에서 산업적 트렌드와 실적증가세를 바탕으로 장기적인 상승 추세(60일선, 120일선 등)를 이탈하지 않고 큰 폭의 상승세를 이어간 사례입니다. 이처럼 산업 트렌드와 실적이 결합 된 종목은 강력한 상승을 기대할 수 있습니다.

따라서 검색식에서 나온 종목을 단순히 차트만 보고 매수하기보다는 산업적 트렌드, 개별 재료, 실적 등을 종합적으로 참고해야겠습니다.

[그림176] 삼양식품 월봉차트

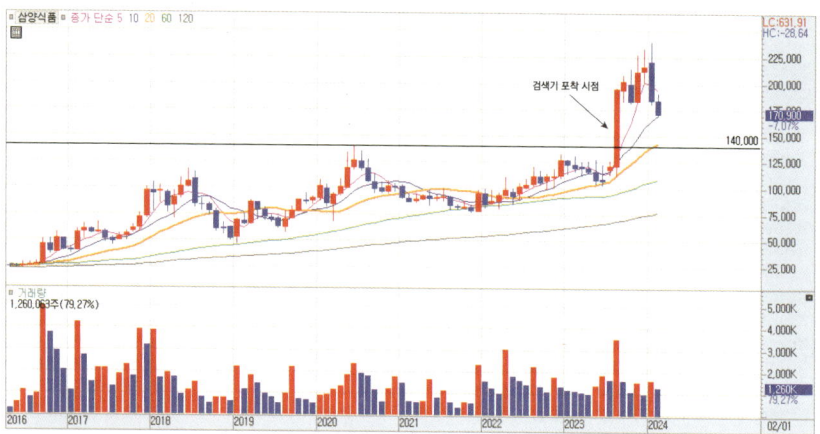

다음은 2023년 8월에 검색된 삼양식품의 월봉차트입니다. 주가는 2023년 8월, 전고점인 140,000원을 돌파하며 역사적 신고가를 경신한 후 약 5개월 정도 상승세를 이어간 상태입니다. 이렇게 신고가 경신한 후 시간이 꽤 지나 이미 매수 시기를 놓친 것이 아닌가 하는 생각이 들 수도 있을 텐데요.

[그림177] 삼양식품 주봉차트

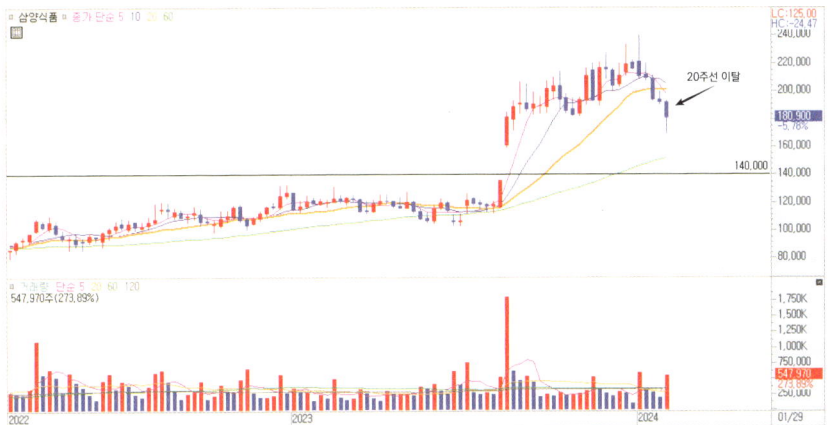

　주봉차트를 살펴보면 주가는 현재 20주선을 이탈한 상태입니다. 일반적으로 주봉차트 상 주가가 신고가를 경신하며 상승세를 이어갈 때는 20주선을 이탈하지 않는 경우가 많습니다. 위 차트에서도 신고가 경신 후 주가는 한동안 20주선을 이탈하지 않고 상승세를 이어갔던 모습을 확인할 수 있습니다. 그러나 20주선이 붕괴되면서 주가는 하락추세로 접어들었습니다.

[그림178] 삼양식품 일봉차트

일봉차트로 확인해 보겠습니다. 주가는 8월 중순부터 신고가를 경신하고 저점과 고점이 높아지며 상승을 이어갔지만, 조정 국면에서 장기이평선인 60일선을 더 이상 지지하지 못했고 이어서 120일선마저 지지하지 못하고 하락했습니다. 이 상태는 상당히 좋지 않은 흐름으로 주가가 어디까지 하락할지 예측하기 어렵습니다.

[그림179] 삼양식품 일봉차트

그래서 일봉차트상 장기이평선인 240일선을 하나 더 추가했습니다. 60일선, 120일선 외에도 240일선도 강력한 지지선으로 작용하는 경향이 있습니다.

tip

　　신고가를 계속 경신하는 종목들을 관찰하다 보면 보통 60일선 부근을 기준으로 상승세가 크게 이어지는 것을 자주 볼 수 있습니다. 그러나 60일선의 기울기가 둔화한 상태로 주가가 60일선을 확실하게 이탈할 경우, 주가는 본격적인 조정 국면으로 접어들게 됩니다. 이 과정에서 주가는 보통 120일선 또는 240일선 근방에서 하락을 멈추며 일정한 박스권을 만들면서 움직이거나 점차 저점의 추세가 상승하면서 고점 돌파를 시도하게 됩니다.

[그림180] 삼양식품 일봉차트

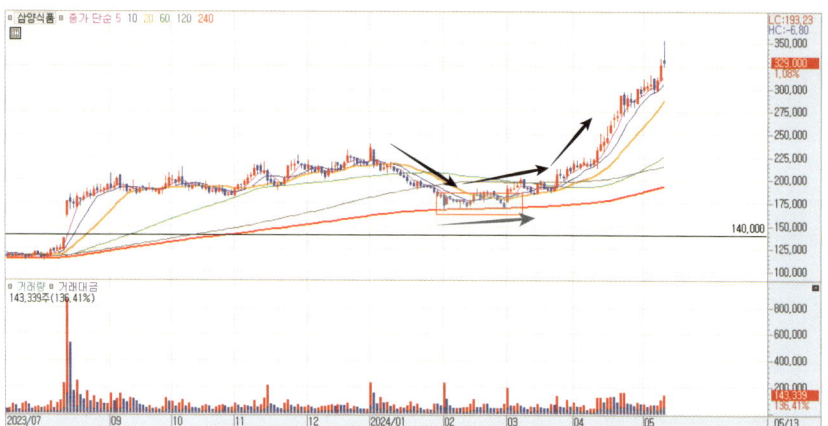

해당 주가는 240일선을 지지하고 저점의 추세가 상승하면서 신고가를 재차 경신했습니다. 결과론적인 차트의 해석이라고 생각할 수 있겠지만, 실제로 역사적 신고가 종목의 데이터를 분석한 결과 240일선을 타고 가는 종목이 의외로 많습니다. 물론, 모든 신고가 종목이 아니라 산업적 트렌드를 기반으로 실적이 증가하고 개별 재료를 보유한 종목에서 이러한 특징이 두드러지게 나타난다는 것입니다.

[그림181] 삼양식품의 재무추이

결산년도	주가	매출액	영업이익	EPS	영익률	시가총액(억)
24년06월(2Q)	652,000	4,244	895	9,364	21.08	50,396
24년03월(1Q)	210,500	3,857	801	8,829	20.77	15,857
23년12월(4Q)	216,000	3,267	362	4,157	11.07	16,271
23년09월(3Q)	202,000	3,352	434	5,014	12.95	15,217
23년06월(2Q)	107,000	2,854	440	4,626	15.44	8,060
23년03월(1Q)	119,200	2,456	239	2,964	9.72	8,979
22년12월(4Q)	127,000	2,400	192	298	8.00	9,567
22년09월(3Q)	106,000	2,115	193	4,122	9.14	7,985
22년06월(2Q)	101,500	2,553	273	3,643	10.71	7,646
22년03월(1Q)	93,200	2,022	245	2,530	12.12	7,021
21년12월(4Q)	94,800	1,928	216	2,360	11.19	7,141
21년09월(3Q)	81,700	1,617	152	1,977	9.40	6,154
21년06월(2Q)	90,800	1,476	142	1,410	9.65	6,840
21년03월(1Q)	89,000	1,400	144	1,733	10.25	6,704
20년12월(4Q)	101,000	1,510	158	649	10.47	7,608
20년09월(3Q)	99,500	1,671	234	2,278	13.99	7,495
20년06월(2Q)	126,000	1,741	295	3,030	16.94	9,492
20년03월(1Q)	93,200	1,564	267	2,965	17.06	7,021
19년12월(4Q)	89,900	1,519	212	1,846	13.94	6,772

삼양식품의 매출액은 2022년부터 본격적으로 증가하는 추세를 보였습니다. 그래서 실적이 위와 같이 점진적으로 증가하고 개별 재료까지 뒷받침되는 경우, 주가는 60일선을 이탈해 본격적인 조정을 받을지라도 120일선 또는 240일선 부근을 지지하는 경향을 보입니다. 따라서 신고가를 경신한 후 시간이 많이 지났다고 하더라도 장기이평선 근처에서 주가가 머무를 때 실적과 재료, 그리고 산업 트렌드가 확실하다면 매수기회를 충분히 노려볼 수 있겠습니다.

[그림182] 비올 일봉차트

　이번에는 비올이라는 종목을 살펴보겠습니다. 이 종목 역시 장기이평선에서 지지받은 후 상승세가 이어지는 흐름을 보여주었습니다. 이렇듯 장기이평선에서 지지 여부는 주가의 추세가 이어질지 판단함에 중요한 기준점이 됩니다.

[그림183] 비올의 재무추이

결산년도	주가	매출액	영업이익	EPS	영익률	시가총액(억)
2023년	8,500	425	223	370	52.48	4,958
2022년	3,225	311	129	198	41.51	1,875
2021년	2,265	184	54	78	29.46	1,296
2020년	2,575	122	34	-33	28.10	1,410
2019년	2,010	111	38	60	34.22	96

그리고 다시 한번 강조하지만 산업적 트렌드를 타고 있는지, 매출액과 영업이익이 꾸준히 증가하고 있는지, 개별 재료가 뒷받침되고 있는지 반드시 확인해야 합니다. 이런 요소들도 추세가 이어질지 판단하는데 필수적인 기준이 됩니다.

2) 관심 종목 정리하기

신고가를 기록한 종목들은 주가를 꾸준히 관찰해야 하므로 관심 종목 창에 모두 등록해 관리하는 것이 중요합니다.

[그림184] 관심 종목 화면

11.4				
보로노이	85,100	▲ 6,800	8.68	28,062
11.5				
LIG넥스원	223,000	▼ 6,500	2.83	66,993
휴젤	265,000	▼ 6,000	2.21	36,818
효성중공업	394,000	▼ 12,500	3.08	88,537
11.7				
한화에어로	359,000	▼ 20,500	5.40	288,413
비에이치아	18,490	▼ 610	3.19	87,611
11.8				
KT&G	117,900	▼ 1,300	1.09	83,807
한국항공우	62,300	▼ 1,900	2.96	93,374
산일전기	58,400	▲ 2,100	3.73	31,414
전진건설로	30,300	▲ 2,800	10.18	32,323
알테오젠	331,000	▲ 39,000	13.36	755,642
11.11				
KT	44,800	▲ 300	0.67	38,647
펩트론	80,500	▲ 1,600	2.03	152,305
리가켐바이	99,200	▲ 3,700	3.87	86,670
LK삼양	2,750	▲ 30	1.10	10,268
HD현대일렉	386,500	▲ 23,500	6.47	154,798
한화시스템	26,400	▲ 600	2.33	157,488
에스와이스	8,580	▼ 450	4.98	46,985
성우	21,450	▲ 250	1.18	4,502
11.19				
현대로템	60,000	▼ 4,800	7.41	614,899
HD현대중공	242,000	▲ 5,000	2.11	74,696
11.20				
HD현대미포	125,000	▲ 2,700	2.21	41,981
성광벤드	20,800	▲ 450	2.21	102,114
11.22				
HD한국조선	216,500	▲ 15,000	7.44	115,907
삼성중공업	11,910	▼ 120	1.00	132,601

10.2				
보로노이	85,100	▲ 6,800	8.68	28,062
바이오다인	16,600	▲ 130	0.79	5,547
태성	28,850	▲ 4,200	17.04	42,207
10.4				
한화에어로	359,000	▼ 20,500	5.40	288,413
영풍정밀	14,970	▲ 400	2.75	930
현대로템	60,000	▼ 4,800	7.41	614,899
리가켐바이	99,200	▲ 3,700	3.87	86,670
흥구석유	15,550	▲ 260	1.70	5,051
고려아연	903,000	▼ 43,000	4.55	73,538
10.7				
클래시스	47,800	▼ 650	1.34	7,918
파마리서치	199,900	▲ 1,500	0.76	18,799
브랜드엑스	6,190	▲ 100	1.64	1,464
10.10				
중앙첨단소	9,450	▲ 470	5.23	8,367
알테오젠	331,000	▲ 39,000	13.36	755,642
KT&G	117,900	▼ 1,300	1.09	83,807
10.11				
에이비엘바	27,850	▲ 800	2.96	32,749
유한양행	118,200	▲ 3,100	2.69	265,556
LIG넥스원	223,000	▼ 6,500	2.83	66,993
에이프릴바	16,190	▲ 840	5.47	6,783
10.14				
한올바이오	35,600	▲ 1,000	2.89	27,422
KB금융	98,000	▼ 400	0.41	225,078
LK삼양	2,750	▲ 30	1.10	10,268
10.15				
휴젤	265,000	▼ 6,000	2.21	36,818
10.16				
KT	44,800	▲ 300	0.67	38,647
대화제약	13,150	▲ 800	6.48	5,564
펩트론	80,500	▲ 1,600	2.03	152,305
10.22				
삼성바이오	958,000	▲ 24,000	2.57	106,285
10.28				
비에이치아	18,490	▼ 610	3.19	87,611
우리금융지	16,850	▲ 90	0.54	61,293
에스와이스	8,580	▼ 450	4.98	46,985
10.30				

9.2				
한국화장품	50,600	▲ 650	1.30	3,032
넥스트바이	36,400	▼ 1,100	2.93	16,309
9.3				
유한양행	118,200	▲ 3,100	2.69	265,556
알테오젠	331,000	▲ 39,000	13.36	755,642
9.6				
파마리서치	199,900	▲ 1,500	0.76	18,799
9.9				
대봉엘에스	15,040	▲ 500	3.44	1,489
9.10				
한국콜마	54,100			9,601
클래시스	47,800	▼ 650	1.34	7,918
9.13				
고려아연	903,000	▼ 43,000	4.55	73,538
9.19				
삼성바이오	958,000	▲ 24,000	2.57	106,285
9.20				
현대로템	60,000	▼ 4,800	7.41	614,899
보로노이	85,100	▲ 6,800	8.68	28,062
리가켐바이	99,200	▲ 3,700	3.87	86,670
9.25				
태성	28,850	▲ 4,200	17.04	42,207
9.27				
바이오다인	16,600	▲ 130	0.79	5,547

필자는 날짜별로 신고가 경신 종목들을 모두 관심 종목에 넣는데 이렇게 하면 신고가 경신 후, 장기이평선까지 조정받는 종목들을 모두 확인할 수 있습니다. 보통 신고가 경신 후, 빠르면 한 달에서 두세 달 내에 장기이평선 근처로 내려오는 종목들이 나타납니다. 이 중에서 섹터의 대장주를 선별하여 매수계획을 세웁니다.

물론 이러한 방식으로 관심 종목에 등록하면 살펴봐야 할 종목들이 많아지지만, 그만큼 어떤 섹터에서 신고가가 많이 나왔는지 산업별 강세를 파악하는 데 유리합니다. 또한, 해당 섹터의 대장주가 어떤 종목인지도 쉽게 확인할 수 있습니다.

예를 들어, 전반적으로 주식시장이 하락장일 때 가장 늦게 하락하거나 적게 하락, 또는 가장 먼저 회복하는 종목이 섹터의 대장주로 볼 수 있습니다. 이런 특징은 대장주를 선별하는 데 중요한 단서가 됩니다.

[그림185] 주봉차트의 코스피 지수와 전력 관련주의 흐름

2024년 당시 차트를 보면 코스피 지수가 급락하는 상황에서도 전력 대장주인 HD현대일렉트릭은 가장 늦게 하락하며 하락폭도 상대적으로 적게 나타났습니다. 게다가 가장 먼저 20주선을 회복하며 상승세로 전환되었습니다.

이처럼 관심 종목에 신고가를 경신한 종목들을 꾸준히 체크하면 대장주 위주로 매매하거나, 최소한 해당 섹터 내 강세를 보이는 종목들을 집중적으로 공략할 수 있습니다. 특히 대장주는 일반적으로 다른 종목들보다 하락장에서 더 안정적이며 상승장에서 더 빠르게 반등하는 특징을 가지고 있어서 매매 성공률을 높일 수 있습니다. 그렇다면 어떠한 방법으로 매매하는 것이 효과적일지, 그 방법을 자세히 알아보겠습니다.

제3부 신고가 추세매매 운용법

1) 추세 박스권 설정법

전고점을 돌파하며 신고가를 경신하는 종목에 곧바로 매수해 초기 상승 구간을 노리는 전략은 실시간으로 HTS를 볼 수 있는 환경이어야 합니다. 그러나 실시간 대응이 어려운 환경에서는 돌파 시 즉각 매수하기가 쉽지 않습니다. 예약 매수 주문을 활용할 수도 있지만, 가짜 돌파로 인해 주가가 하락하면 적절히 대응하기 어렵습니다. 손절 예약 주문을 함께 설정하더라도 돌파에 실패하는 종목이 빈번하면 잦은 손실이 누적돼 가랑비에 옷이 젖을 수 있습니다.

특히 이런 방식으로 매매하여 누적된 손실이 발생하고 이렇다 할 성과가 없다면 투자자는 의욕을 잃게 될 뿐만 아니라 심리적으로 위축될 수 있습니다. 결국 손실을 회복하겠다는 순간적인 감정에 의해 비합리적인 판단으로 이어질 수 있으며, 결과적으로 더 큰 손실을 초래할 위험이 있습니다.

또한 해당 종목의 수익률이 100%를 넘어 300% 이상, 많게는 수천%까지 보유할 수 있는 사람이 과연 몇이나 될까요? 대주주나 특수관계인이 아닌 일반 투자자라면, 강철멘탈을 갖고 있거나 주식을 사놓고 잊어버리는 경우가 아니라면 현실적으로 매우 어렵습니다.

대부분의 투자자는 수익 실현 욕구로 인해 목표 수익률에 도달하기 도 전에 매도하거나, 반대로 큰 조정이 오면 불안감으로 길게 보유하지 못하고 매도하는 경우가 많습니다. 즉 인간의 본능적인 심리에 의해 나타나는 자연스러운 현상입니다. 이를 역행하기가 쉽지 않습니다.

게다가 국내 시장의 특성상 신고가를 경신한 뒤에도 계속 상승이 이어지는 종목이 미국 시장에 비해 상대적으로 훨씬 적습니다. 실제로 해외 HTS를 사용해 신고가 종목을 검색해 보면 추세적으로 상승하는 종목들이 미국 시장에서는 매우 흔하다는 것을 쉽게 확인할 수 있습니다. 미국 시장에 투자해 본 경험이 있는 분이라면 이런 차이를 더욱 실감하실 것입니다.

반면, 국내 시장에서 신고가를 기록하는 대부분의 종목은 테마성 상승에 의해 단기적으로 주가가 급등하는 경우가 많고 장기적인 상승 추세로 이어지는 사례도 드뭅니다. 실적이 기대되는 성장주라 할지라도 대주주 또는 특수관계인의 매도나 거시경제 요인(금리, 환율 등)에 의하여 외국인의 자금이 순식간에 빠져나가거나 여러 디스카운트 요인으로 추세가 길게 형성되지 못합니다.

따라서 신고가 추세매매도 국내 장의 특성에 맞게 전략을 다르게 짜야 합니다. 되도록 수백% ~ 수천% 수익률 달성 시까지 오래 보유하는 것이 아니라 현실적으로 단기적인 상승 구간을 목표로 10 ~ 30% 달성할 때 수익을 확정 짓거나 길게 보유하더라도 100% 이내의 수익률을 목표로 하는 것이 더 현실적입니다.

또한 돌파 시 매수하기보다는 눌림목을 기다리면서 해당 종목의 실적, 개별 재료, 산업 트렌드를 철저히 분석한 후 눌림목에서 천천히 비중을 늘리는 편이 상대적으로 손실 위험이 없고 안정적일 것입니다. 즉, 가짜 돌파로 인한 리스크를 피하면서도 심리적으로 안정된 상태에서 해당 주식을 오래 보유할 수 있습니다.

그러기 위해서는 앞서 장기이평선(60일선, 120일선, 240일선)을 신고가의 주요 눌림목 구간으로 설정하고 매매 전략을 세워야 하겠습니다.

[그림186]

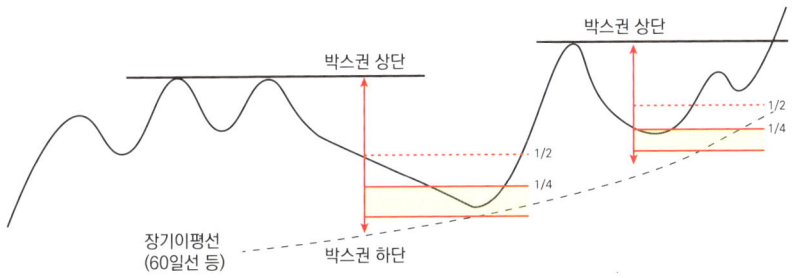

매매 전략은 신고가 종목에도 박스권을 적용하는 것입니다. 단, 신고가 상태에서는 주가의 추세가 우상향한다는 전제를 바탕으로 해야 합니다. 아울러 해당 종목이 현재 시장에서 큰 주목을 받는 산업 트렌드에 포함되고 실적의 실질적 증가 또는 기대감, 개별 재료가 있어야겠습니다.

신고가 종목은 주로 장기이평선을 타면서 움직이므로 박스권의 하단은 장기이평선으로 설정하고 박스권 상단은 고점으로 설정합니다. 이후 박스권의 1/4 구간과 하단 사이에서 지지를 확인한 후 진입하는 방식을 취합니다.

만약 주가가 지지받은 뒤 한 차례 고점을 돌파하는 데 성공했다면 장기이평선이 상향되기 때문에 박스권도 같이 상향 조정해야 합니다.

이렇게 박스권을 설정하면 장기이평선에 닿지 않고 상승하는 종목도 매수할 수 있으며, 지지 구간 이탈 시 손절하면 되므로 돌파 매수에 비해 손절 구간이 상대적으로 짧아집니다. 주가 상승 과정에서 불타기를 하더라도 평균단가가 낮아진 상태를 유지할 수 있어 심리적 부담을 줄일 수 있습니다.

단, 장기이평선의 추세가 둔화하는 시점에서 주가는 장기이평선 부근에서 반등이 약하거나 이탈할 가능성이 높습니다. 이럴 때는 박스권 하단을 더 긴 장기이평선(120일선, 240일선)으로 조정하여 지지가 나오는지 관찰해야 합니다.

[그림187] HPSP 일봉차트

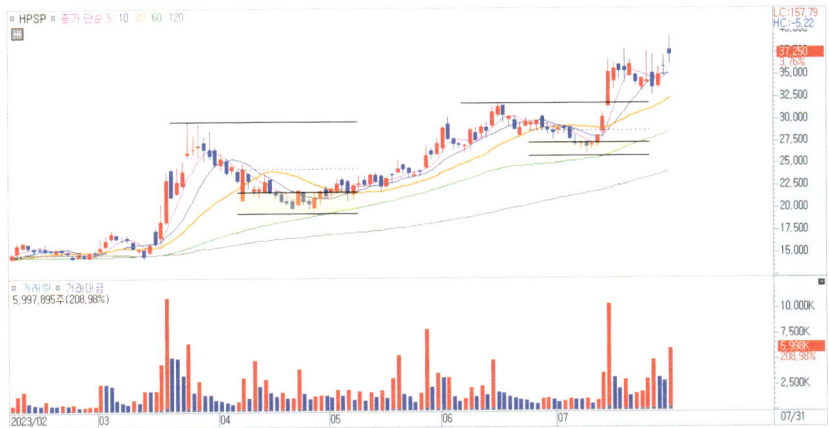

　주가는 신고가를 경신하면서 상승한 종목입니다. 주가는 3월 중순 큰 폭으로 상승한 후 조정받을 때는 60일선을 타고 갔습니다. 그래서 이 60일선을 박스권 하단으로 설정하고 일봉상 고점을 박스권 상단으로 설정한 후, 박스권 1/4과 박스권의 하단 사이에서 지지를 확인하고 매수를 하는 것입니다.

　위 차트에서 4월과 7월에 주가는 장기이평선인 60일선의 추세를 타고 올라간 것을 확인할 수 있습니다.

[그림188] LIG넥스원 주봉차트

특히 매매 확률을 높이기 위해서는 박스권을 설정하기 전에 주봉 또는 월봉 차트를 통해 해당 종목이 역사적 신고가 상태에 있는지 그리고 현재 어느 구간에 있는지를 확인해야 합니다.

앞서 언급했듯이 신고가 경신 직전의 눌림목(①)과 경신 후 첫 눌림목(②)은 진입하기에 최적의 구간으로 볼 수 있습니다. 그러나 이후의 눌림목(③,④,⑤)에서는 상승세가 둔화하거나 장기이평선을 이탈하며 상승 추세를 완전히 반납할 수 있습니다. 따라서 이러한 구간에서는 반드시 지지를 확인한 후에 진입해야 합니다.

[그림189] LIG넥스원 일봉차트

[그림188]의 ②구간을 일봉차트로 보겠습니다. 주가는 전고점 114,000원을 돌파하고 첫 조정을 받고 있습니다.

단순 테마주가 아닌 산업 트렌드를 타며 실적 기대감이나 개별 재료가 있는 주도주 급의 종목은 신고가를 경신한 뒤, 크게 조정받더라도 최소한 장기이평선(60일선부터 240일선까지) 부근에서 한 차례의 반등이 나올 가능성이 매우 높습니다.

따라서 장기이평선을 박스권 하단으로 설정하여 그 부근에서 지지를 확인하고 매수할 수 있겠습니다. 이 구간은 손익비가 유리한 자리이기 때문에 상대적으로 낮은 리스크로 높은 수익을 기대할 수 있습니다. 특히, 신고가 초입 구간에서 더 효과적입니다.

[그림190] LIG넥스원 일봉차트

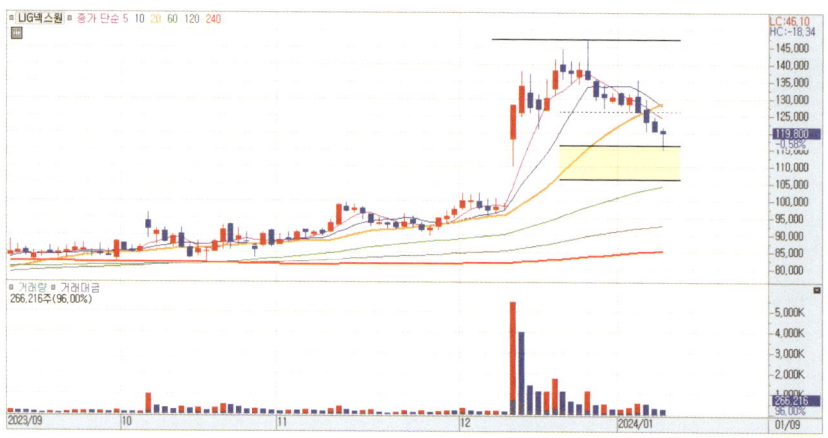

주가가 20일선을 이탈하는 구간에서부터 박스권을 설정합니다. 60일선을 박스권 하단으로 지정하고 박스권의 1/4 구간과 하단 사이인 하단부에서 지지를 확인한 후 진입하는 것을 기본 원칙으로 합니다.

물론 지지를 확인하지 않더라도 앞서 배운 삼각분할 비중 매수 방식을 활용해 주가 하락 시, 분할매수를 할 수도 있습니다. 주가가 장기이평선 부근에서 강한 반등이 나올 가능성이 높다는 기본 전제를 바탕으로 하기 때문입니다. 위 차트에서는 하단부에 살짝 닿은 상태로 아직 지지가 되지 않는 상태입니다.

[그림191] LIG넥스원 일봉차트

이후 주가가 박스권 중하단에서 지지를 시도하는 듯했지만, 곧 60일선을 이탈했습니다. 만약 60일선 이탈 전에 박스권 하단부에서 매수했다면, 60일선 이탈 시 리스크 관리를 해야 합니다. 특히 60일선과 120일선 간의 이격이 10% 이상 벌어지면 즉시 손절하거나 일부 비중을 줄인 뒤, 그 아래에 위치한 장기이평선(120일선) 부근에서 다시 지지를 확인해야 합니다.

일반적으로 주가는 60일선 부근에서 반등하는 경향이 높지만, 지수하락의 영향을 크게 받는 경우 더 하락할 수도 있습니다. 따라서 웬만하면 주가가 박스권 중하단과 하단 사이에서 지지받는지 관찰한 뒤, 주가가 본격적으로 상승을 시작하는 시점에 진입하는 것을 권장합니다.

[그림192] LIG넥스원 일봉차트

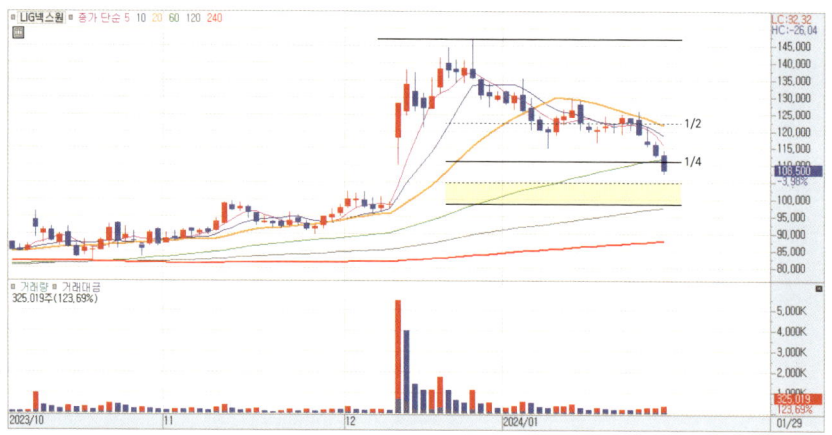

　　60일선을 확실히 이탈했기 때문에 120일선 근방에서 지지가 형성되는지 확인하기 위해 120일선을 박스권 하단으로 설정합니다. 그러나 박스권의 1/4 구간과 하단 사이인 하단부 범위가 넓다면 그 범위를 다시 절반으로 나눕니다. 범위가 지나치게 넓으면 주가의 지지 여부를 판단하기에 모호해질 수 있기 때문입니다. 되도록 박스권 하단부의 범위를 장기이평선과 근접하게 설정하여 주가의 지지 여부를 정확히 파악할 수 있도록 해야 합니다.

[그림193] LIG넥스원 일봉차트

　주가가 120일선에 닿지 않더라도 박스권 내에서 충분히 지지가 형성되는 모습이 보이면 매수를 고려해 볼 수 있습니다. 주로 5일선 또는 10일선을 확실히 장악할 때부터 관심을 가지면 되겠습니다. 만약 매수 후 하락하더라도 박스권 하단이나 120일선을 손절가로 설정하면 됩니다.

[그림194] LIG넥스원 일봉차트

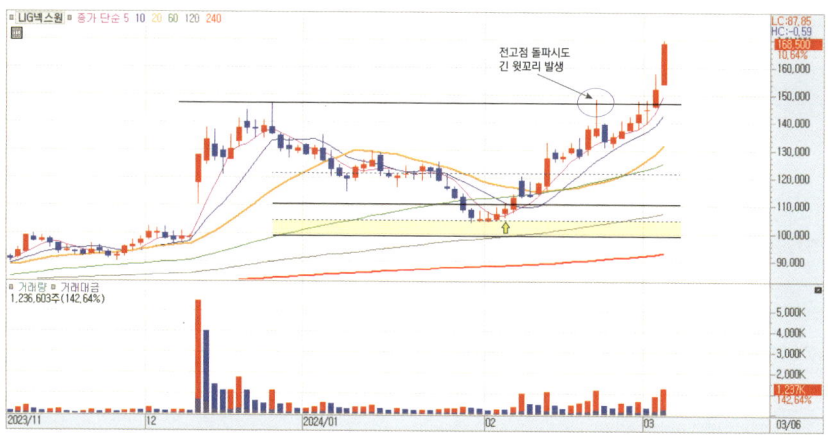

LIG넥스원의 주가는 박스권 하단에서 서서히 상승했으며, 2월 중후반 고점 돌파를 시도한 뒤 신고가를 경신했습니다. 특히 직전 고점 돌파 시도 당시 긴 윗꼬리가 발생했는데, 이때 매수했다면 다음 날부터 12%의 하락을 감내해야 했을 것입니다. 따라서 이러한 가짜 돌파 신호(휩소)에 당하지 않으려면 눌림목 구간에서부터 천천히 매수 비중을 늘려가는 전략이 필요합니다. 첫 진입이 성공하면 추가 상승 시 안정적으로 물타기 전략을 시도할 수 있을 것입니다.

[그림195] 효성중공업 일봉차트

　다음은 효성중공업의 차트입니다. 주가는 역사적 신고가를 달성하며 8월까지 상승을 이어갔습니다. 9월부터는 조정이 시작되었고 주가는 장기이평선인 60일선과 이격을 좁혔지만 지지받지 못했습니다. 만약 60일선을 박스권 하단으로 설정했다면 지지에 실패했겠죠.

　중요한 점은 전체적인 장기이평선(120일, 240일선) 추세가 상승세였기 때문에 60일선을 이탈한 상태라도 주가는 여전히 상승 가능성을 내포하고 있다고 봐야 합니다. 크게 하락하더라도 최소한 그 아래에 있는 장기이평선에서 단기적인 반등은 기대할 수 있습니다.

　11월 말 주가는 8월 전고점을 돌파했지만, 곧 조정받기 시작했고 12월 초 60일선의 추세가 둔화하는 모습이 관찰되었습니다. 이런 상태에서는 60일선을 박스권 하단으로 설정하는 것은 적절하지 않습니다.

　현재의 장기이평선 추세가 둔화하면 반등이 약하거나 추가 하락 가능성이 커질 수 있으므로 박스권의 하단을 더 낮은 장기이평선으로

설정하거나, 직전의 저점에서 지지가 확인될 때까지 관망해야 합니다

[그림196] 효성중공업 일봉차트

만약 60일선과 120일선 간의 이격이 크지 않다면 120일선에서 지지가 되지 못할 수 있으므로 그 아래에 위치한 장기이평선인 240일선을 박스권 하단으로 설정합니다.

물론 박스권 하단을 설정할 때. 꼭 장기이평선에 맞추어 박스권을 설정할 필요는 없습니다. 중요하게 지지가 형성된 구간(직전 저점)이 있다면 해당 구간을 박스권으로 설정하는 것도 괜찮습니다. 위 차트에서는 10월의 저점이 해당되겠습니다.

[그림197] 효성중공업 일봉차트

　지나고 보니 주가는 240일선에 닿지는 않았지만, 박스권 부근까지 살짝 하락한 후 두 달간 조정받고 상승으로 전환했습니다. 이렇게 주가가 60일선이 아닌 120일선 또는 240일선에서 조정받고 신고가를 경신하는 종목들은 조정 기간이 다소 길어질 수 있습니다. 따라서 이 박스권 하단부에서 계속 매수하여 비중을 늘려갈 수도 있겠지만 박스권의 역할은 주가가 장기이평선과 이격이 좁혀졌는지 확인하는 데 중점을 두어야 합니다. 그런 다음에 주가가 상승을 시도할 때 매수하는 것이 안전하고 효과적인 접근 방법입니다.

[그림198] 효성중공업 일봉차트

결과적으로 주가는 장기이평선을 타면서 신고가 흐름을 크게 이어 갔습니다. 당시 주가는 240일선 위에서 반등을 시작한 뒤 약 20만 원에서 40만 원 이상까지 2배 이상의 상승을 기록했습니다.

이처럼 60일선, 120일선, 240일선의 3가지 장기이평선을 기준으로 박스권을 설정한 뒤 지지를 확인하고 진입한다면 고점 매수로 인한 실패 확률을 줄일 수 있고 동시에 신고가의 가파른 상승 흐름을 기대할 수도 있습니다.

그러나 주의할 점이 있습니다. 모든 종목에서 이렇게 장기이평선을 기준으로 박스권을 설정하면 안됩니다.

[그림199] 토니모리 일봉차트

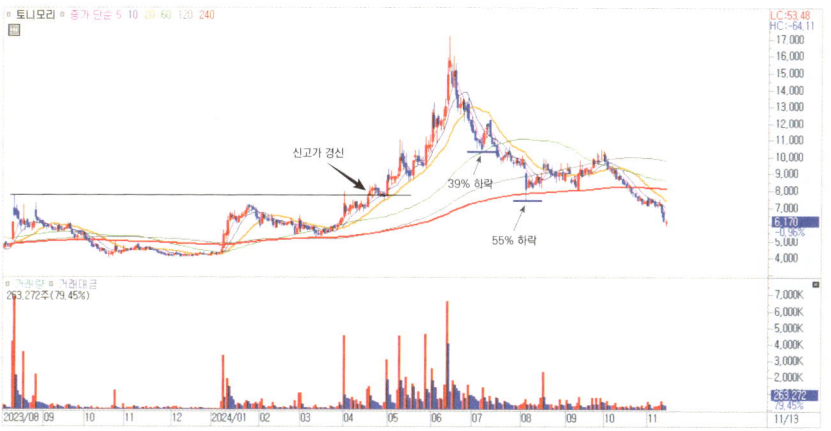

예시로 토니모리의 일봉차트를 살펴보겠습니다. 주가는 4월 중순 신고가를 경신한 뒤 20일선을 따라 급격히 상승했습니다. 그러나 6월 고점을 기록한 후 빠르게 하락하여 60일선까지 내려갔으며 이 과정에서 주가는 고점 대비 39% 하락했습니다.

하락 이후 일시적인 반등이 있었으나, 주가는 다시 하락세로 전환되며 120일선마저 이탈한 뒤 240일선에 도달했습니다. 이 과정에서 주가는 고점 대비 55% 하락, 3개월도 채 되지 않아 고점에서 반토막이 났습니다.

위 사례와 같이 급격한 상승 후 빠르고 큰 폭의 하락세를 보이는 종목은 곧바로 박스권을 설정하기 어렵습니다. 주가가 60일선까지 약 40% 하락하고, 240일선까지 50% 이상 하락했다면 일반적인 조정이 아니라 추세가 꺾인 신호일 가능성을 고려해 봐야 합니다. 이럴 때 장기이평선에서 주가는 일시적인 반등에 그치거나 지지가 되지 못하고 하락세가 계속 이어질 수도 있습니다.

tip

　여러 신고가 종목의 흐름을 조사한 결과, 신고가 경신 후 60일선 부근까지 짧게는 약 20%부터 30% 초반까지 하락률을 보이며 상승하는 것이 일반적입니다. 간혹 40% 초반까지 하락한 후 상승으로 전환되는 종목도 일부 존재하긴 합니다. 120일선 부근에서는 30% 초반부터 40% 초반까지 하락하며, 240일선 부근은 보통 40% 초반 이내에서 하락세가 멈추는 경우가 많습니다.

*참고로, 이 통계에서는 대형 우량주는 제외되었습니다.

[그림200] 덱스터 일봉차트

위 덱스터 종목도 마찬가지입니다. 가파른 상승 후 주가는 60일선까지 고점 대비 약 46% 하락했으며, 이후 반등 없이 240일선까지 약 63% 하락했습니다. 당시 덱스터는 넷플릭스 오징어게임 관련주로 급등한 테마주였지만, 테마와는 별개로 위 종목의 주가처럼 급격한 상승 후 빠른 속도로 큰 폭의 하락이 나타나는 종목에서는 장기이평선에서 일시적인 반등에 그치거나 지지가 되지 않을 수도 있습니다.

만약 장기이평선을 기준으로 박스권을 설정하더라도 큰 폭의 하락이 있었던 만큼 지지가 형성되는지 최소 한두 달 이상 관찰하는 것이 중요합니다. 지지를 확인한 후에 진입한다 해도 절대로 늦지 않습니다. 주가가 단순히 싼 가격에 도달했다는 이유만으로 섣불리 매수하면 안 됩니다.

이 장기이평선을 기준으로 박스권을 설정하는 방법은 주가가 저점과 고점을 높이며 단계적인 상승과 하락의 등락이 있는 종목에서 효과적입니다. 그러나 주가가 별다른 조정 없이 단기간 급격히 상승 후, 큰 폭으로 조정받는 종목은 변동성이 크고 지지 구간이 명확하지 않기 때문에 반드시 장기이평선에서 지지가 되는지를 충분히 확인하고 박스권을 설정해야 합니다.

[그림201] 세방전지 일봉차트

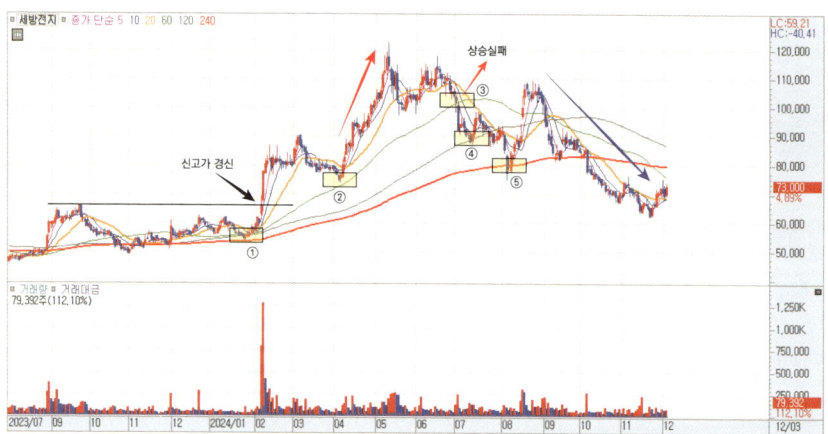

즉, 위와 같은 사례를 예로 들 수 있습니다. 주가는 2월 전고점을 돌파하여 신고가를 경신한 뒤 눌림목이 발생하고 급격한 상승을 시작합니다. 그러나 고점을 형성한 뒤 조정받는 과정에서 주가는 고점과 저점을 단계적으로 상승하는 데 실패(③)하였습니다.

그래서 신고가 경신하기 전 구간(①)과 돌파 이후 첫 눌림목 구간(②)이 추세매매를 할 때 비교적 성공률이 높은 자리입니다. 위 차트에서는 첫 구간(①)에 진입하지 못하더라도 두 번째 구간(②)인 60일선 근방 지지를 확인하고 매수를 노려볼 수 있는 기회가 있었을 것입니다.

그러나 주가가 급격히 상승해 장기이평선과 과도한 이격이 발생하였다면 조정받는 구간(③, ④, ⑤)에서는 지지에 실패하거나 일시적인 반등에 그칠 수 있습니다.

따라서 섹터 내의 대장주 또는 실적이 큰 폭으로 증가할 수 있는 종목이 아닌 일반적인 종목에서는 초입 구간인 신고가 경신 직전(①), 경신 후 첫 눌림목(②)에서만 공략하는 것이 안정적일 것입니다.

그리고 꼭 60일선, 120일선, 240일선을 고집할 필요는 없습니다. 이 책에서는 국내 시장에서 자주 사용되는 공통적인 장기이평선을 기준으로 삼았지만 추세 추종 매매에서 주로 활용되는 50일선, 100일선, 200일선을 사용해도 크게 문제는 없습니다.

중요한 점은 신고가를 경신하는 종목들은 눌림목 발생 시, 장기이평선과 이격이 좁혀진 후 상승을 이어간다는 점입니다.

그렇다면 장기이평선과 이격이 좁혀진 상태에서 지지를 확인하고 매수할 때는 구체적으로 어떻게 진입해야 할까요?

2) 상승 전환 신호

주가가 장기이평선과 이격이 좁혀진 후 본격적으로 상승을 시작할 때는 매물을 소화하는 과정이 나타날 수 있습니다. 이 과정에서 삼각수렴, 외바닥, 이중바닥, 삼각수렴 등과 같은 특정한 패턴이 주로 관찰됩니다.

[그림202] 엔켐 주봉차트

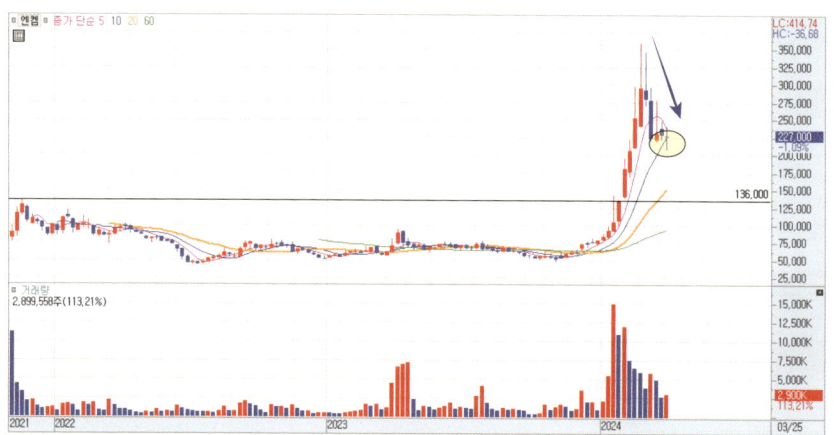

예시 사례인 엔켐의 주봉차트입니다. 24년 초에 주가는 전고점인 136,000원을 돌파하여 큰 폭으로 급등하였습니다. 이후 주가는 전고점 위에서 조정받고 있는 상황인데, 여기서 주봉차트상 주가가 10주선 근처까지 내려오면 일봉차트에서 주가는 60일선 근방까지 하락하는 흐름이 나타납니다.

[그림203] 엔켐 일봉차트

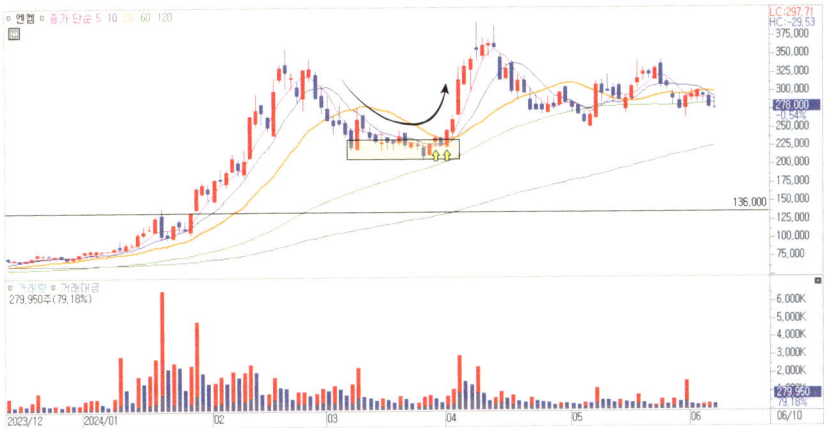

일봉차트로 살펴보면 3월 주가는 20일선을 이탈한 뒤 60일선 근처까지 조정받으며 외바닥 U자형의 움직임을 보였습니다. 특히 주가가 20일선을 재돌파하자 단기간 급등이 나타난 것을 확인할 수 있습니다.

[그림204] 서연이화 주봉차트

이번에는 서연이화의 주봉차트를 살펴보겠습니다. 주가는 2023년부터 지속적으로 신고가를 경신하며 상승세를 이어가는 가운데 10주선 근처까지 조정받고 큰 폭의 상승세를 기록하였습니다.

[그림205] 서연이화 일봉차트

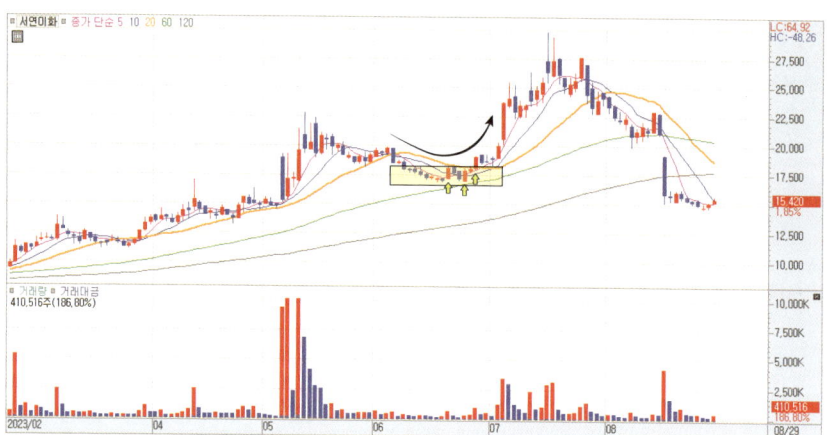

[그림203]의 엔켐 일봉차트와 유사하게 당시 주가는 20일선을 이탈한 뒤 60일선 근처까지 조정받으며 외바닥 U자형 모양으로 움직였습니다. 마찬가지로 주가는 20일선을 돌파하자 약 50% 이상의 단기간 급등세가 나타났습니다.

[그림206] 하나마이크론 주봉차트

　위 하나마이크론의 주봉차트에서는 신고가를 경신하는 과정에서 주가는 10주선, 20주선 근처에서 조정받고 상승이 나온 모습을 확인할 수 있습니다. 조정받고 상승하는 모습이 N자형 패턴이죠. 일봉차트로 보겠습니다.

[그림207] 하나마이크론 일봉차트

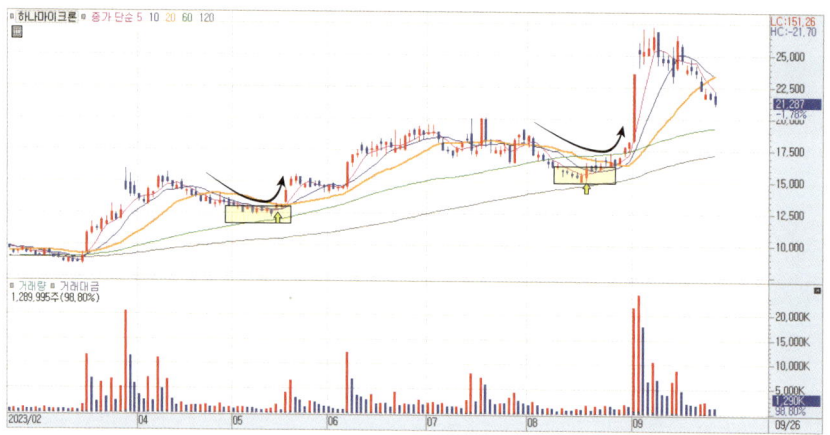

5월 중순, 주가는 20일선을 이탈한 뒤 60일선까지 조정받은 후 외바닥 U자형 모양으로 움직였습니다. 이때도 20일선을 돌파하자 단기간 상승세가 이어졌습니다. 8월 중순에도 주가는 120일선까지 조정받은 후 외바닥 U자형으로 움직였고, 마찬가지로 20일선을 돌파한 뒤 급등이 나타났습니다.

이처럼 신고가 종목들은 장기이평선 부근에서 외바닥 U자형으로 움직인 뒤 20일선을 돌파할 경우, 단기간 상승세가 나올 수 있습니다. 이러한 패턴을 참고하여 장기이평선 근처(박스권 하단부)에서 지지를 확인한 후 다음과 같은 전략을 사용할 수 있습니다.

① 5일선 또는 10일선을 종가 기준으로 장악할 때 일부 매수해 선제적으로 진입
② 20일선 돌파 여부를 확인한 뒤 추가 진입

손절은 지지가 되었던 구간 또는 박스권 하단부를 이탈할 때 매도로 대응할 수 있겠습니다.

[그림208] 하나기술 주봉차트

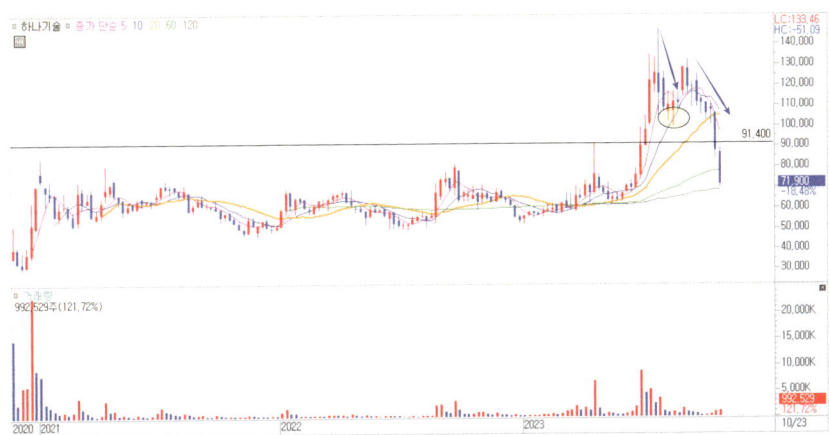

반면에 패턴이 실패하는 사례도 적지 않습니다. 예를 들어 위 하나기술의 주봉차트에서는 2023년 중순에 91,400원을 돌파하며 역사적 신고가를 경신한 후 10주선까지 조정받았지만, 일시적인 반등만 나오고 상승세를 이어가지 못했습니다.

[그림209] 하나기술 일봉차트

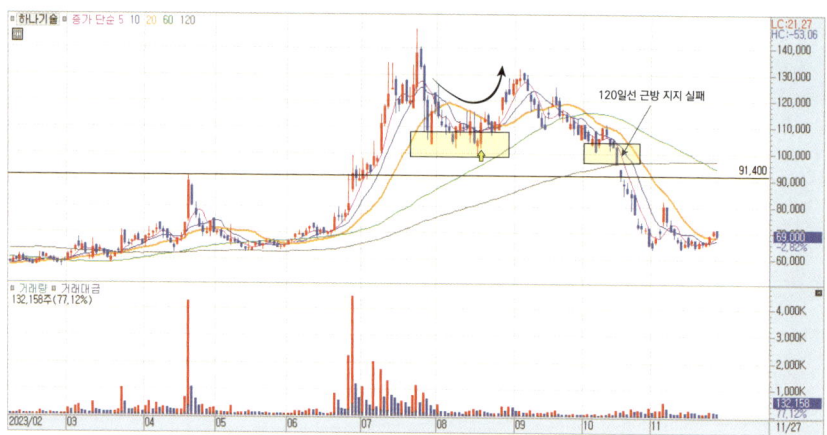

일봉차트를 보면 8월 말, 주가는 60일선 근처까지 조정받은 후 20일선을 돌파하며 외바닥 U자형 패턴으로 상승을 시도했으나, 곧 20일선을 다시 이탈하고 말았습니다. 게다가 주가는 120일선 근처에서도 지지받지 못하고 급락하였습니다. 이렇게 패턴이 실패한 원인은 대장주가 아니거나, 시장 전반에 악재가 발생했거나, 업황이 갑작스럽게 나빠졌거나, 혹은 회사의 개별적인 악재가 영향을 미쳤을 가능성이 있을 수 있습니다. 따라서 패턴이 완성되었다고 해서 반드시 상승으로 이어지지 않는다는 점을 유념하시길 바랍니다.

[그림210] 보로노이 주봉차트

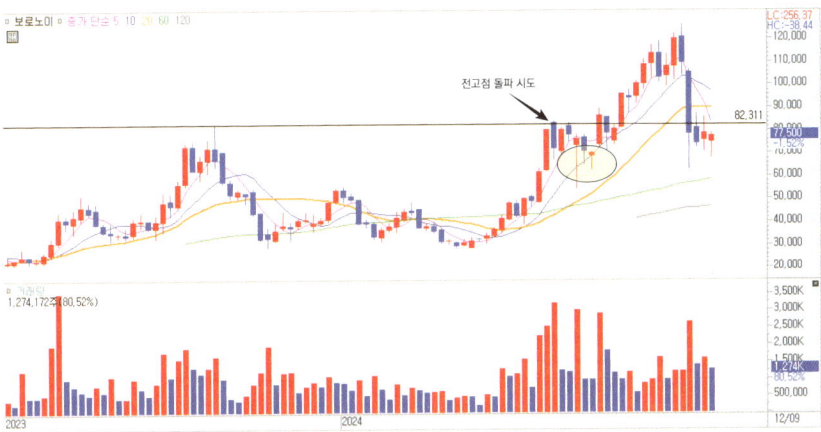

　2024년 중순, 당시 검색기에 검색된 보로노이의 주봉차트를 살펴보면 주가는 2023년 전고점 돌파를 시도한 후 몇 주간 변동성을 보였습니다. 이후 전고점을 다시 확실히 장악하자, 주가는 약 8만 원대에서 12만 원까지 단기간 상승세를 이어갔습니다. 이때 당시의 일봉차트를 보겠습니다.

[그림211] 보로노이 주봉차트

    당시 8월, 주가는 60일선에서 두 차례 지지받으며 움직였습니다. 이 과정에서 주가는 이중바닥(쌍바닥)을 형성하며 전고점을 장악하는 모습을 보였지만 9월 초, 주가는 다시 20일선, 60일선 근처에서 조정받은 후 상승세를 이어갔습니다.

    이처럼 전고점 돌파 시, 주가는 매물을 소화하기 위해 외바닥뿐만 아니라 이중바닥이나 삼중바닥을 만들면서 움직이는 경우가 자주 나타날 수 있습니다. 그러면서 주가는 장기이평선과 이격을 더욱 좁히게 됩니다.

[그림212] 이수페타시스 주봉차트

　이번에는 이수페타시스의 사례를 살펴보겠습니다. 주가는 2023년, 전고점인 8,720원을 돌파한 후 몇 주간 변동성이 발생했습니다. 이렇게 주가는 전고점을 돌파할 때 매물 소화하는 과정을 거치는 경우가 흔히 나타납니다. 왜냐하면 전고점 부근에는 이전 매수자들의 매도 물량(악성 매물)이 쌓여있어 이를 소화해야만 주가가 새로운 상승 흐름으로 이어질 수 있기 때문입니다.

[그림213] 이수페타시스 일봉차트

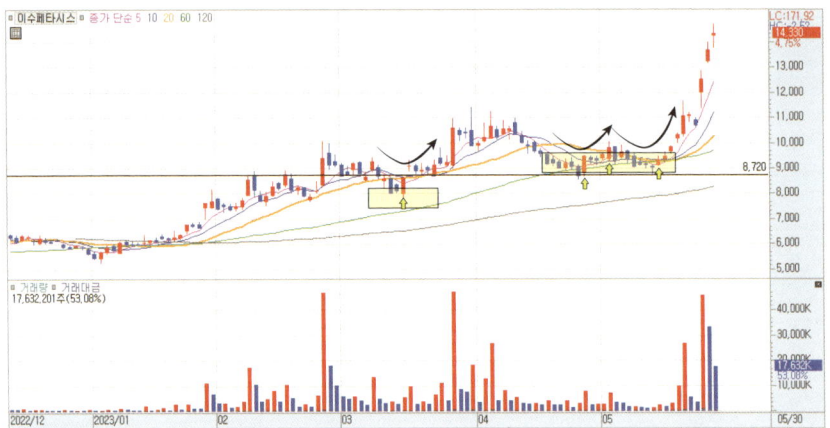

　일봉차트를 보면 주가는 3월 중순 60일선 근처 위에서 한 차례 반등을 보였으며, 4월 중순부터 5월 중순 사이에 60일선과의 이격이 좁혀지는 흐름을 보였습니다. 이 과정에서 이중바닥(쌍바닥) 패턴을 형성한 후 급등세로 전환된 모습을 확인할 수 있습니다.

　이렇게 전고점 부근에 있는 신고가는 매물을 소화하기 위해 변동성이 발생하는데 이 과정에서 주가는 이중바닥, 삼중바닥 등의 다양한 패턴으로 나타나고 장기이평선과의 이격이 좁혀지게 됩니다.

　물론 모든 종목이 똑같은 움직임을 보이는 것은 아니지만, 장기이평선과 이격을 좁히는 종목은 대체로 큰 폭의 상승률을 만들어 내는 경우가 많습니다. 따라서 이와 같은 패턴을 유심히 관찰하면 상승 가능성이 높은 종목을 쉽게 찾아낼 수 있습니다.

[그림214] 태성 주봉차트

위 종목은 신고가 경신 후, 전고점 부근이 아닌 전고점 위에서 몇 주간 변동성이 발생했습니다. 전고점 부근에서만 변동성이 발생하는 것이 아니라 전고점 위에서도 변동성 구간이 나타날 수 있습니다.

매물을 소화하는 과정은 전고점 아래, 전고점 부근, 전고점 위에서 언제든 발생할 수 있습니다. 그래서 크게 의미를 둘 필요는 없다고 말씀드렸죠. 중요한 것은 차트를 볼 때 어떤 형태로 조정받는지, 장기이평선과의 이격이 좁혀졌는지 여부만 판단하면 됩니다.

[그림215] 태성 일봉차트

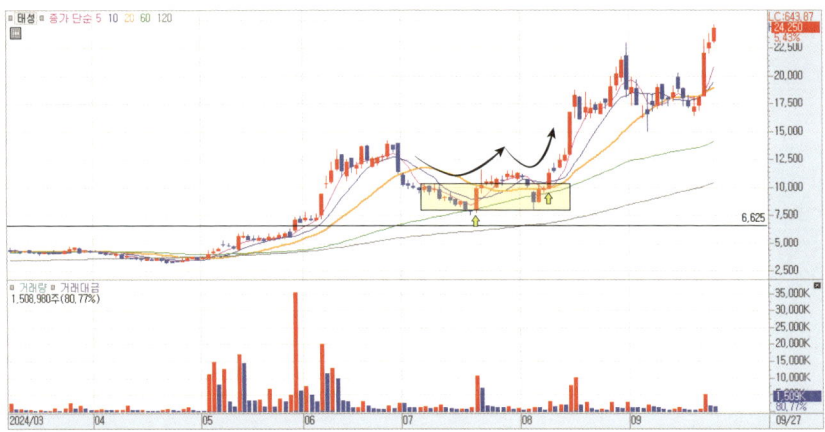

당시 일봉차트를 보면, 주가는 5월 말 전고점을 돌파한 후 7~8월에 60일선 근방에서 이중바닥 패턴을 만들며 상승세를 이어갔습니다.

그러나 이러한 패턴을 알고 있어도 실제 진입 시에 이중바닥 패턴을 예상하며 매수하는 것은 쉽지 않습니다. 오히려 외바닥 U자형 패턴으로 진행될 수도 있기 때문이죠.

따라서 진입 시에는 한 번에 매수하기보다는 최소한 두 차례나 세 차례에 걸쳐 진입 시기를 나눠서 매수하는 전략이 안정적일 것입니다. 먼저 장기이평선 근처에서 지지를 확인한 후 다음과 같은 전략을 사용할 수 있습니다.

① 5일선 또는 10일선을 종가 기준으로 상악할 때 일부 매수해 선제적으로 진입

② 20일선 돌파 여부를 확인한 뒤 추가 진입

③ 주가 하락 시, 전저점 지지를 확인하고 5일선 또는 10일선을 장악

할 때 진입 또는 20일선 돌파 여부를 확인한 뒤 진입

손절은 지지가 되었던 전저점을 이탈할 때 매도로 대응할 수 있겠습니다. 이렇게 3회에서 4회에 걸쳐 진입 시점을 나누는 전략은 리스크를 분산하며 패턴이 실패하더라도 큰 손실을 방지할 수 있다는 장점이 있습니다.

[그림216] 엠로 주봉차트

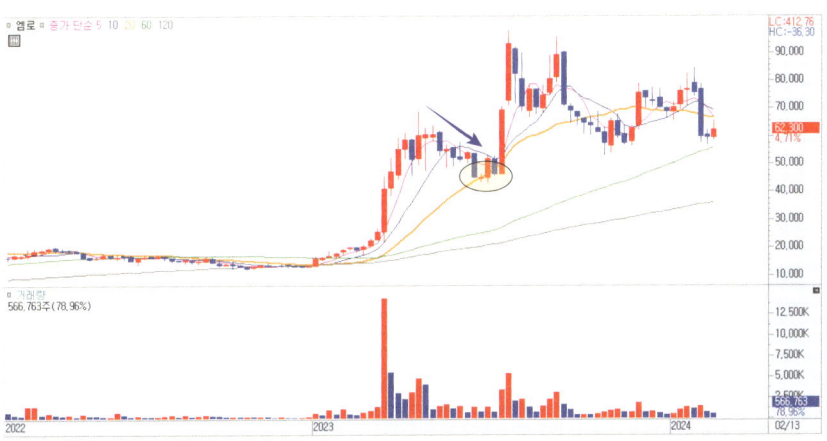

엠로의 주봉차트를 보면, 이 종목 역시 전고점을 크게 상회한 상태에서 눌림목이 발생하고 단기간 큰 폭의 상승세가 나타났습니다. 주가는 20주선을 따라 움직이는 흐름을 보였는데, 이렇게 **주봉차트에서의 큰 폭의 상승은 주로 첫 10주선 근방이나 첫 20주선 근방에서 시작되는 경향**이 있습니다. 따라서 주봉차트에서 주가의 대략적인 위치를 잘 확인해 보시길 바랍니다.

[그림217] 엠로 일봉차트

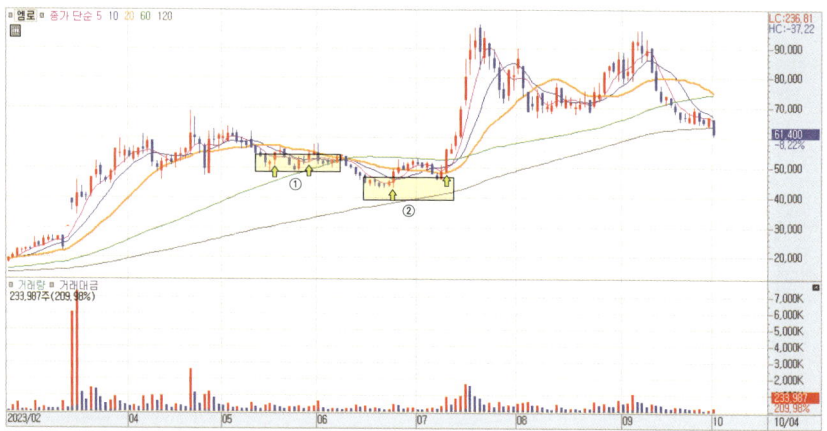

    일봉차트를 보면 주가는 60일선 구간(①)에서 이격을 좁히며 지지를 받았지만, 상승세를 이어가지 못하고 추가 하락이 발생했습니다. 이후 120일선 구간(②) 부근에서 지지가 되며 이중바닥을 만들었고 그 결과 거래량이 증가하면서 큰 폭의 상승세가 나타났습니다.

    장기이평선인 60일선뿐만 아니라 120일선, 240일선 부근에서도 외바닥, 이중바닥 패턴, 삼중바닥 패턴이 형성되며 상승으로 전환되는 경우도 많기 때문에 각 장기이평선 근처에서 이러한 패턴이 만들어지는지를 잘 파악해야 하겠습니다.

[그림218] LIG넥스원 일봉차트

 이번에는 LIG넥스원 일봉차트를 보면, 주가는 신고가를 경신할 때마다 장기이평선 근처에서 상승세가 시작되었습니다. 특히 경신하기 직전의 과정에서 주가는 고점과 저점이 일정하게 낮아지거나 고점이 급격히 낮아지는 흐름을 보였습니다. 단순히 외바닥 U자형, 이중바닥, 삼중바닥과 같은 전형적인 패턴에 해당하지 않습니다.

[그림219] 일진전기 일봉차트

위의 일진전기 또한 신고가를 경신하기 전, 주가는 장기이평선인 240일선까지 조정받는 동안 고점이 낮아지는 일정한 흐름을 보였습니다. 그러나 3월 초순, 고점 하락 흐름을 벗어나는 구간에서부터 주가는 본격적인 상승세가 시작되었습니다. 이렇게 고점에서 이어진 하락의 흐름, 즉 하락추세를 돌파하는 시점에 주가는 상승 추세로 전환될 수 있으니 돌파 구간이나 돌파 이후의 눌림목 구간을 매수 포인트로 활용할 수 있겠습니다.

[그림220] 브이티 일봉차트

　브이티는 6월 중순 고점을 형성한 이후 약 5개월간 박스권 흐름을 보였습니다. 이 과정에서 주가는 장기이평선인 60일선과 120일선 부근에서 지지를 받으며 반등했으나 추가적인 상승세로 이어지지는 못했습니다.

　그러나 12월 초, 주가는 240일선에서 지지받고 반등하면서 고점의 하락추세를 돌파하고 신고가를 경신했습니다. 이렇듯 장기이평선과의 이격을 좁히며 하락추세를 형성한 종목을 유심히 살펴보시길 바랍니다. 이러한 종목들의 진입 시점은 하락추세 돌파 구간 또는 돌파 이후의 첫 눌림목 구간입니다. 안정적으로 진입하려면 돌파 이후의 첫 눌림목 구간에서 진입하면 되겠습니다.

[그림221] LS에코에너지 일봉차트

다음은 LS에코에너지의 일봉차트입니다. 이 종목은 신고가를 계속 경신하며 2만 원에서 4만 원 이상까지 크게 급등한 종목입니다. 여기서 주가가 급등하기 직전의 흐름을 살펴보면 2월에 60일선에서 순간적인 큰 반등이 있었지만, 상승세가 길게 이어지지 못했습니다. 결국 주가는 60일선을 이탈하며 그 아래에 있는 장기이평선인 120일선 근처까지 이격을 좁히고 지지를 받았습니다. 이후 반등과 함께 하락추세를 돌파하자 급등세가 시작되었습니다. 하락추세의 돌파 여부만 잘 판단해도 매수 시점을 비교적 쉽게 판단할 수 있습니다.

[그림222] 코스맥스 일봉차트

　물론 그렇다고 해서 이 패턴도 100% 성공률을 보장하는 것은 아닙니다. 예를 들어 위 코스맥스의 경우, 신고가 경신 후 긴 조정을 받으며 2024년 1월에 주가가 240일선까지 하락한 뒤 지지받고 하락추세를 돌파하는 흐름을 보였지만, 결국 상승을 이어가는 데 실패했습니다. 패턴이 형성되더라도 시장 상황, 업황 악화, 개별 종목의 이슈 등 다양한 외부 요인으로 인해 흐름이 180도 달라질 수 있습니다. 따라서 패턴이 실패할 경우, 돌파가 시작된 구간을 이탈할 때 즉각 대응해야 합니다.

[그림223] 코스맥스 일봉차트

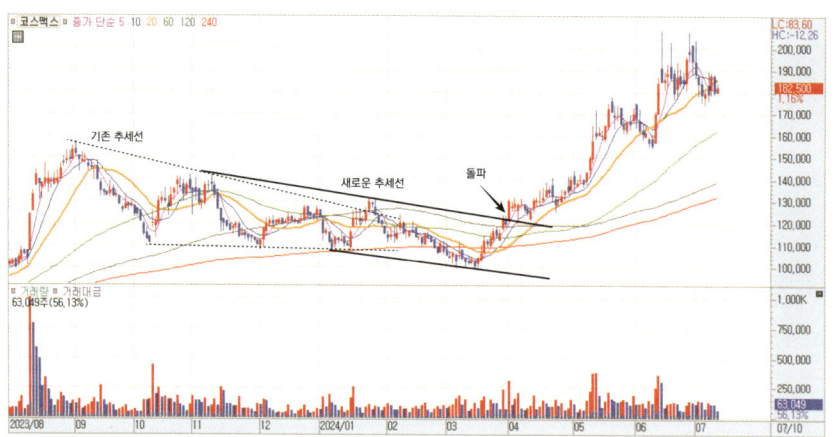

하지만 기존의 하락 추세선 돌파에 실패하더라도, 실패한 지점의 고점을 기준으로 새로운 하락 추세선을 설정할 수 있습니다. 이렇게 새롭게 형성된 하락 추세선을 기준으로 삼아 돌파하는 구간에서 다시 진입기회를 노려볼 수 있겠습니다.

어떻습니까? 거의 비슷한 패턴이죠? 신고가를 경신하는 종목들의 차트 흐름에서 공통적으로 뽑아낼 수 있는 핵심 요소가 바로 이것입니다.

장기이평선 부근까지 이격을 좁히며 다양한 패턴을 형성한 후 상승세를 이어간다는 아주 기본적인 논리입니다. 이 기본적인 논리에 입각해서 진입한다면

① 장기이평선 근방에서 지지를 확인하며 점차적으로 진입
② 하락추세선 돌파 구간에서 추가 진입 또는 돌파 이후 첫 눌림목 구간에서 추가 진입

③ 신고가 경신 구간에서 추가 진입 또는 경신 후 첫 눌림목 구간에서 추가 진입

*하락 추세 돌파 이후 첫 눌림목 구간은 일반적으로 10일선과 20일선 사이에서 눌림목 발생

이렇게 단계적으로 진입합니다. 이 방식으로 비중을 점차적으로 늘릴 수 있겠고 손절하더라도 초기 비중이 낮아서 손실을 최소화할 수 있습니다.

[그림224] 코스모신소재 일봉차트

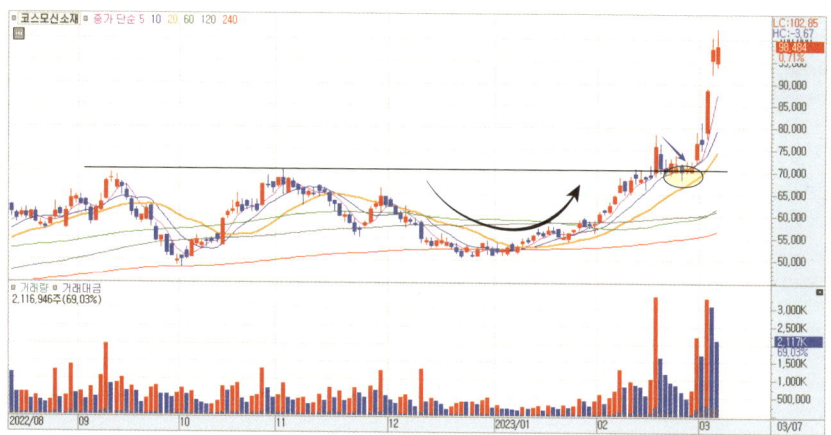

고점의 하락추세가 형성되지 않는 종목들도 있습니다. 예를 들어 위 코스모신소재 일봉차트를 보면, 주가는 2022년 12월과 2023년 1월에 240일선 근방에서 지지받은 후, 외바닥 형태로 U자형이 크게 그려지면서 전고점을 돌파하며 신고가를 경신했습니다. 이 과정에서 특별한 하락추세는 나타나지 않았습니다. 직전 2022년 9월 말에도 비슷한 흐름이 나타났었죠.

이처럼 하락추세가 형성되지 않은 종목들도 있어서 진입 시에는 장기이평선 근방에서 지지 확인 후 선제적으로 일부 진입하거나, 전고점 돌파 구간 또는 전고점 부근에 형성된 눌림목 구간에서 진입하는 방법도 생각해 볼 수가 있습니다.

[그림225] 삼천당제약 일봉차트

위의 삼천당제약의 일봉차트도 비슷한 흐름을 보였습니다. 주가는 60일선 근방까지 조정받고 외바닥 U자형태로 크게 움직였죠. 이런 종목들은 대부분 전고점 부근에서 눌림목이 만들어진 후, 재차 상승하는 경향을 보입니다.

[그림226] 가온칩스 일봉차트

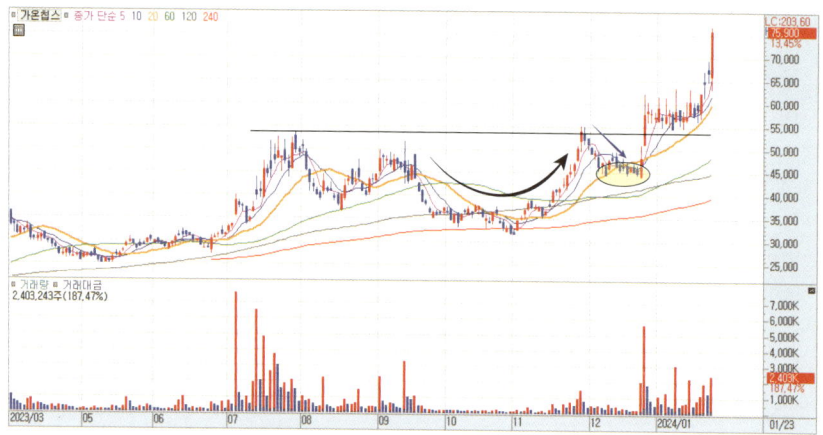

가온칩스의 일봉차트를 보면 이 종목도 7월 신고가를 경신한 후 8월 60일선에서 반등했지만, 상승세가 이어지지 않고 추가 하락하며 240일선 근방까지 조정받았습니다. 이 구간에서 주가는 외바닥 형태로 크게 U자형 패턴을 만들며 11월 말에 고점 돌파를 시도했습니다. 이후 눌림목이 발생한 뒤, 주가는 본격적인 상승세로 이어졌습니다. 이처럼 하락 추세선 없이 주가가 상승하는 경우가 자주 나타납니다.

진입 시에는 반드시 장기이평선 근방에서 첫 매수를 할 필요는 없습니다. 장기이평선에서 지지를 확인한 뒤, 전고점 돌파 부근에서 형성된 첫 눌림목 구간에서 매수하는 것도 좋은 전략입니다.

이때의 눌림목 구간은 종목마다 다를 수 있지만 최소 10일선 근방, 보통 20일선 근방이나 최대 60일선 근방에서 눌림목이 형성됩니다. 이는 장기이평선에서 상승이 시작되어 신고가를 경신했기 때문에 이후의 눌림목에서 다시 장기이평선까지 조정받을 가능성은 낮아지기 때문입니다. 다만 산업 트렌드, 실적, 개별 재료가 뒷받침되어야 합니다. 이러한 요인이 부족하면 주가는 다시 원래 자리로 되돌아갈 수 있으니 단순히 차트만 봐서는 안되겠습니다.

[그림227] 비에이치아이 일봉차트

비에이치아이의 일봉차트를 보면 주가는 5월 말에 고점 돌파를 시도한 뒤 20일선 근방에서 눌림목이 만들어졌지만, 상승에 실패했습니다. 만약 이 구간에서 매수했다면 지지가 되었던 눌림목 저점 이탈 시, 즉각 손절로 대응했어야 합니다. 60일선이 아닌 20일선 근방에서 첫 매수를 시도할 경우, 리스크가 클 수 있기 때문입니다.

이후 주가는 장기이평선인 240일선마저 이탈했으나 쌍바닥 U자형으로 움직이며 곧바로 10월 말 고점 돌파를 시도했습니다. 이때 주가는 가파르게 상승하면서 20일선 근방에서 눌림목이 형성되었고, 이를 발판으로 추가 상승이 이어졌습니다. 첫 진입을 한다면 리스크를 감수하고 20일선 근방에서 매수할 수 있었을 것입니다. 손절은 20일선 근방에서의 반등지점, 즉 눌림목에서 지지에 실패할 때 매도합니다.

신고가 종목은 악성 매물이 많지 않기 때문에 산업 트렌드, 개별 이슈, 실적 외에도 테마종목에 편입될 경우 단기간에 큰 폭의 상승세가 나올 수 있습니다. 이를 염두에 두면서 신고가 종목의 주가 흐름뿐 아니라 관련 산업의 뉴스, 해당 종목의 실적, 재료를 주기적으로 점검해야 합니다.

이외에도 다양한 주가의 패턴들이 존재하지만, 이 책에서 모두 설명하기에는 복잡하고 방대하므로 핵심적인 내용만 담았습니다.

정리하자면 신고가를 경신하는 종목들의 특징은, 장기이평선 부근에서 큰 상승 흐름이 시작된다는 점입니다. 이 과정에서 외바닥 U자형, 이중바닥, 삼중바닥 등 다양한 주가 패턴이 형성되며 이러한 패턴이 성공하면 상승 추세 신호로 작용한다는 것입니다.

다만 시장 급락이나 업황의 악재로 인해 상승에 실패할 가능성도 있지만, 성공하게 된다면 긴 상승 추세의 흐름에 편승할 수 있을 것입니다. 단, 주가가 어디까지 상승할지 정확히 예측할 수 없으므로 적당한 수익금에서 분할매도를 하는 것이 최선의 방책일 것입니다.

3) 다이아몬드 분할 비중 조절법

신고가 매매에서 비중을 어떻게 조절할 것인지에 대한 정해진 답과 기준은 없습니다. 투자자의 성향, 자금 규모, 리스크 감내 수준 등에 따라 다를 수 있기 때문입니다. 다만 이 비중 조절에 대한 명확한 가이드라인이 없다면 한 종목에 몰빵하여 리스크가 커지든가, 반대로 너무 많은 종목에 분산 투자하여 관리가 어려워지는 등의 문제가 발생할 수 있습니다. 그래서 이 책이 제시하는 최소한의 가이드라인은 다음과 같습니다.

자산 5천만 원 : 총 5종목 이내(최대 5종목 투자)

종목당 투자금액 분할진입 횟수	A종목 1,000만 원	B종목 1,000만 원	C종목 1,000만 원	D종목 1,000만 원	E종목 1,000만 원
1차 매수	111만 원 (11.1%)	111만 원 (11.1%)	111만 원 (11.1%)	200만 원 (20%)	250만 원 (25%)
2차 매수	222만 원 (22.2%)	222만 원 (22.2%)	222만 원 (22.2%)	300만 원 (30%)	500만 원 (50%)
3차 매수	333만 원 (33.3%)	333만 원 (33.3%)	333만 원 (33.3%)	300만 원 (30%)	250만 원 (25%)
4차 매수	222만 원 (22.2%)	222만 원 (22.2%)	222만 원 (22.2%)	200만 원 (20%)	
5차 매수	111만 원 (11.1%)	111만 원 (11.1%)	111만 원 (11.1%)		

* 위 비율대로 맞춰서 투자 금액을 조절하면 되겠습니다.

최대 5종목 이내 투자합니다. 이유는 종목의 수가 많아지면 관리하기가 어려워지기 때문입니다. 그렇다고 종목의 수가 1~2종목으로 집중투자 될 경우, 투자 실패 시 큰 손실 가능성이 있습니다. 따라서 관리하기 비교적 쉽고 적당한 분산 효과를 기대할 수 있는 4~5종목이 적당하겠습니다.

손절가는 박스권 저점, 장기이평선 등 중요한 지점을 기준으로 설정하되, 자금관리에 따른 손실 한도도 반드시 정해야 합니다. 우선, **전체 자산의 2%를 최대 손실 한도**로 설정합니다. 예를 들어, 총 투자 자산이 5,000만원이라면 2%에 해당하는 100만 원이 손실 한도가 됩니다. 여기서 총 5종목을 투자한다면, 100만 원을 5종목에 균등하게 분배해 각 종목당 20만 원이 최대 손실 한도 금액이 됩니다.

그러므로 각 종목당 5종목에 투자할 경우, 각 종목당 손실 금액이 20만 원을 넘지 않도록 설정합니다. 이렇게 하면 모든 종목에서 손절이 발생하더라도 전체 자산의 2% 이상을 잃지 않게 됩니다.
물론 실제로 손절할 때는 이 20만 원보다 더 적은 금액으로 손절하는 것을 목표로 해야 합니다. 지지가 형성된 구간이나 추세를 이탈한 구간에서는 즉각 손절로 대응해야 합니다. 무엇보다도 신고가 매매에서는 리스크관리가 최우선이라는 점을 잊지 말아야 합니다.

진입 시점은 총 3차~5차로 한정합니다. 예를 들어 이 책에서 제시하는 방법은 다음과 같습니다.

(1~2차) : 장기이평선 부근 지지 확인 후 진입

(2~3차) : 패턴 완성 구간, 하락추세 또는 전고점 돌파 또는 돌파 후 눌림목 구간 진입

(4~5차) : 신고가 경신 중 눌림목 구간 진입

물론 꼭 위와 같은 방식으로 매수하지 않아도 됩니다. 안정적으로 매수하려면 돌파 시 매수보다는 눌림목에 왔을 때만 진입할 수도 있습니다. 또한 상황에 따라 3차 진입까지만 하고 4, 5차 진입을 생략할 수도 있습니다. 중요한 것은 자신의 매매 성향과 시장 상황에 맞게 유연하게 진입하면 되겠습니다.

하지만 실제 위와 같은 방식으로 5차 진입을 계획하더라도 추가 진입 기회를 주지 않고 급등하는 종목들도 빈번하게 나타납니다. 예를 들어 1차 또는 2차 매수만 된 상태로 큰 폭으로 급등하는 경우가 있는데 그럴 때는 기존의 매수분만 보유합니다. 왜냐하면 추가 진입을 무리하게 시도하다가 평균단가만 높아져 수익률이 크게 감소하거나 고점에서 물릴 위험이 있습니다.

추가 진입하지 않아도 이미 확보한 매수분으로 수익을 실현할 기회가 충분히 있을 수 있으니 기존 보유 물량을 유지합니다. 인내심을 가지고 기다리면 충분히 추가 진입 기회를 주는 경우도 많으니 원칙대로 매수계획을 끝까지 유지합니다.

각 진입에 따른 비중은 다이아몬드◆형태로 첫 진입과 마지막 진입 시, 비중은 적게 두고 가운데 진입 시 비중을 많이 두는 방식입니다.

첫 진입에 비중을 축소하는 이유는 주가의 지지를 확인하는 초기 단계이기 때문입니다. 이 단계에서는 주가가 예상과 다르게 흘러갈 가능성을 염두에 두고, 손실을 최소화하기 위해 적은 비중으로 접근합니다.

중간 진입 단계에서는 주가가 지지받은 후 상승 전환 신호가 나타나는 시점으로, 상승 추세가 본격적으로 시작될 가능성이 커질 때입니다. 따라서 이 시점에 진입 비중을 확대합니다.

마지막 진입은 주가가 신고가를 경신하며 상승 추세가 더욱 강해지는 시점에서 이루어집니다. 이 단계에서는 이미 주가가 신고가를 경신해 상승 흐름을 타고 있지만, 차익 실현 매물로 인한 큰 변동성이 발생할 가능성을 대비해야 합니다. 여기서 큰 비중이나 동일 비중으로 추가 매수할 경우, 평균단가가 크게 상승하게 되어 리스크가 증가할 수 있습니다. 따라서 마지막 진입에서는 비중을 축소하여 평균단가 상승폭을 최소화하고 변동성에 대비하여야 하겠습니다.

수익은 앞서 10~30% 수익률 구간에서 분할 매도하고 나머지는 100% 이내까지 길게 보유할 수 있다고 언급했지만, 실제 투자에서는 자금관리에 맞춰 수익 목표를 명확히 설정해야 합니다. 기본 원칙은 최대 손절한도 금액을 기준으로 수익 목표를 정하는 것입니다.

예를 들어 총자산이 5,000만 원이고 2%인 100만 원이 손절 한도 금액이라면, 5종목에 나눠 투자할 때 각 종목당 손절 한도는 20만 원입니다. 이 20만 원의 2배 또는 3배인 40만 원이나 60만 원의 수익이 발생하면, 보유 비중의 30~50%를 분할 매도하여 수익을 실현합니다. 수익금은 손실금의 최소 2배 이상이 되어야 합니다.

이후 남은 물량은 상승 추세가 지속되는지 확인하며 추가 수익을 노립니다. 반면, 주가가 상승세를 멈추고 하락세로 전환할 가능성이 높다고 판단되면, 최소한 본전 가격에서라도 매도하여 수익을 지키는 것이 중요합니다.

구체적인 자금관리 계획 없이 야수의 심장으로 몰빵 투자하거나 대충 매수하게 되면 그건 투자라기보다 도박에 가깝습니다. 잠깐 운에 의해 수익을 낼 수도 있지만, 장기적으로는 큰 손실로 이어지게 됩니다. 특히 신고가처럼 주가가 이미 높은 위치에서 매수할 때는 더욱 그렇습니다.

투자에서 가장 중요한 것은 위기관리와 비중의 관리입니다. 철저한 계획 없이 투자에 임하면 예상치 못한 하락장에서 큰 손실로 이어질 수 있습니다. 자신만의 자금관리에 대한 노하우가 없다면 이 책에서 제시한 가이드라인을 바탕으로 체계적인 매매 계획을 세우시길 바랍니다.

제4부
신고가 추세매매 예시 사례

[그림228] 전진건설로봇 주봉차트

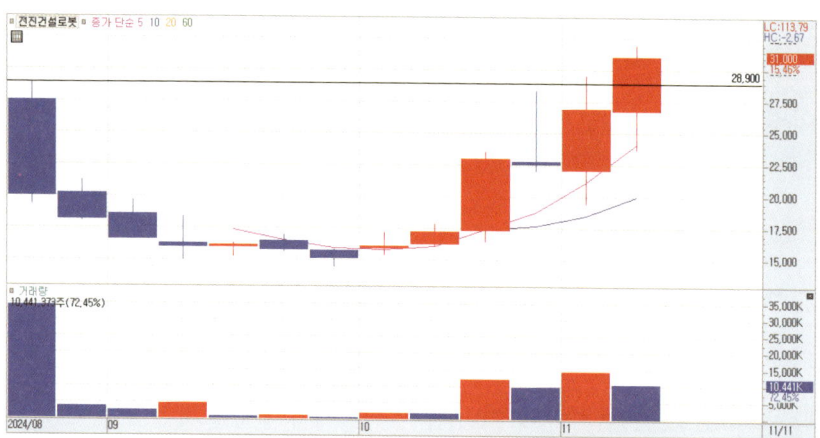

신고가 검색기에 포착된 종목으로 매매한다고 가정해 보겠습니다. 이 종목은 11월 8일부터 검색기에 포착된 종목인데요. 먼저 주봉이나 월봉차트를 확인하여 주가가 역대 신고가를 경신했는지, 혹은 전고점을 돌파한 초기 단계인지 판단합니다. 해당 차트를 보면, 주가는 역사적 신고가를 기록하며 신고점을 막 돌파한 초기 단계에 해당합니다. 그러면 28,900원을 차트에 표시합니다.

[그림229] 전진건설로봇 일봉차트

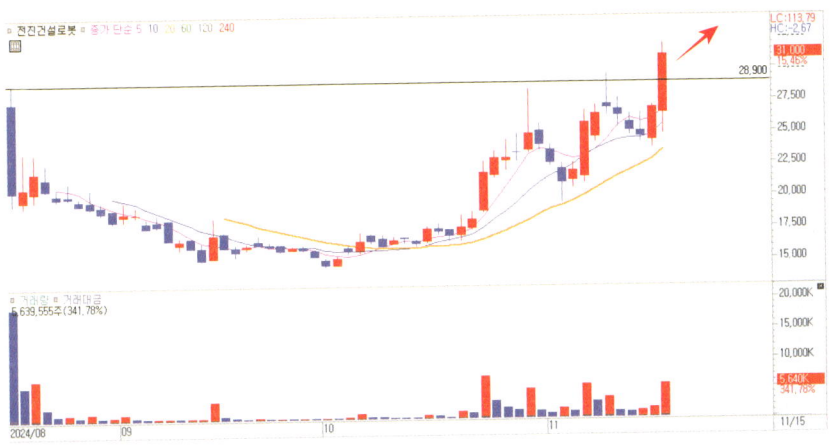

이번에는 일봉차트로 보겠습니다. 주가는 신규상장 된 날의 고점인 28,900원을 향해 움직이면서 20일선에 두차례 반등이 나왔습니다. 그러면서 주가의 저점과 고점이 점차 상승하고 있고, 현재 신고가 상태로 곧바로 주가가 상승할 것만 같습니다. 조급하게 매수 버튼을 누르기보다는 우선 **이 종목이 어떤 산업 트렌드를 타고 있는지, 실적이 어떤지, 개별적인 재료가 무엇인지도 파악해야** 합니다. 단순히 차트만 보고 매매하면 안 됩니다.

먼저 산업 트렌드를 타는 종목인지 확인하는 가장 간단한 방법은 **동일 산업군에 속한 종목들이 동시다발적으로 신고가를 경신했는지 확인하는 것**입니다. 검색기에 그런 종목들이 많을수록 해당 산업이 시장의 주목을 크게 받고 있으며, 외국인과 기관의 폭발적인 매수세가 지속해서 유입되고 있다는 것을 의미합니다.

[그림230] 에스와이스틸텍, 전진건설로봇 일봉차트

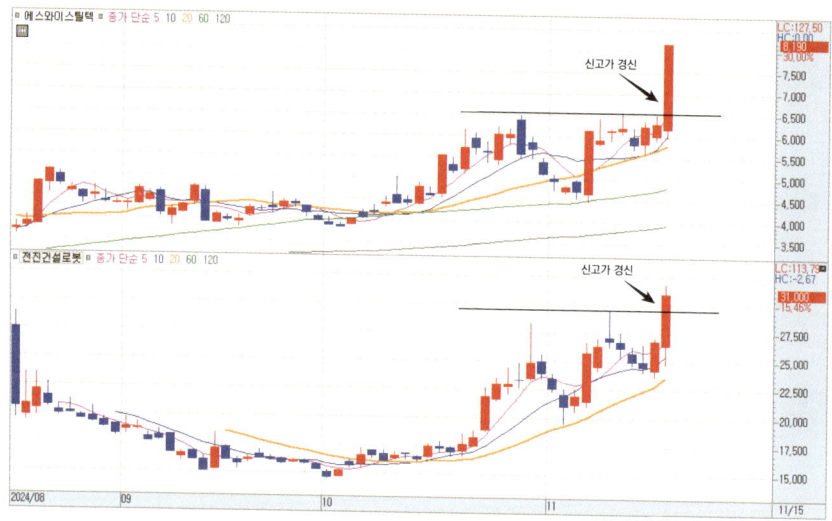

　당시 신고가 검색기에 에스와이스틸텍과 전진건설로봇이 포착되었습니다. 이 두 종목은 우크라이나 재건 테마주로 분류된 종목들이었습니다. 관련 종목은 여러 개 있었지만, 역사적 신고가를 경신한 종목은 위의 두 종목뿐이었습니다. 차트를 보면 에스와이스틸텍이 가장 크게 오른 대장주였고 전진건설로봇은 2등주였습니다. 테마주로 엮인 신고가 종목들도 변동성이 크더라도 기회가 있다면 충분히 투자해 볼 만합니다.

　당시 24년 11월 미국 대신에 트럼프 대통령의 당선으로 우크라이나 재건, 미국 내 인프라 투자 확대 등의 정책이 주목받으면서 관련 종목들이 크게 움직였습니다. 특히 트럼프 당선인은 우크라이나 전쟁 종식을 지속적으로 언급하며 우크라이나 특사를 곧 임명할 것이라는 계획을 발표했고, 또한 일부 언론에 따르면 유럽연합(EU) 역시 우크라이나 재건 사업에 투자할 기업 모집을 시작할 예정이라고 발표한 바 있습니다. 우크라이나 대통령도 직접 복원 계획을 발표하면서 이와 관련된 종목들이 시장에서 지속해서 주목받았습니다.

그러면 러시아-우크라이나 종전 시점까지는 이러한 관련 소식이 시장에서 계속 언급될 가능성이 있다고 판단할 수 있겠죠? 즉 최소한 그 시점까지는 장기간 상승 추세가 이어질 가능성이 있다고 볼 수 있습니다. 물론 종전이 난항을 겪거나 상황이 예기치 않으면 추세가 꺾일 가능성도 염두에 두어야 합니다.

이후 각 종목의 실적 추이나 개별 재료 여부를 확인해야겠지만 위의 종목들은 종전 기대감에 따른 테마성 이슈로 움직이는 성향이 강하기 때문에 각 종목의 실적, 개별 재료 여부에 대해서는 다루지 않겠습니다.

다만 종전과 동시에 실적으로 이어질 수 있는 종목, 즉 우크라 재건 사업에 실제로 참여하여 큰 폭의 매출 성장이 예상되는 종목이 있다면 그 종목에 집중하는 것도 좋은 전략이 될 수 있습니다.

우선 두 종목을 관찰하면서 전진건설로봇을 매매한다고 가정해 보겠습니다. 두 종목 중 어느 종목을 공략해도 괜찮습니다.

[그림231] 전진건설로봇 일봉차트

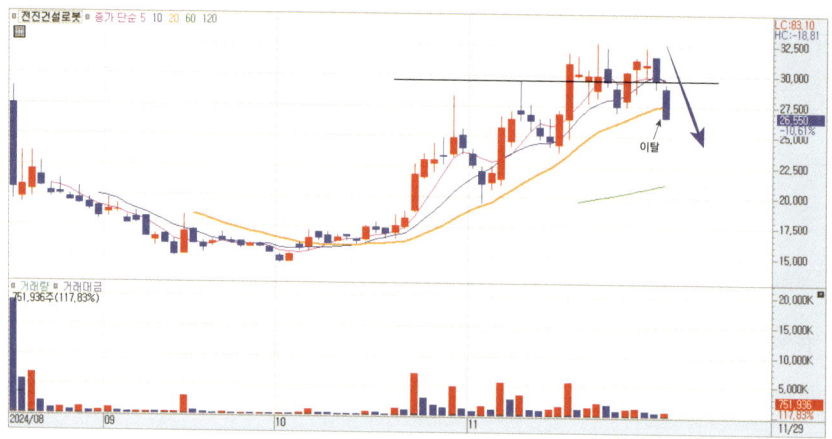

신고가 검색기에 포착된 종목을 볼 때 위의 종목처럼 단기이평선(10일선 ~ 20일선)근방에서 크게 반등한 경우, 단기 고점일 가능성이 있기 때문에 이런 상황에서는 차분히 장기이평선(60일선 등)까지 조정을 기다립니다.

[그림232] 전진건설로봇 일봉차트

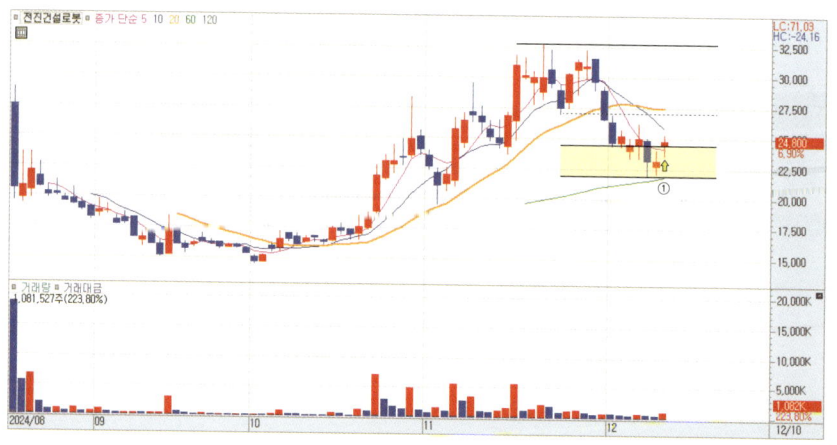

주가는 장기이평선(60일선 등)근방에서 지지가 되며 5일선 또는 10일선을 확실하게 장악할 때(①) 진입합니다. 종가에 진입하거나 그 다음 날에 진입할 수 있겠습니다. 손절은 지지가 된 구간을 이탈하면 매도합니다.

[그림233] 전진건설로봇 일봉차트

이후 주가는 10일선을 장악(②)할 때, 그리고 20일선을 확실히 장악(③)할 때 순차적으로 진입합니다. 이 과정에서 주가의 형태는 20일선을 돌파해 외바닥 U자형 모습을 보이고 있습니다. 그러나 주가는 20일선을 이탈하며 이중바닥 패턴으로 진행될 수 있습니다. 따라서 20일선을 장악하는 구간에서 첫 매수를 하거나, 비중을 과도하게 늘리는 것은 위험할 수 있습니다.

[그림234] 전진건설로봇 일봉차트

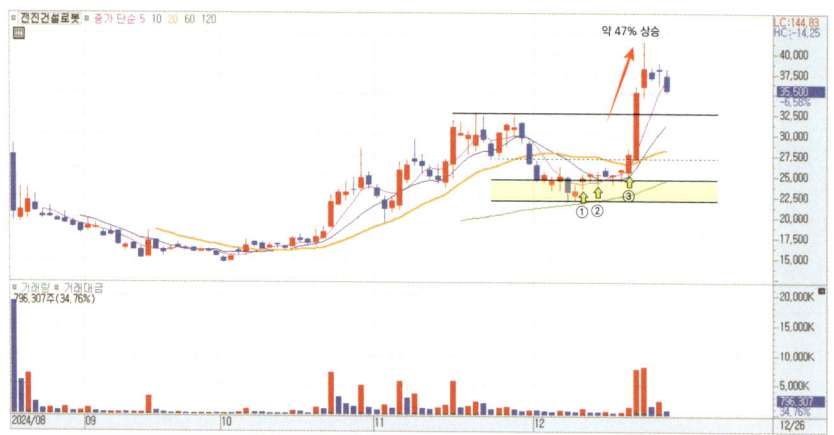

주가는 외바닥 U자형 패턴이 성공하면서 20일선을 돌파한 이후로 약 47% 정도 급등하였습니다. 이렇게 신고가 매매를 할 때 주로 장기이평선에서 단기간 큰 폭의 상승이 시작되는 경우가 많습니다. 따라서 장기이평선 부근에서의 지지 여부와 초기 상승 신호를 자세히 관찰해야 합니다.

[그림235] 알테오젠, 리가켐바이오, 보로노이 일봉차트

　위 종목들은 검색기에 포착된 바이오 종목들로, 당시 역사적 신고가를 경신한 종목들이었습니다. 먼저 알테오젠은 신고가를 다시 경신했고, 리가켐바이오는 그렇지 못했고, 보로노이는 신고가 경신하기 목전에 있습니다. 이 세 종목의 적절한 매수 구간은 어디일까요?

[그림236] 알테오젠, 리가켐바이오, 보로노이

정확한 매수 구간을 예측하기는 어렵지만 신고가 매매에서 이평선의 특성을 이해한다면 적절한 매수 타이밍을 포착하기가 어렵지는 않습니다. 장기이평선(60일선 등)에서 반등에 성공한 후 이른 시일 내에 전고점 돌파를 시도하거나 장악하여 신고가를 경신할 경우, 또는 하락 추세선을 강하게 돌파할 경우, 이때 장기이평선 근방에서 첫 매수를 놓쳤다면 단기이평선(10~20일선) 부근에서 첫 매수를 노려볼 수

있습니다.

　위 보로노이의 차트를 보면 주가는 60일선에서 반등에 성공한 뒤 8월 말 전고점 돌파를 시도했고, 이후 첫 눌림목인 20일선 근방에서 지지받고 반등이 나오고 있습니다. 이와 마찬가지로 알테오젠은 60일선에서 반등에 성공한 후, 신고가를 경신했기 때문에 단기이평선인 10~20일선 근방의 첫 눌림목(①)을 기다려 매수 기회를 노릴 수 있을 것입니다.

　리가켐바이오의 경우, 신고가를 경신하면 단기이평선 근방의 눌림목(②)을 그렇지 못하면 장기이평선 근방의 눌림목(③)을 기다려서 매수 기회를 노릴 수 있을 것입니다.

[그림237] 알테오젠, 리가켐바이오, 보로노이

알테오젠은 10~20일선 근방까지 조정받고 재차 상승이 나왔습니다. 리가켐바이오도 마찬가지로 신고가 경신 후, 10~20일선 근방에서 조정받고 상승하였습니다.

이처럼 장기이평선에서 상승이 시작되는 신고가의 경우, 첫 눌림목이 주로 단기이평선(10~20일선)에서 지지받는 경향이 있으니 이 구간을 첫 매수 포인트 또는 추가 매수 포인트로 활용하면 되겠습니다. 다만, 예상과 다르게 지지받지 못할 때는 비중 조절이나 손절로 빠르게 대응해야 하겠습니다. 무작정 신고가 고점을 경신했다고 돌파 시점에서 바로 매수하는 것보다는 충분히 조정받은 후 지지 구간을 확인하며 천천히 매수하는 것이 더 안정적일 것입니다.

[그림238] HD한국조선해양, HD현대중공업, HD현대미포, 삼성중공업 주봉차트

다음은 2024년 7월 신고가 검색기에 포착된 종목들로 모두 조선업

종에 속한 종목들입니다. 이렇게 같은 업종에 속한 종목들이 동시다발적으로 신고가 검색기에 나타날수록 해당 업종은 현재 시장에서 높은 관심을 받는 주도주 섹터로 볼 수 있습니다. 즉, 산업 트렌드를 반영하며 시장의 자금이 몰리고 있는 업종으로 판단할 수 있습니다.

당시 조선업종이 산업 트렌드로 주목받은 이유는 다음과 같습니다.

첫째, 조선업의 호황입니다. 신조선가지수가 16년 만에 최고치에 근접하며, 선박 교체 주기 도래에 따른 수요와 글로벌 환경 규제 강화로 인해 신규 친환경 선박 발주가 급증했습니다.

둘째, 수주 호조입니다. HD한국조선해양과 삼성중공업 등 국내 주요 조선사들이 연간 수주 목표를 초과 달성하며 실적 개선에 대한 기대감이 이어졌습니다.

셋째, 당시 환율 상승과 트럼프 트레이드 기대감이 겹쳤습니다. 강달러로 인한 환차익과 트럼프 전 대통령이 제조업 활성화를 강조하는 만큼 미국의 화석연료 투자가 늘어나면 액화천연가스(LNG) 운반선 발주가 늘어날 수 있다는 기대감이 있었습니다.

그렇다면 위 종목 중 매매할 종목을 선택할 때는 대장주 종목을 찾아야 합니다. 일반적으로 대장주는 역사적 신고가를 경신하거나 가장 높은 상승률을 기록한 종목이 해당합니다.

[그림239] HD한국조선해양, HD현대중공업, HD현대미포, 삼성중공업 주봉차트

역사적 신고가를 판단하기 위해서는 각 종목의 월봉차트를 조회하여, 해당 주가가 이전에 형성된 최고가를 넘어섰는지 확인해야 합니다. 위 차트를 보면 HD현대중공업이 역사적 신고가가 진행 중이고, 나머지 종목들은 역사적 신고가가 아닙니다. 역사적 신고가가 중요한 이유는 다른 어떤 종목들보다 이전에 매도하려는 매물대가 없으므로, 주가가 상대적으로 더 큰 폭으로 상승할 가능성이 있습니다. 즉 대장주

로 군림할 가능성이 높다는 것입니다. 물론 역사적 신고가가 아니더라도 수년 이상의 전고점을 돌파했다면, 시장의 관심이 높아지고 과거 매물대를 소화했음을 의미하므로 중요한 상승 신호로 작용할 수 있습니다. 하지만 그중에서도 가장 강력한 신호는 바로 역사적 신고가를 달성한 종목입니다.

그러면 역사적 신고가 종목인 HD현대중공업을 매매한다고 가정해 보겠습니다.

[그림240] HD현대중공업 일봉차트

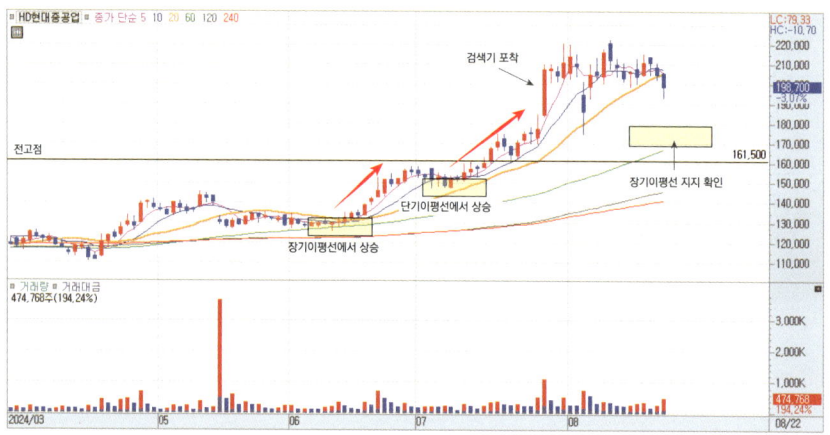

신고가 검색기에 포착되면 현재 주가가 어느 구간에 있는지 판단합니다. 위 차트를 보면 주가는 신고가를 경신하기 전 장기이평선(60일선 등)에서 상승을 시작한 후, 단기이평선(10~20일선)에서 조정받은 뒤 상승한 모습을 보이고 있습니다.

이러한 상태에서 검색기에 포착되었다면, 곧바로 매수하거나 단기이평선(10~20일선)에서 매수하기보다는 주가가 다시 장기이평선(60일선 등) 근방으로 조정받을 때까지는 관망하는 것이 좋습니다.

   장기이평선까지 기다리는 이유는 단기이평선보다 강한 지지선 역할을 하며 주가의 단기 과열이 해소되어 변동성이 줄어든 안정적인 구간이기 때문입니다. 이 구간은 상대적으로 리스크가 낮아 매수에 유리할 뿐만 아니라 모멘텀과 재료를 잘 갖춘 종목이라면 이 지점을 기점으로 상승세가 재개될 가능성이 있습니다.

   따라서 섣부르게 매수하지 않고 위 차트처럼 주가가 20일선을 이탈하여 장기이평선 근방으로 조정받을 때까지 기다립니다. 만약 조정이 오지 않고 상승이 이어질 때 무리하게 추격 매수하지 않고 차분히 다음 매매 기회를 기다립니다.

[그림241] HD현대중공업 일봉차트

주가가 60일선을 이탈했지만, 그 아래 근방에서는 반등이 나타났습

니다. 진입 시점은 5~10일선을 회복하는 모습(①)을 확인한 뒤 1차 진입, 20일선을 돌파를 확인(②)하고 2차 진입, 전저점을 지키며 이중바닥이 형성(③)되면 3차 진입을 고려할 수 있습니다.

다만 이렇게 매수한 상태에서 주가가 상승하다가 이평선이 밀집된 채로 상승 추세가 무너진다면, 리스크관리를 위해 비중을 조절해야 합니다. 일부 매도하거나 전량 매도하고 그 밑에 있는 장기이평선에서 다시 지지를 확인하며 추가 진입을 기다립니다. 만약 비중 조절을 하지 않을 경우, 예상치 못한 하락에 대비하지 못해 큰 손실로 이어질 수 있습니다.

[그림242] HD현대중공업 일봉차트

비중 조절을 했다면, 아래에 위치한 장기이평선(위 차트에서는 120일선) 근방에서 지지가 형성되는 모습을 확인한 뒤 다시 진입을 고려할 수 있습니다(④). 이후 주가가 20일선을 곧바로 장악했다면, 추가

진입 구간은 단기이평선(10~20일선) 근방에서 조정받을 때(⑤)입니다. 왜냐하면 장기이평선에서 눌림목 반등 후 하락 추세선을 강력하게 돌파했기 때문에, 다음 눌림목 구간에서 또다시 장기이평선까지 하락할 가능성은 낮기 때문입니다.

[그림243] HD현대중공업 일봉차트

④, ⑤ 구간 이후 주가가 추가 매수 기회 없이 상승하여 목표 수익금에 도달했다면, 일부 차익 실현합니다.

이후 동일한 패턴으로 주가가 장기이평선까지 조정받은 후 상승하고, 다시 단기이평선까지 조정받으며 상승하는 모습을 보였습니다. 그렇다면 진입 시점은 ⑥, ⑦ 구간에서 시도해 볼 수 있겠습니다.

[그림244] HD현대중공업 매매 내역 차트

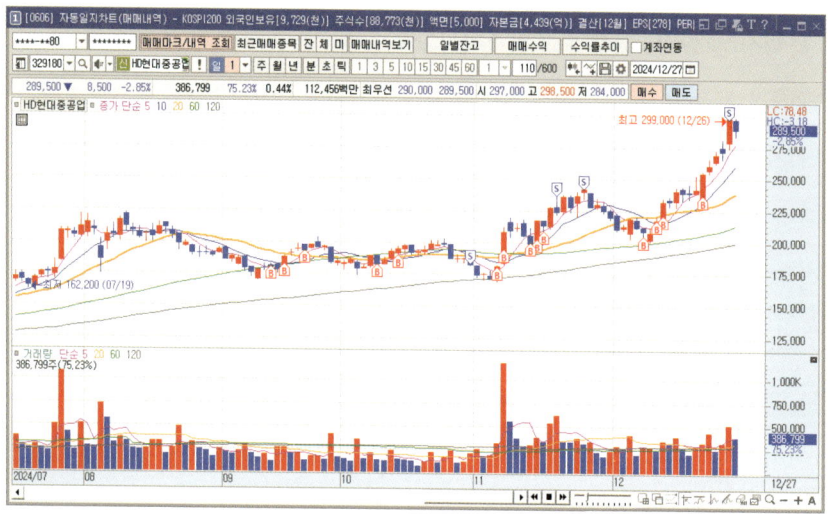

실제로 이와 같은 방식으로 장기이평선을 기준점으로 진입을 시도하되 예상과 다르게 움직일 경우에는 비중을 조절한 뒤, 아래에 있는 장기이평선에서 다시 지지가 형성되는 것을 확인하고 진입을 시도합니다. 이 과정에서 특정한 패턴이 형성되거나 시장 급락으로 예상치 못한 상황이 발생할 수 있으므로 진입 시점과 비중 조절은 유연하게 대처해야 하겠습니다.

특히 진입 시, 장기이평선에서 조정받았다고 해서 곧바로 상승이 나타나는 것은 아니기 때문에 한꺼번에 큰 비중으로 매수하기보다는 점진적으로 매수합니다. 추가 매수할 때는 특정한 패턴이 형성되거나 눌림목 자리까지 차분히 기다린 후에 매수하면서 비중을 점차 늘려가면 되겠습니다. 물론 장기이평선이나 눌림목에서 지지에 실패하는 사례도 적지 않겠지만, 제대로 된 상승추세를 형성하는 종목 한 달에 두세 개만 성공적으로 매매해도 충분히 높은 수익을 기대할 수 있습니다.

  그러기 위해서는 종목을 선별할 때 산업 트렌드, 실적, 재료 등을 잘 파악한 뒤 인내심을 가지고 좋은 자리까지 기다리면서 점진적으로 진입하는 것이 실패 확률을 낮추고 훌륭한 성과를 낼 것입니다.

  신고가 추세매매는 절대로 무리해서 높은 자리에서 매수하기보다는 장기이평선 근방부터 조금씩 매수해 나간다는 느낌으로 접근해야 합니다.

 **맺음말**

  이 책에서는 박스권 매매와 신고가 추세매매의 전반적인 부분을 다뤘습니다. 세부적인 노하우를 담기에는 책의 분량이 제한적이지만, 이 책에서 제시하는 박스권 매매와 신고가 추세매매는 각기 다른 시장 상황에 맞춰 적용할 수 있는 상호보완적인 매매 전략입니다.

  이 두 매매법이 서로 상충하는 것처럼 보이지만, 박스권 매매는 시장이 불안정하거나 방향성을 찾기 어려운 상황에서 주가의 변동성을 이용해 단기적인 수익 기회를 노려볼 수 있습니다. 또한 신고가 추세매매는 시장이 명확한 상승 트렌드가 형성되었을 때 중장기적인 관점에서 수익을 극대화할 수 있습니다.

　주식투자에서 일관된 매매법을 고수하는 것도 나쁘지 않지만, 국내 시장의 특성에 따라 매매 전략도 유연해야 합니다. 국내 시장은 주로 단기적인 이슈나 재료에 민감하게 반응합니다. 새로운 이슈가 끊임없이 등장하고 단기간 변동성이 발생한 후, 사라지는 흐름이 반복됩니다. 물론 모든 종목이 그러한 흐름을 따르지는 않습니다. 특정 산업의 구조적 변화나 패러다임 전환이 오게 될 때 시장은 단기적인 이슈에 반응하는 것을 넘어 장기적인 트렌드를 형성하며 지속적인 상승 흐름을 보여줍니다. 이런 환경에서는 대장주를 중심으로 긴 상승세가 나타나며 신고가 추세매매와 같은 전략이 효율적입니다.

결국 국내 시장에서 시장이 단기 이슈에 집중된 국면인지, 아니면 구조적 변화와 장기적인 트렌드가 형성된 국면인지를 판단하는 것이 핵심입니다. 시장이 불안정하고 횡보할 때 단기 이슈가 주도하는 시기에는 변동성 높은 종목을 대상으로 한 박스권 매매를 시장이 상승하며, 장기적인 트렌드가 명확한 시기에는 해당 주도주를 중심으로 한 신고가 추세매매를 병행하는 것이 효과적일 것입니다.

이것으로 책을 마치며 비록 완벽하지는 않지만, 이 책이 독자 여러분께 실전 투자에 적용할 수 있는 가이드가 되기를 진심으로 바랍니다. 주식시장이라는 거친 파도를 항해하는 여정에서 이 책이 여러분에게 나침반 역할을 해줄 수 있다면 더할 나위 없이 기쁠 것입니다.

    끝으로 이 두 매매법의 세부적인 노하우나 더욱 심화한 내용을 배우고 싶으신 분들은 〈태쏘의 주식투자 강의실〉 사이트를 방문해 보시길 권합니다. 이곳에서는 박스권 매매와 신고가 추세매매에 대한 실전 중심의 강의로 다양한 사례의 분석과 실제 매매에 적용할 수 있는 세부적인 전략 강의를 제공합니다. 투자는 끝없는 학습과 경험의 연속입니다. 더 나은 결과를 위해 끊임없이 노력하는 여러분의 투자 여정에 이 책이 작은 발판이 되길 바라며 성공적인 투자와 성과를 기원합니다.

    감사합니다.

태쏘의 주식 실전 투자
스윙투자 전략서

초판 1쇄 | 2025년 4월 2일

지은이 | 태쏘
펴낸이 | 김형주
디자인 | 양승희

주소 | 서울특별시 광진구 아차산로 78길 75, 209호(광장동)
전화 | 02)2279-0292
팩스 | 02)2201-0292
대표메일 | gaiashbook@naver.com

ISBN | 979-11-966836-4-1

※ 이 책은 저작권법에 따라 보호받는 저작물이므로 무단복제를 금지하며,
※ 이 책 내용의 전부 또는 일부를 이용하려면 반드시 저작권자와 가이아의어깨의 서면 동의를 받아야 합니다.

※ 파본은 구매하신 서점에서 교환해 드립니다.

책값은 35,000원입니다.